Silent Witch

Das Geheimnis der stillen Hexe

3

Artwork: Tobi Tana
Story: Matsuri Isora
Character Design: Nanna Fujimi

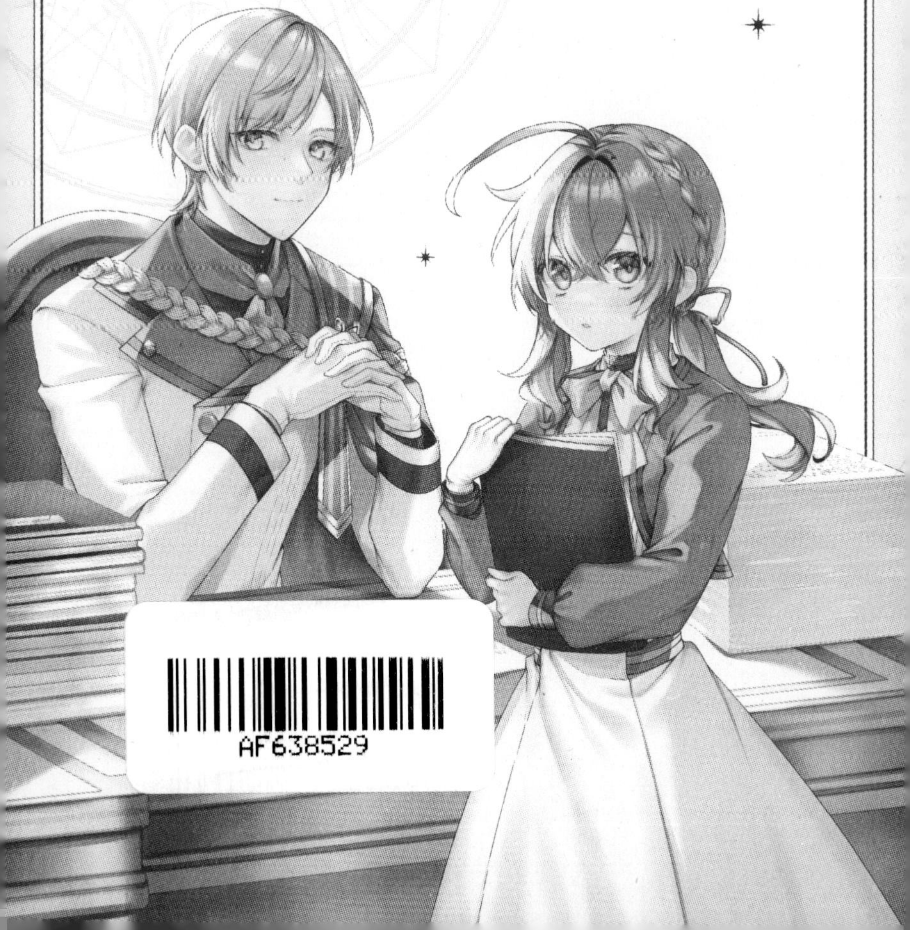

Silent Witch

Das Geheimnis der stillen Hexe

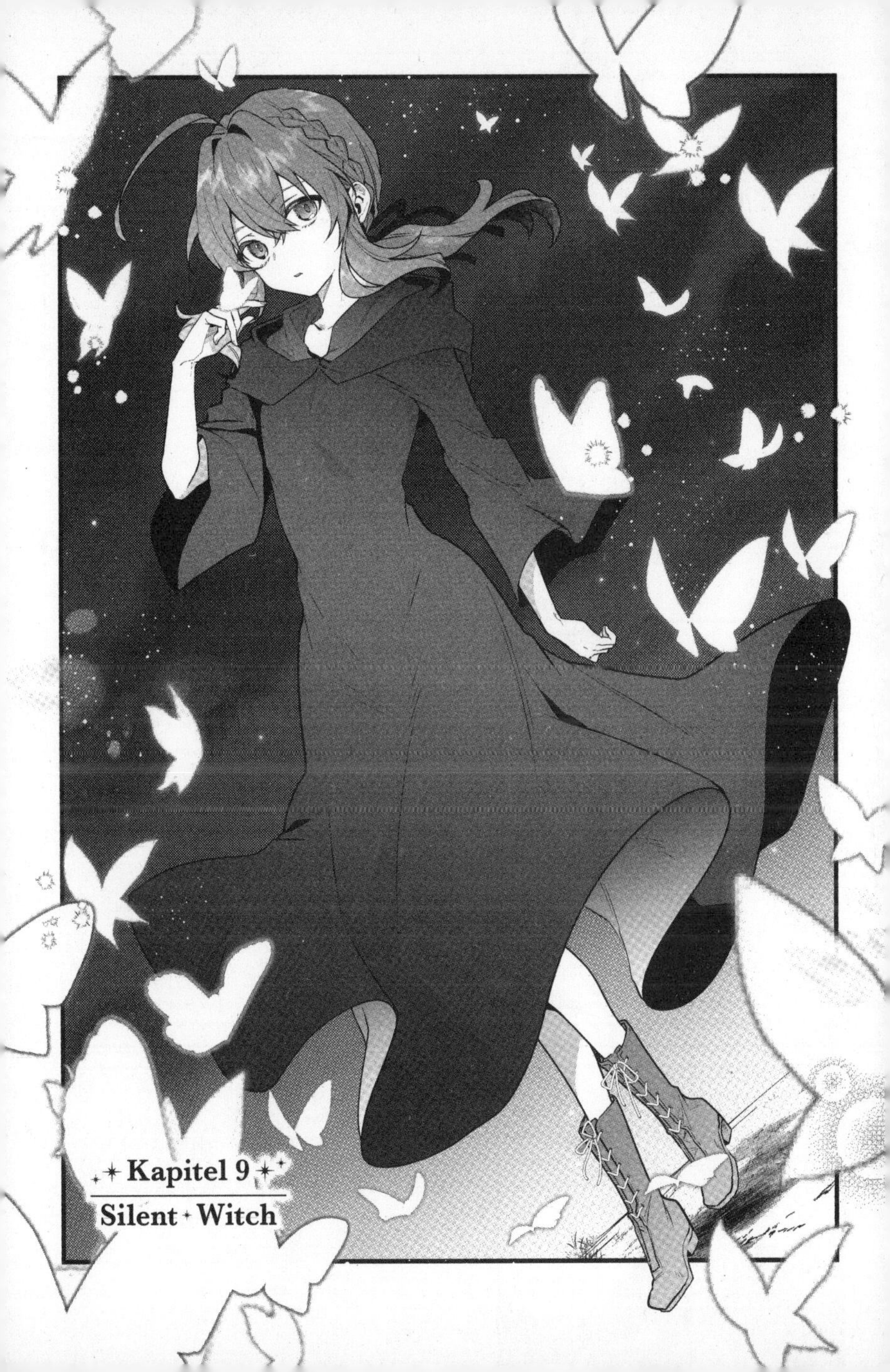
Kapitel 9
Silent Witch

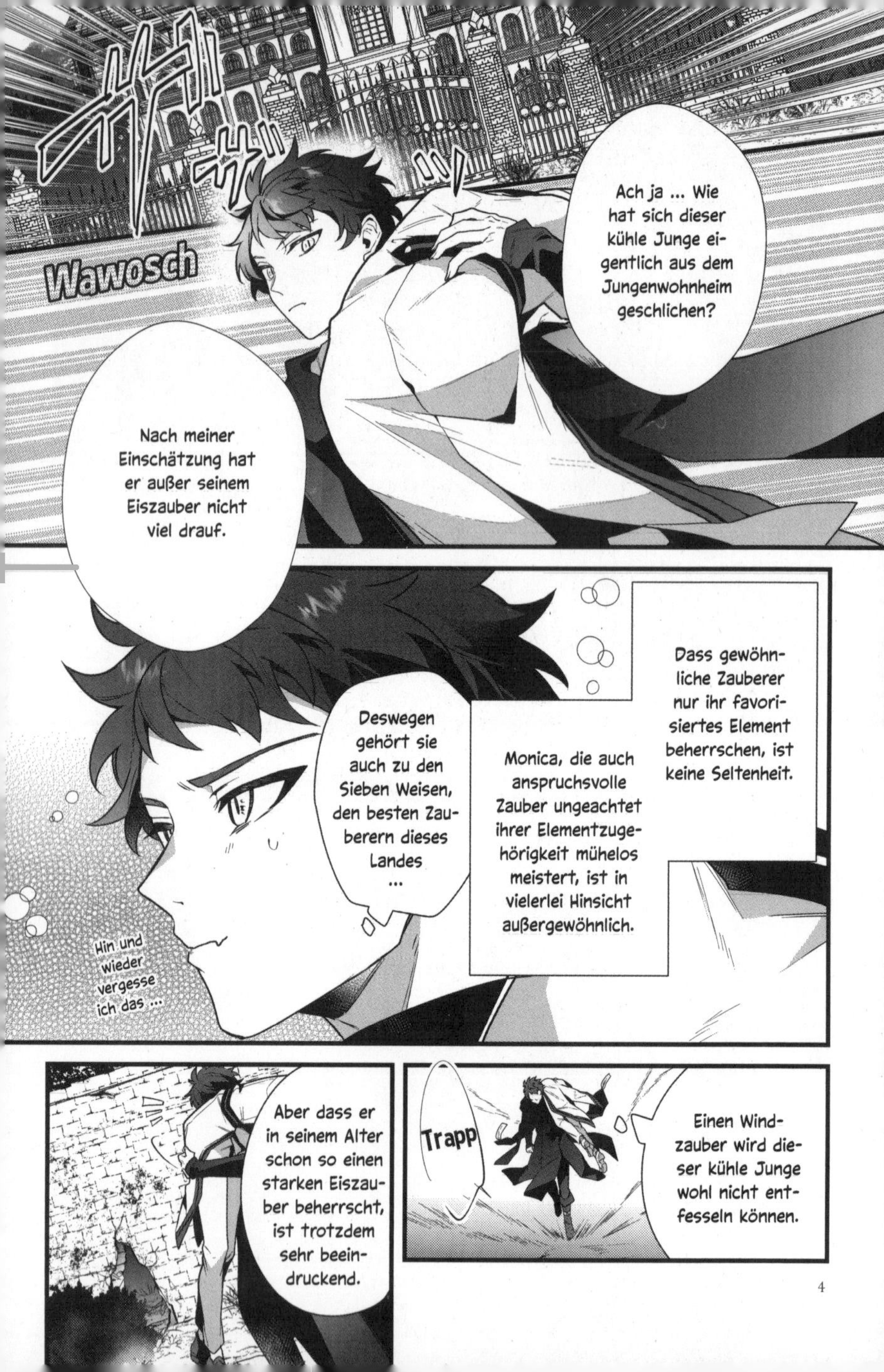
Wawosch
Ach ja ... Wie hat sich dieser kühle Junge eigentlich aus dem Jungenwohnheim geschlichen?
Nach meiner Einschätzung hat er außer seinem Eiszauber nicht viel drauf.
Dass gewöhnliche Zauberer nur ihr favorisiertes Element beherrschen, ist keine Seltenheit.
Monica, die auch anspruchsvolle Zauber ungeachtet ihrer Elementzugehörigkeit mühelos meistert, ist in vielerlei Hinsicht außergewöhnlich.
Deswegen gehört sie auch zu den Sieben Weisen, den besten Zauberern dieses Landes ...
Hin und wieder vergesse ich das ...
Einen Windzauber wird dieser kühle Junge wohl nicht entfesseln können.
Trapp
Aber dass er in seinem Alter schon so einen starken Eiszauber beherrscht, ist trotzdem sehr beeindruckend.

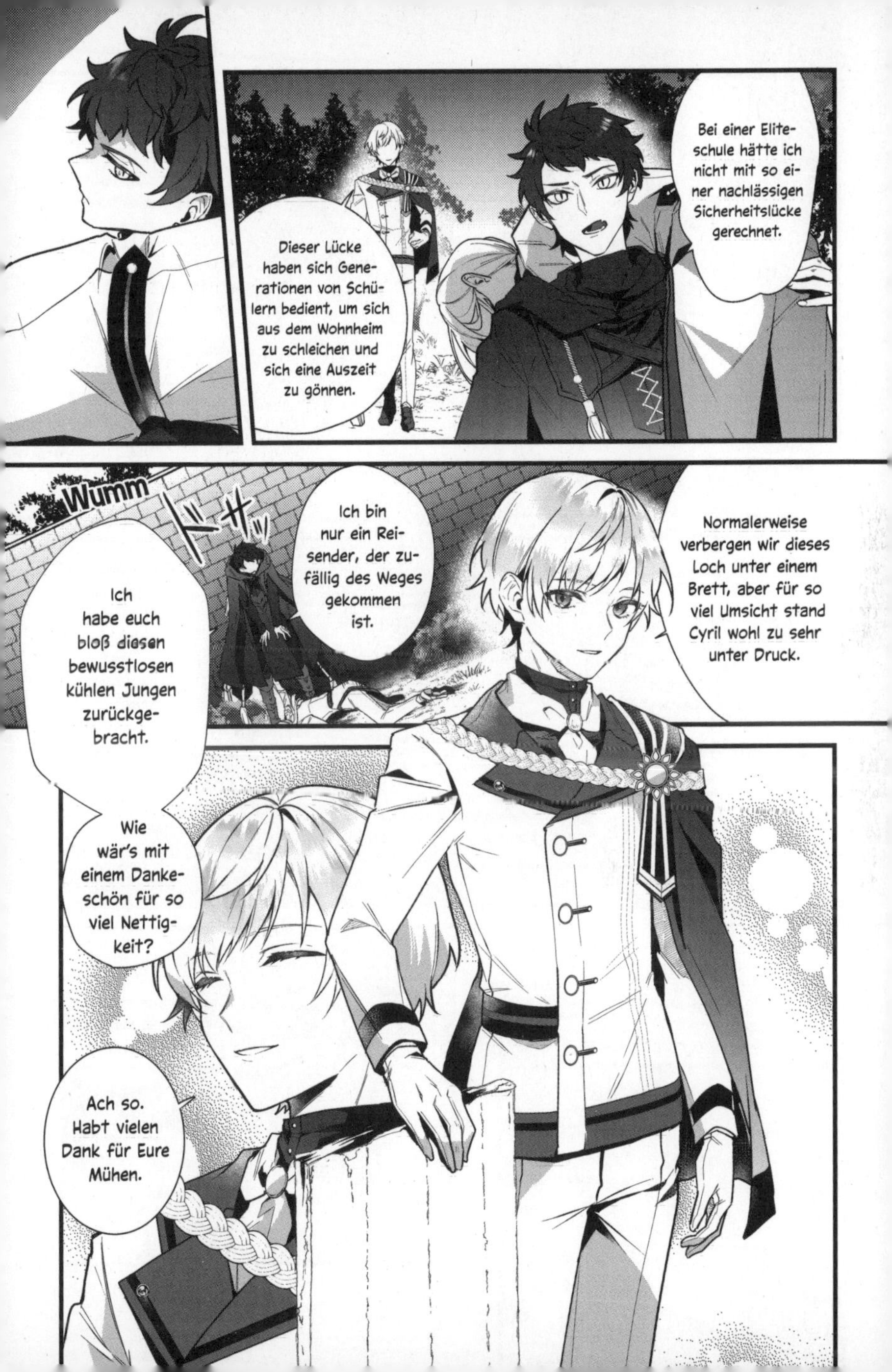
Bei einer Eliteschule hätte ich nicht mit so einer nachlässigen Sicherheitslücke gerechnet.
Dieser Lücke haben sich Generationen von Schülern bedient, um sich aus dem Wohnheim zu schleichen und sich eine Auszeit zu gönnen.
Normalerweise verbergen wir dieses Loch unter einem Brett, aber für so viel Umsicht stand Cyril wohl zu sehr unter Druck.
Ich bin nur ein Reisender, der zufällig des Weges gekommen ist.
Wumm
ドサッ
Ich habe euch bloß diesen bewusstlosen kühlen Jungen zurückgebracht.
Wie wär's mit einem Dankeschön für so viel Nettigkeit?
Ach so. Habt vielen Dank für Eure Mühen.

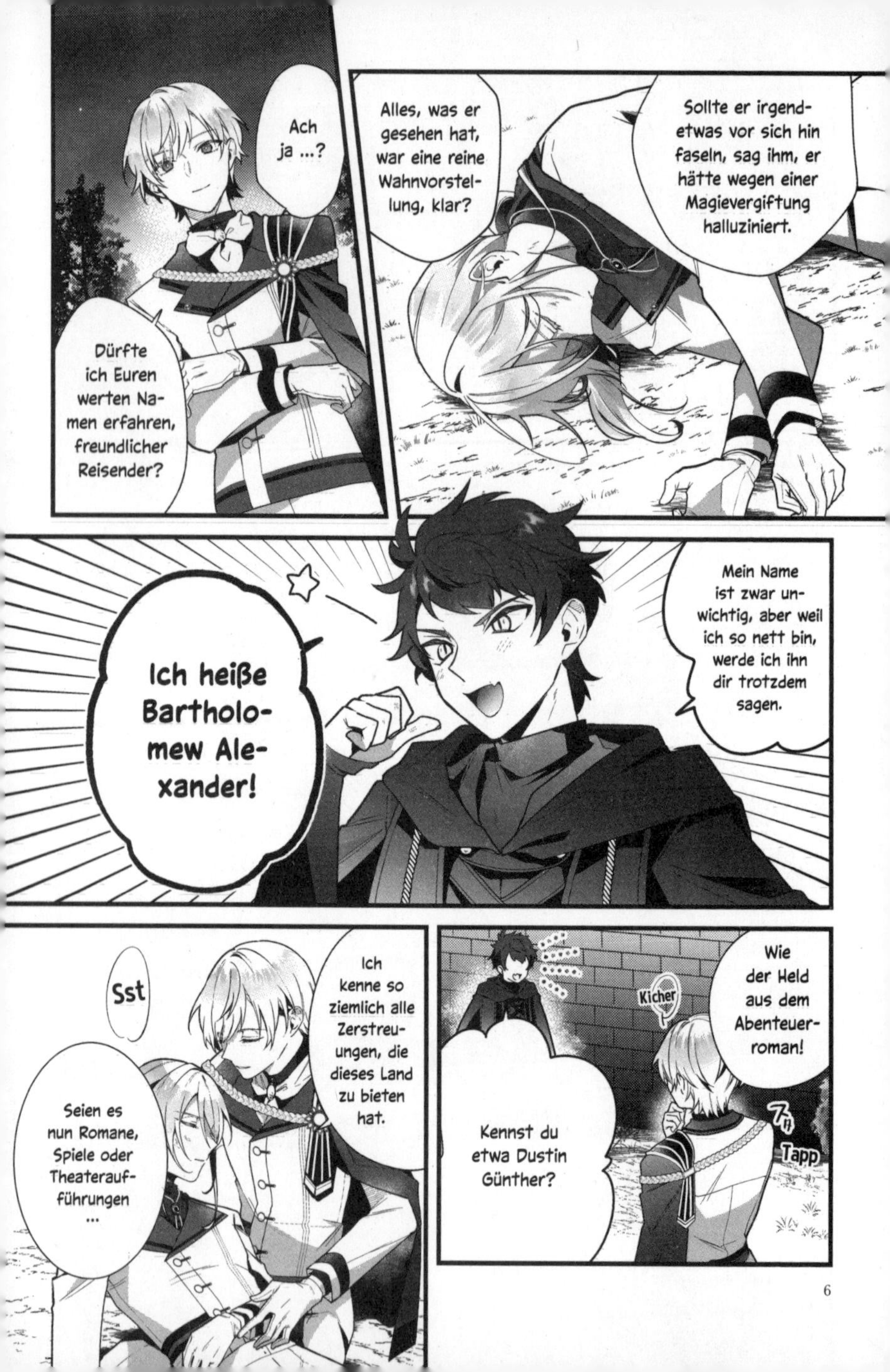
Sollte er irgendetwas vor sich hin faseln, sag ihm, er hätte wegen einer Magievergiftung halluziniert.
Alles, was er gesehen hat, war eine reine Wahnvorstellung, klar?
Ach ja ...?
Dürfte ich Euren werten Namen erfahren, freundlicher Reisender?
Mein Name ist zwar unwichtig, aber weil ich so nett bin, werde ich ihn dir trotzdem sagen.
Ich heiße Bartholomew Alexander!
Wie der Held aus dem Abenteuerroman!
Kicher
Tapp
Kennst du etwa Dustin Günther?
Ich kenne so ziemlich alle Zerstreuungen, die dieses Land zu bieten hat.
Sst
Seien es nun Romane, Spiele oder Theateraufführungen ...

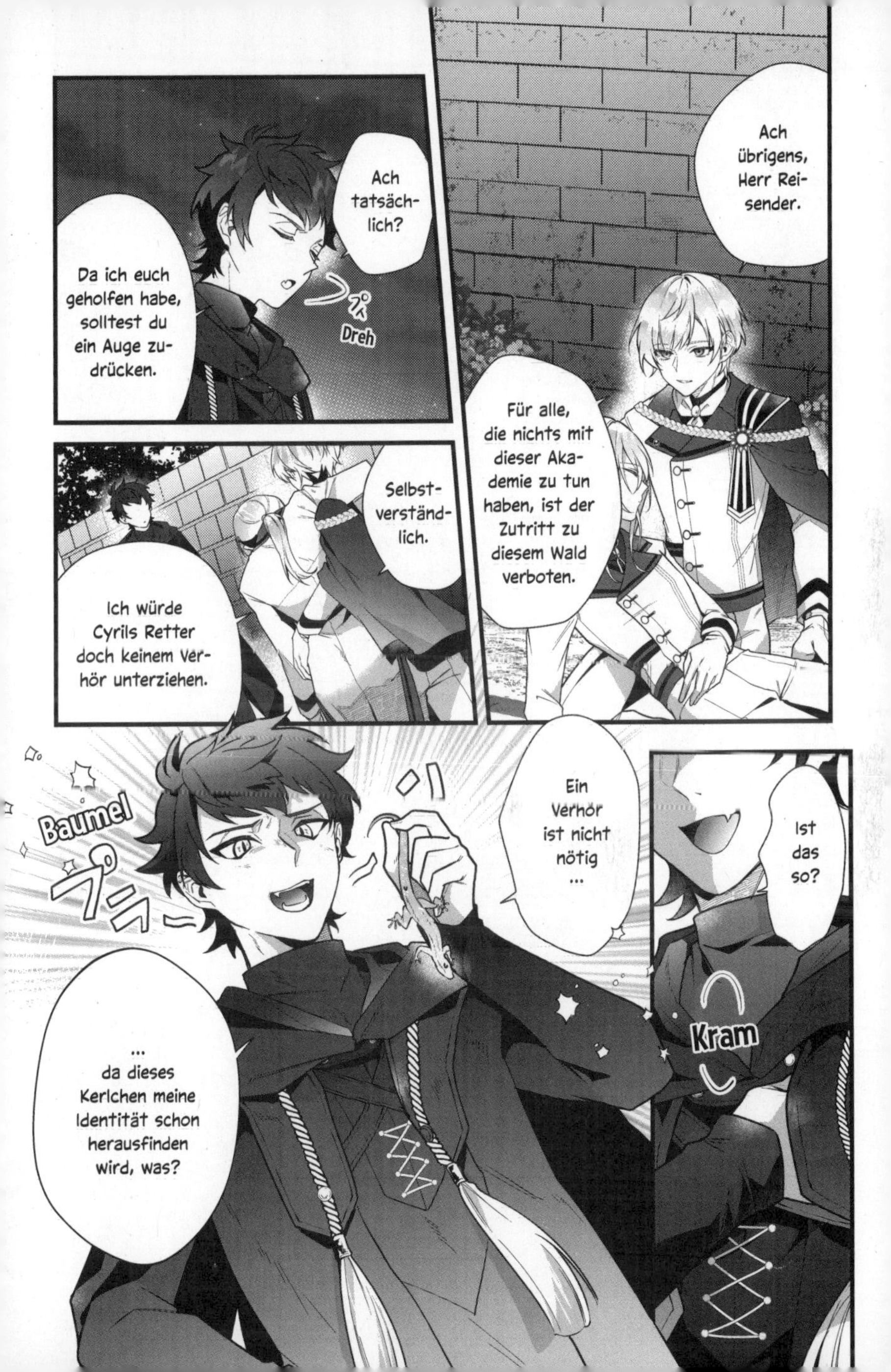

Ach übrigens, Herr Reisender.
Für alle, die nichts mit dieser Akademie zu tun haben, ist der Zutritt zu diesem Wald verboten.
Ach tatsächlich?
Da ich euch geholfen habe, solltest du ein Auge zudrücken.
Dreh
Selbstverständlich.
Ich würde Cyrils Retter doch keinem Verhör unterziehen.
Ist das so?
Kram
Ein Verhör ist nicht nötig ...
Baumel
... da dieses Kerlchen meine Identität schon herausfinden wird, was?

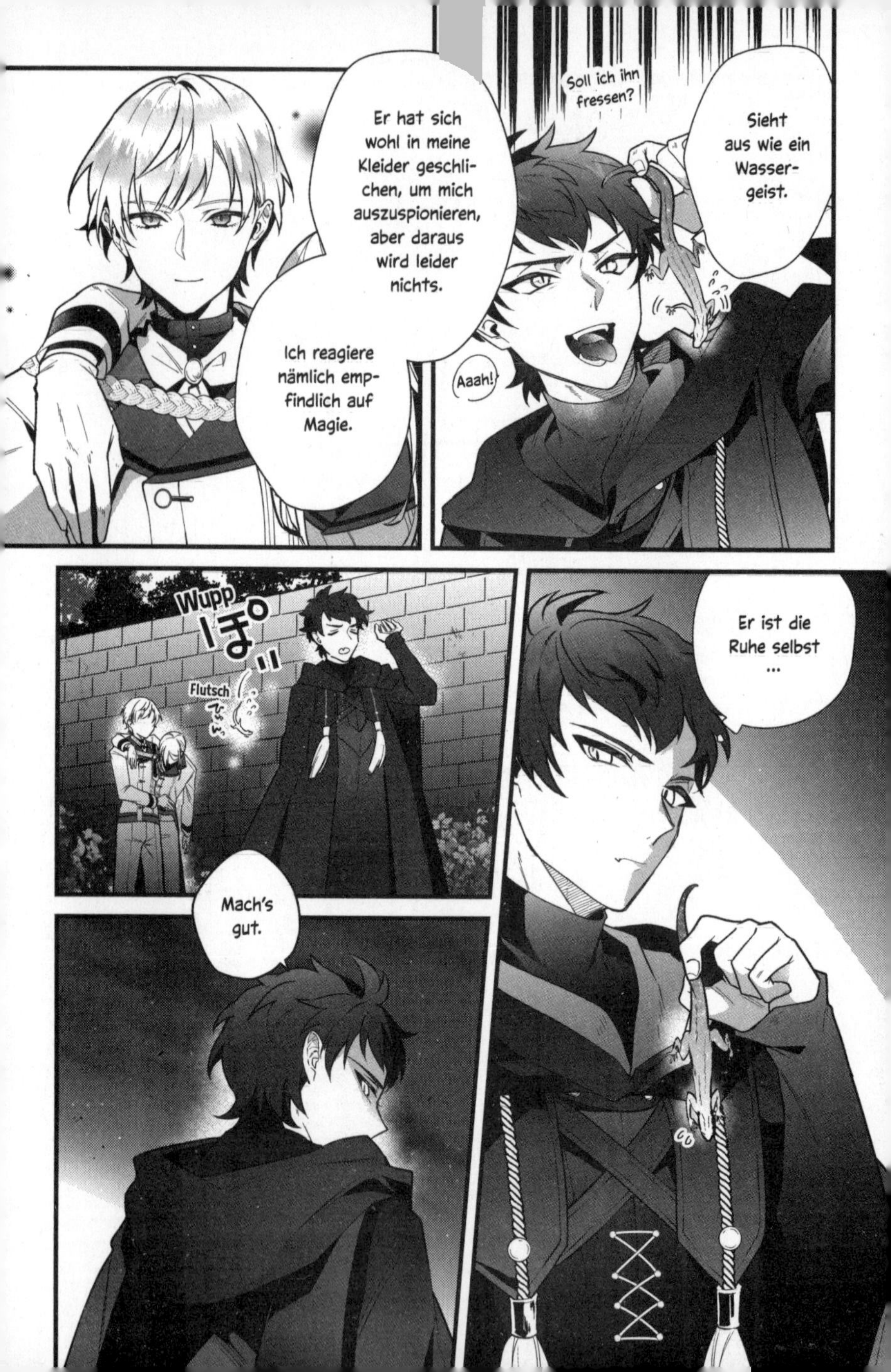
Sieht aus wie ein Wasser-geist.
Soll ich ihn fressen?
Aaah!
Er hat sich wohl in meine Kleider geschlichen, um mich auszuspionieren, aber daraus wird leider nichts.
Ich reagiere nämlich empfindlich auf Magie.
Er ist die Ruhe selbst ...
Wupp
Flutsch
Mach's gut.

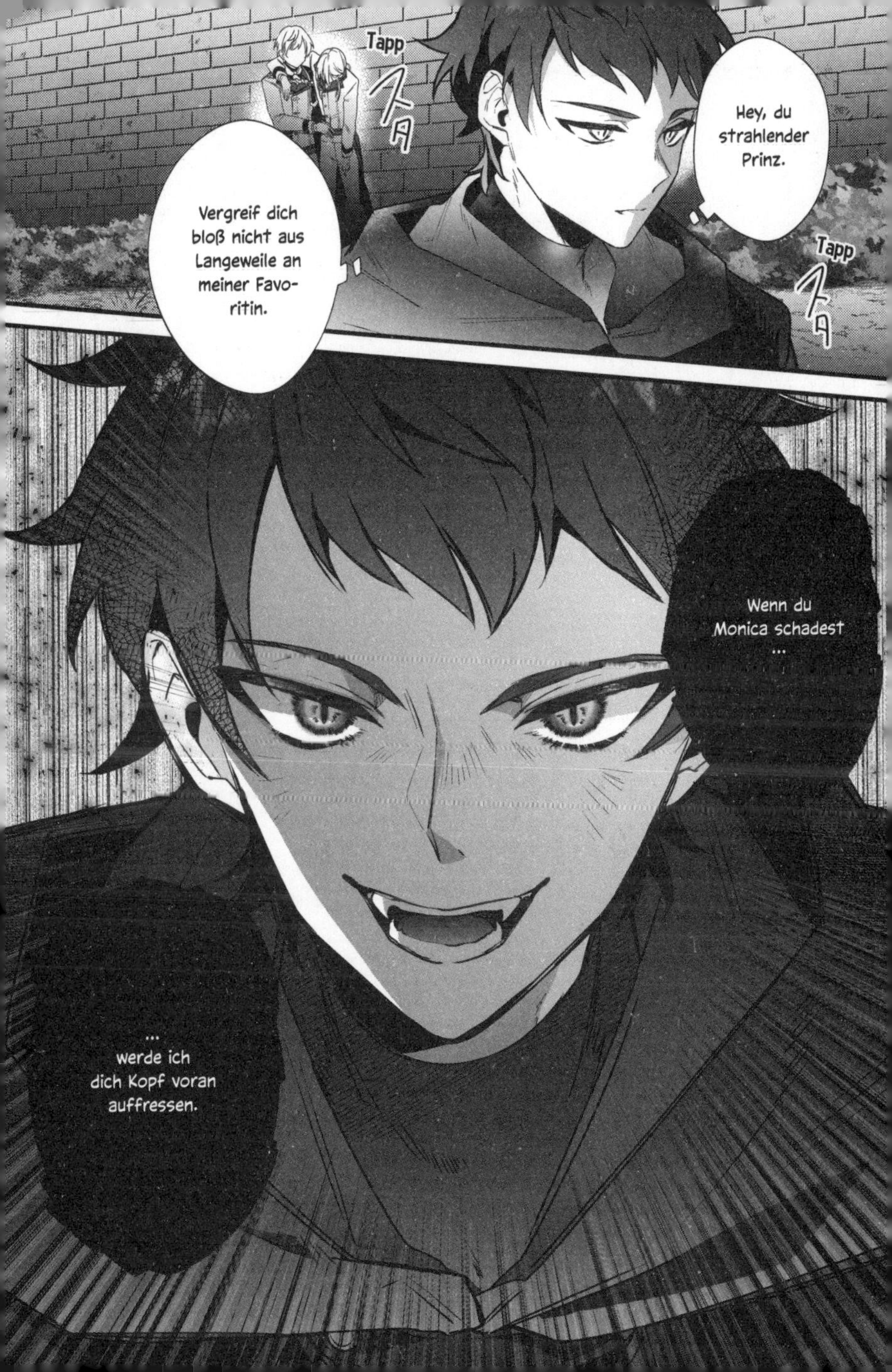

Tapp
Hey, du strahlender Prinz.
Tapp
Vergreif dich bloß nicht aus Langeweile an meiner Favoritin.
Wenn du Monica schadest ...
... werde ich dich Kopf voran auffressen.

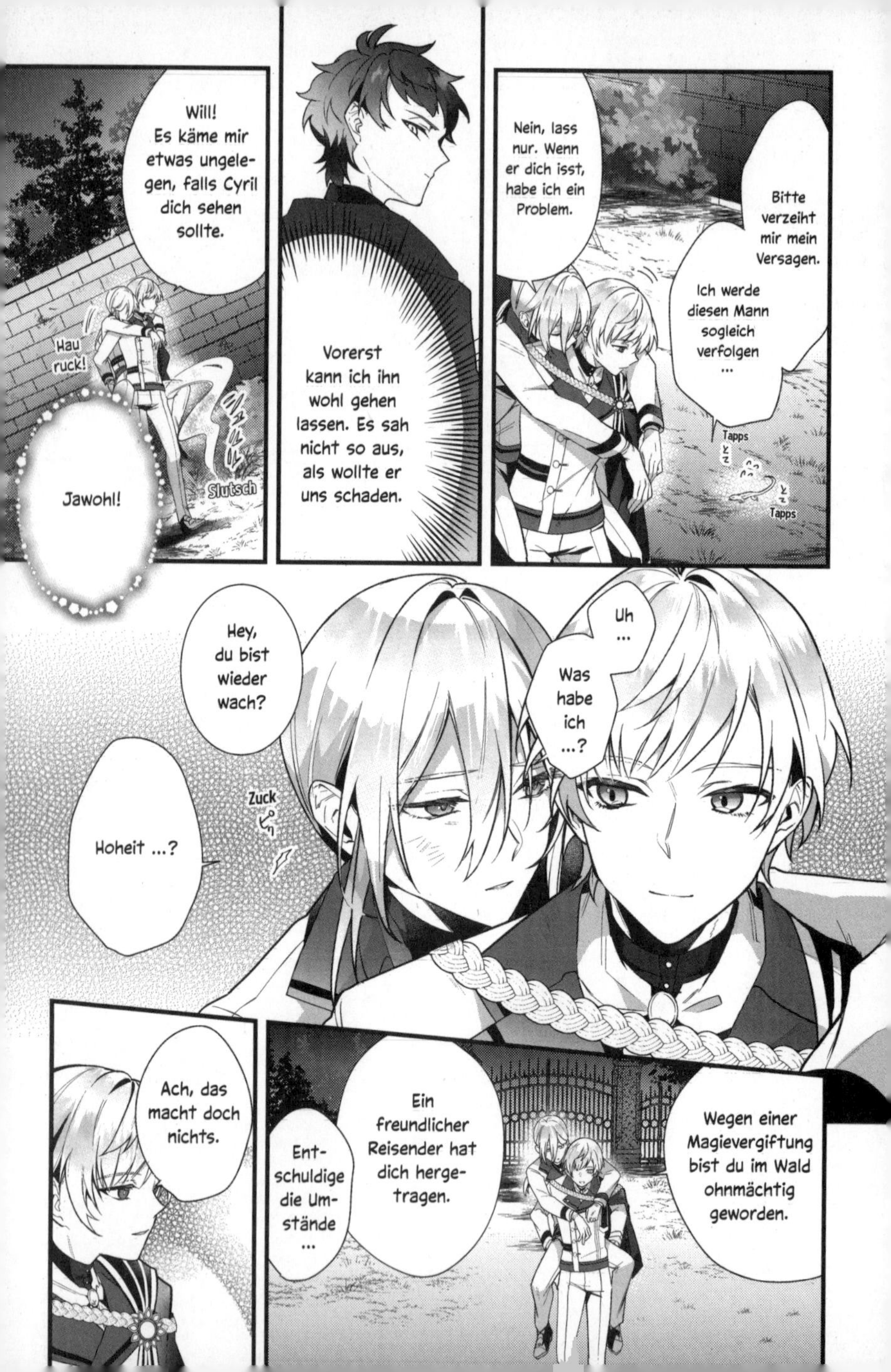

Bitte verzeiht mir mein Versagen.
Ich werde diesen Mann sogleich verfolgen ...
Tapps
Tapps
Nein, lass nur. Wenn er dich isst, habe ich ein Problem.
Vorerst kann ich ihn wohl gehen lassen. Es sah nicht so aus, als wollte er uns schaden.
Will! Es käme mir etwas ungelegen, falls Cyril dich sehen sollte.
Hau ruck!
Slutsch
Jawohl!
Uh ...
Was habe ich ...?
Hey, du bist wieder wach?
Zuck
Hoheit ...?
Wegen einer Magievergiftung bist du im Wald ohnmächtig geworden.
Ein freundlicher Reisender hat dich hergetragen.
Entschuldige die Umstände ...
Ach, das macht doch nichts.

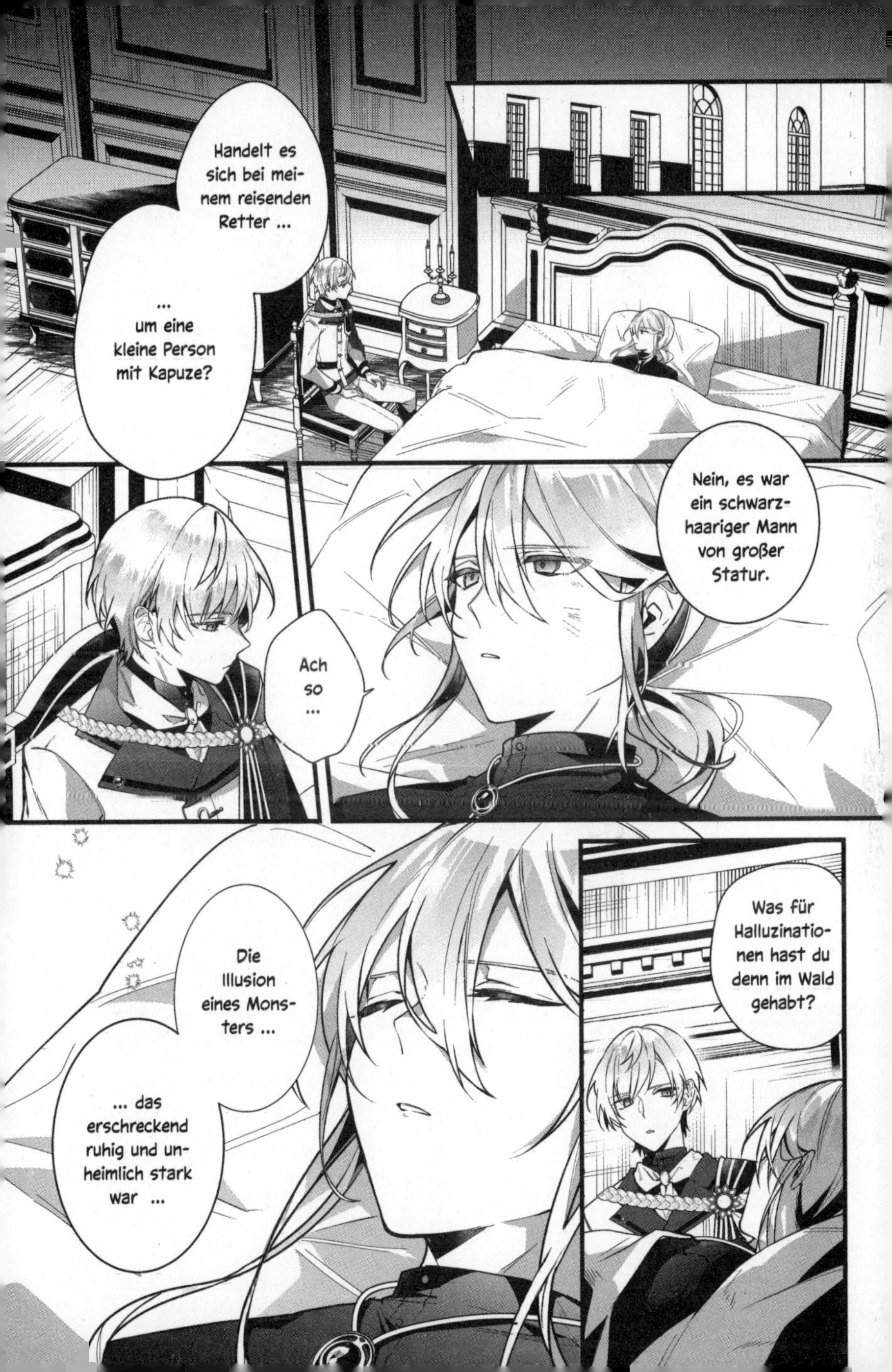
Handelt es sich bei meinem reisenden Retter ...
... um eine kleine Person mit Kapuze?
Nein, es war ein schwarzhaariger Mann von großer Statur.
Ach so ...
Was für Halluzinationen hast du denn im Wald gehabt?
Die Illusion eines Monsters ...
... das erschreckend ruhig und unheimlich stark war ...

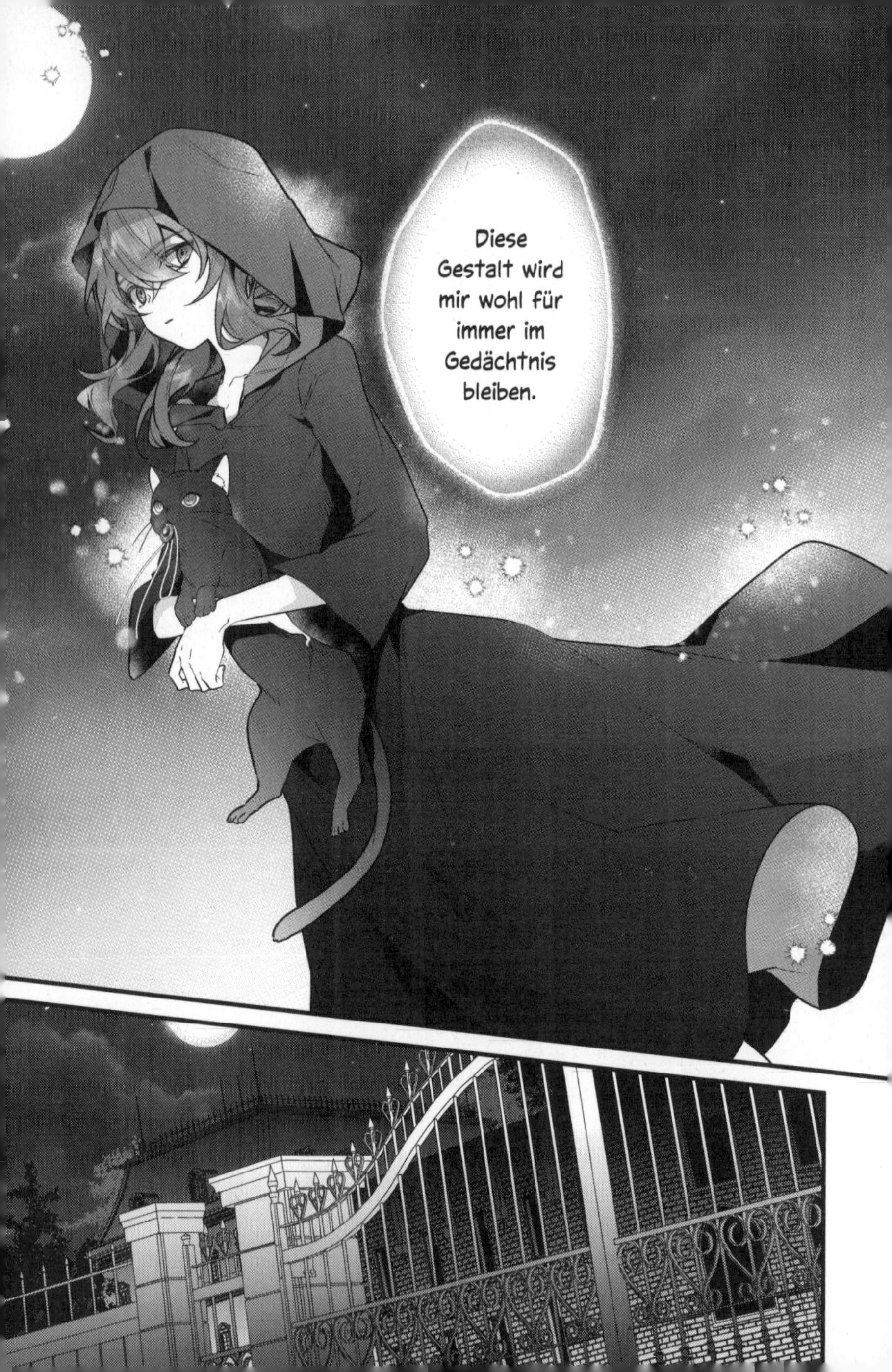
Diese Gestalt wird mir wohl für immer im Gedächtnis bleiben.

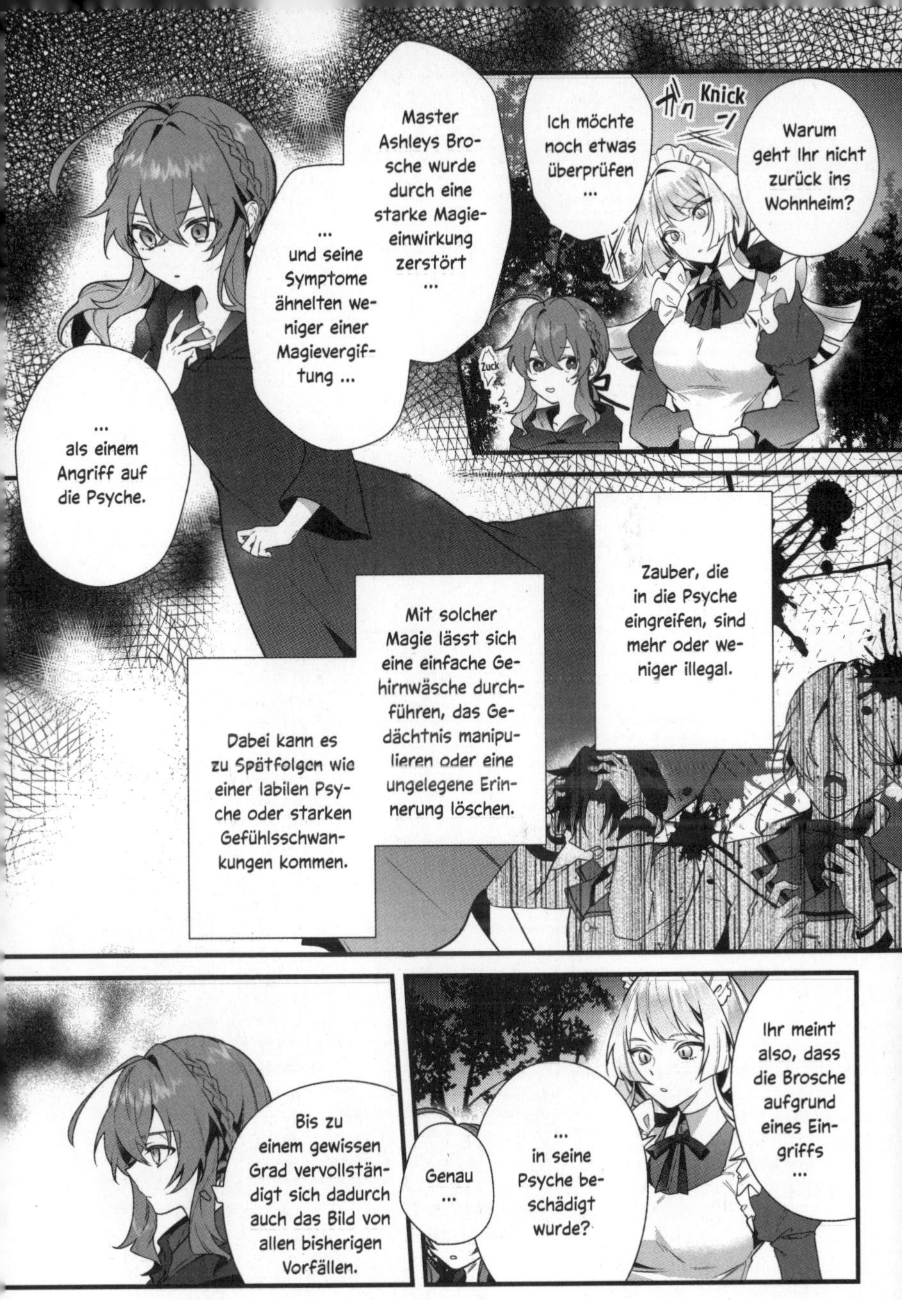
Knick
Warum geht Ihr nicht zurück ins Wohnheim?
Zuck
Ich möchte noch etwas überprüfen ...
Master Ashleys Brosche wurde durch eine starke Magieeinwirkung zerstört ...
... und seine Symptome ähnelten weniger einer Magievergiftung ...
... als einem Angriff auf die Psyche.
Zauber, die in die Psyche eingreifen, sind mehr oder weniger illegal.
Mit solcher Magie lässt sich eine einfache Gehirnwäsche durchführen, das Gedächtnis manipulieren oder eine ungelegene Erinnerung löschen.
Dabei kann es zu Spätfolgen wie einer labilen Psyche oder starken Gefühlsschwankungen kommen.
Ihr meint also, dass die Brosche aufgrund eines Eingriffs ...
... in seine Psyche beschädigt wurde?
Genau ...
Bis zu einem gewissen Grad vervollständigt sich dadurch auch das Bild von allen bisherigen Vorfällen.

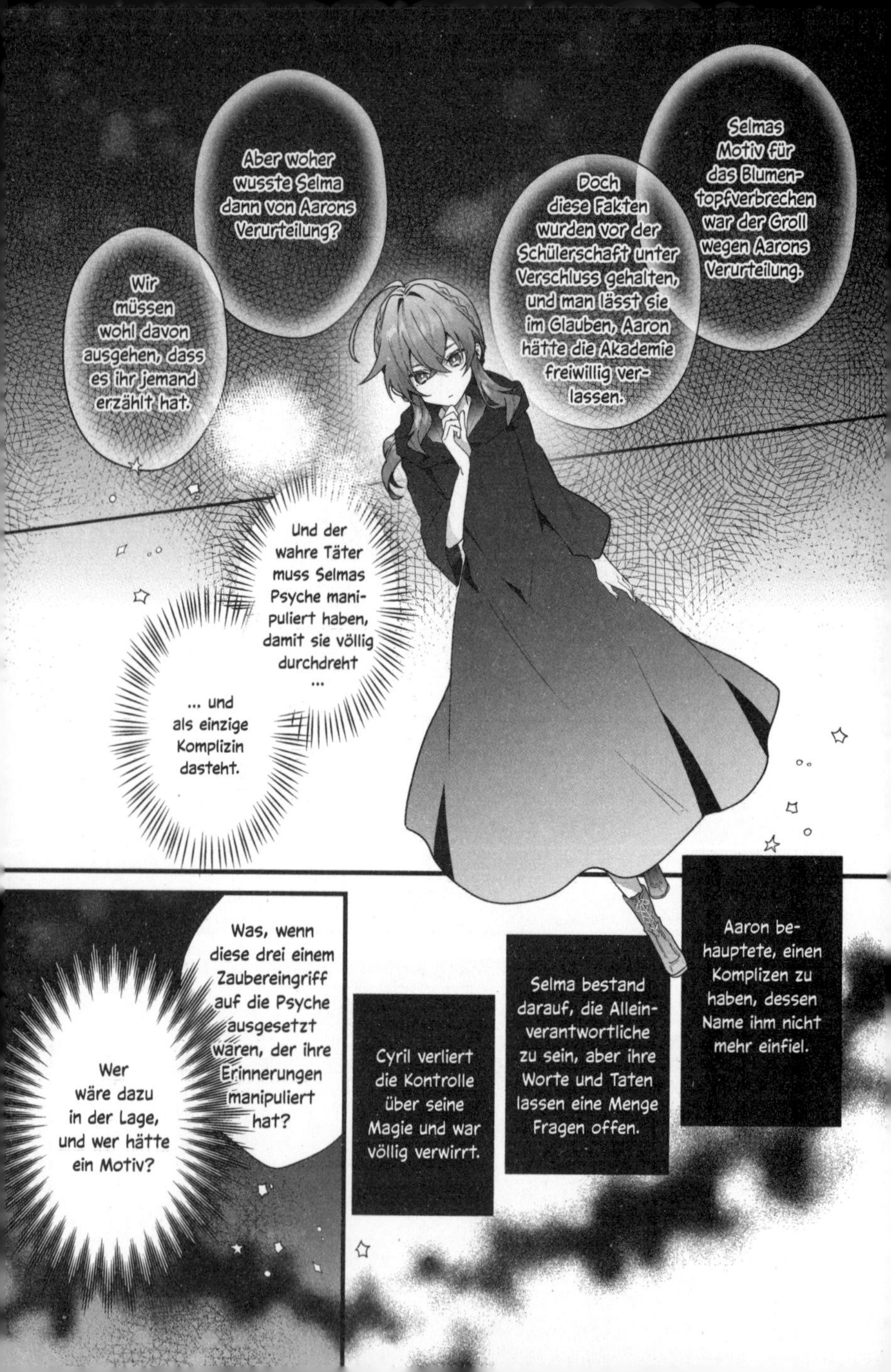
Selmas Motiv für das Blumentopfverbrechen war der Groll wegen Aarons Verurteilung.
Doch diese Fakten wurden vor der Schülerschaft unter Verschluss gehalten, und man lässt sie im Glauben, Aaron hätte die Akademie freiwillig verlassen.
Aber woher wusste Selma dann von Aarons Verurteilung?
Wir müssen wohl davon ausgehen, dass es ihr jemand erzählt hat.
Und der wahre Täter muss Selmas Psyche manipuliert haben, damit sie völlig durchdreht ...
... und als einzige Komplizin dasteht.
Aaron behauptete, einen Komplizen zu haben, dessen Name ihm nicht mehr einfiel.
Selma bestand darauf, die Alleinverantwortliche zu sein, aber ihre Worte und Taten lassen eine Menge Fragen offen.
Cyril verliert die Kontrolle über seine Magie und war völlig verwirrt.
Was, wenn diese drei einem Zaubereingriff auf die Psyche ausgesetzt waren, der ihre Erinnerungen manipuliert hat?
Wer wäre dazu in der Lage, und wer hätte ein Motiv?

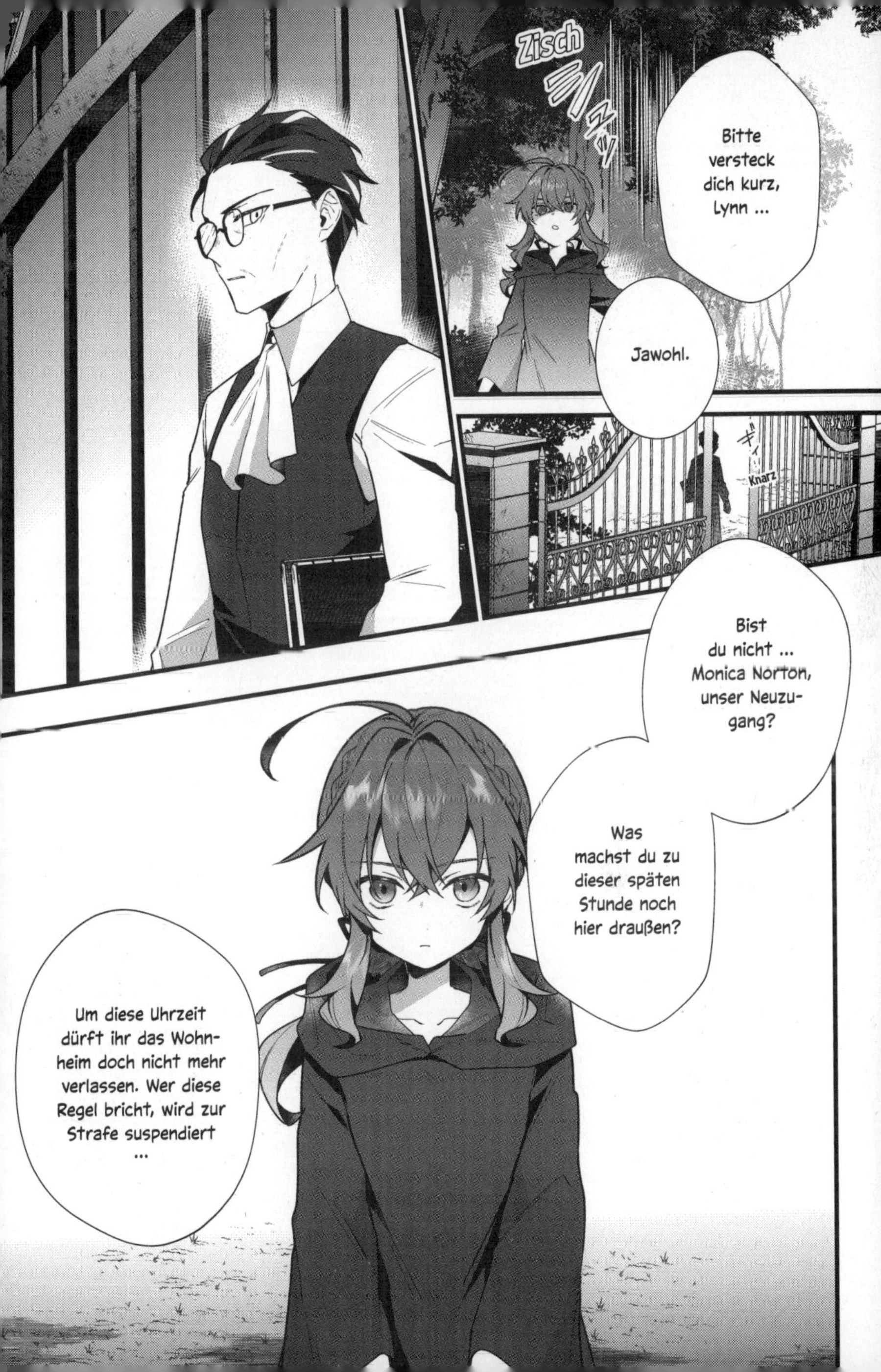
Zisch
Bitte versteck dich kurz, Lynn ...
Jawohl.
Knarz
Bist du nicht ... Monica Norton, unser Neuzugang?
Was machst du zu dieser späten Stunde noch hier draußen?
Um diese Uhrzeit dürft ihr das Wohnheim doch nicht mehr verlassen. Wer diese Regel bricht, wird zur Strafe suspendiert ...

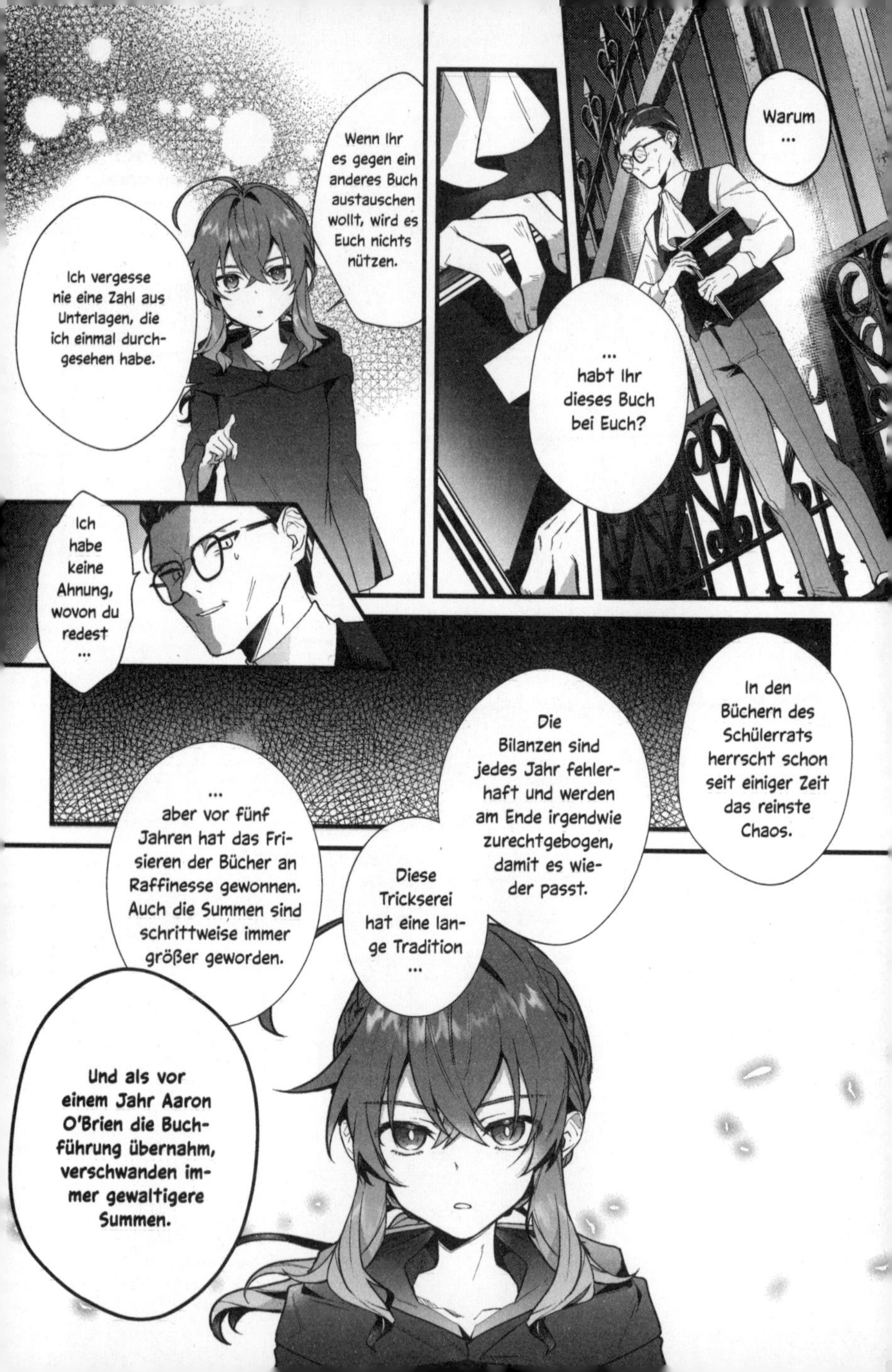
Warum ...
... habt Ihr dieses Buch bei Euch?
Wenn Ihr es gegen ein anderes Buch austauschen wollt, wird es Euch nichts nützen.
Ich vergesse nie eine Zahl aus Unterlagen, die ich einmal durchgesehen habe.
Ich habe keine Ahnung, wovon du redest ...
In den Büchern des Schülerrats herrscht schon seit einiger Zeit das reinste Chaos.
Die Bilanzen sind jedes Jahr fehlerhaft und werden am Ende irgendwie zurechtgebogen, damit es wieder passt.
Diese Trickserei hat eine lange Tradition ...
... aber vor fünf Jahren hat das Frisieren der Bücher an Raffinesse gewonnen. Auch die Summen sind schrittweise immer größer geworden.
Und als vor einem Jahr Aaron O'Brien die Buchführung übernahm, verschwanden immer gewaltigere Summen.

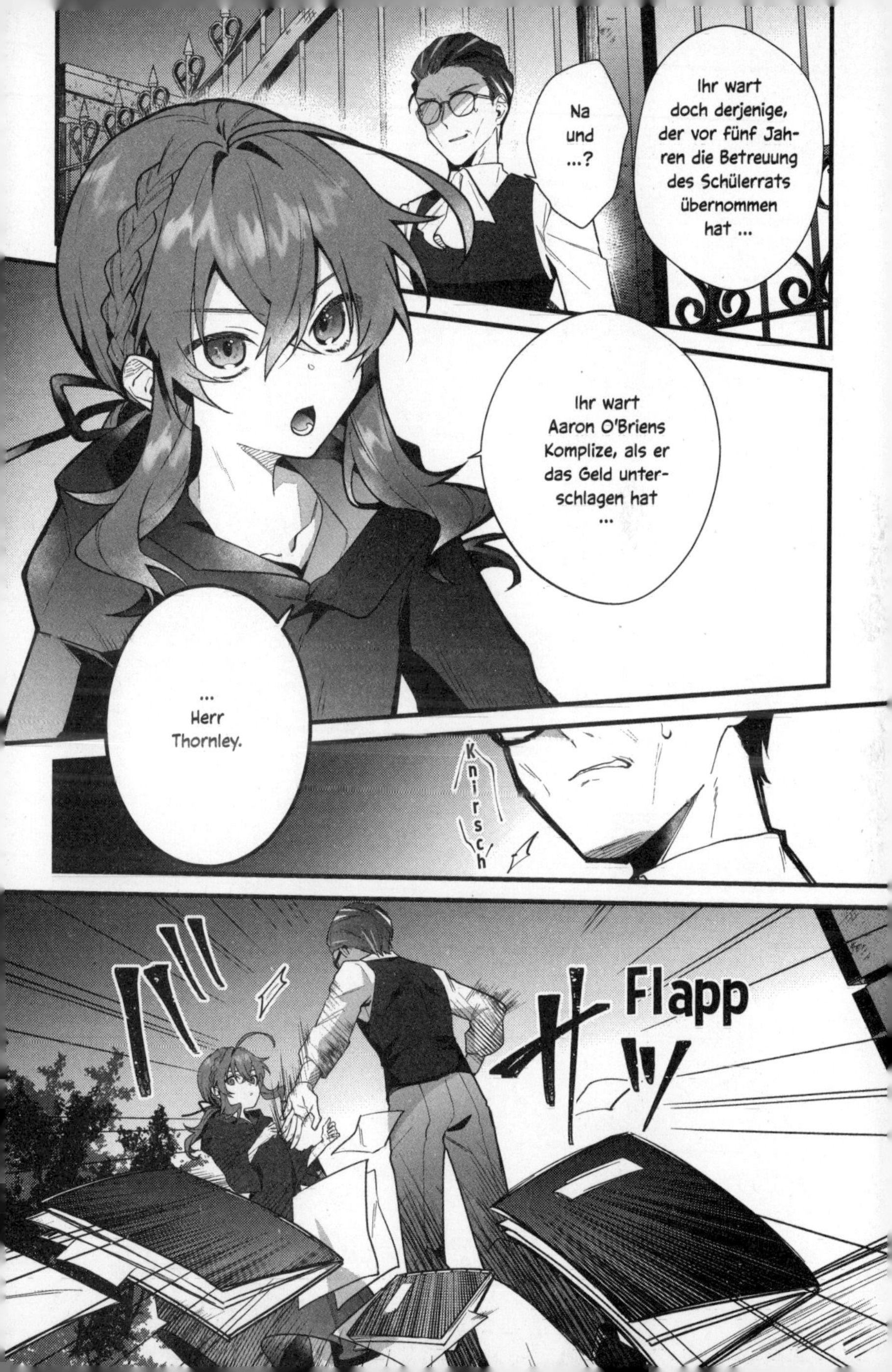
Ihr wart doch derjenige, der vor fünf Jahren die Betreuung des Schülerrats übernommen hat ...
Na und ...?
Ihr wart Aaron O'Briens Komplize, als er das Geld unterschlagen hat ...
... Herr Thornley.
Knirsch
サッ
Flapp
バッ

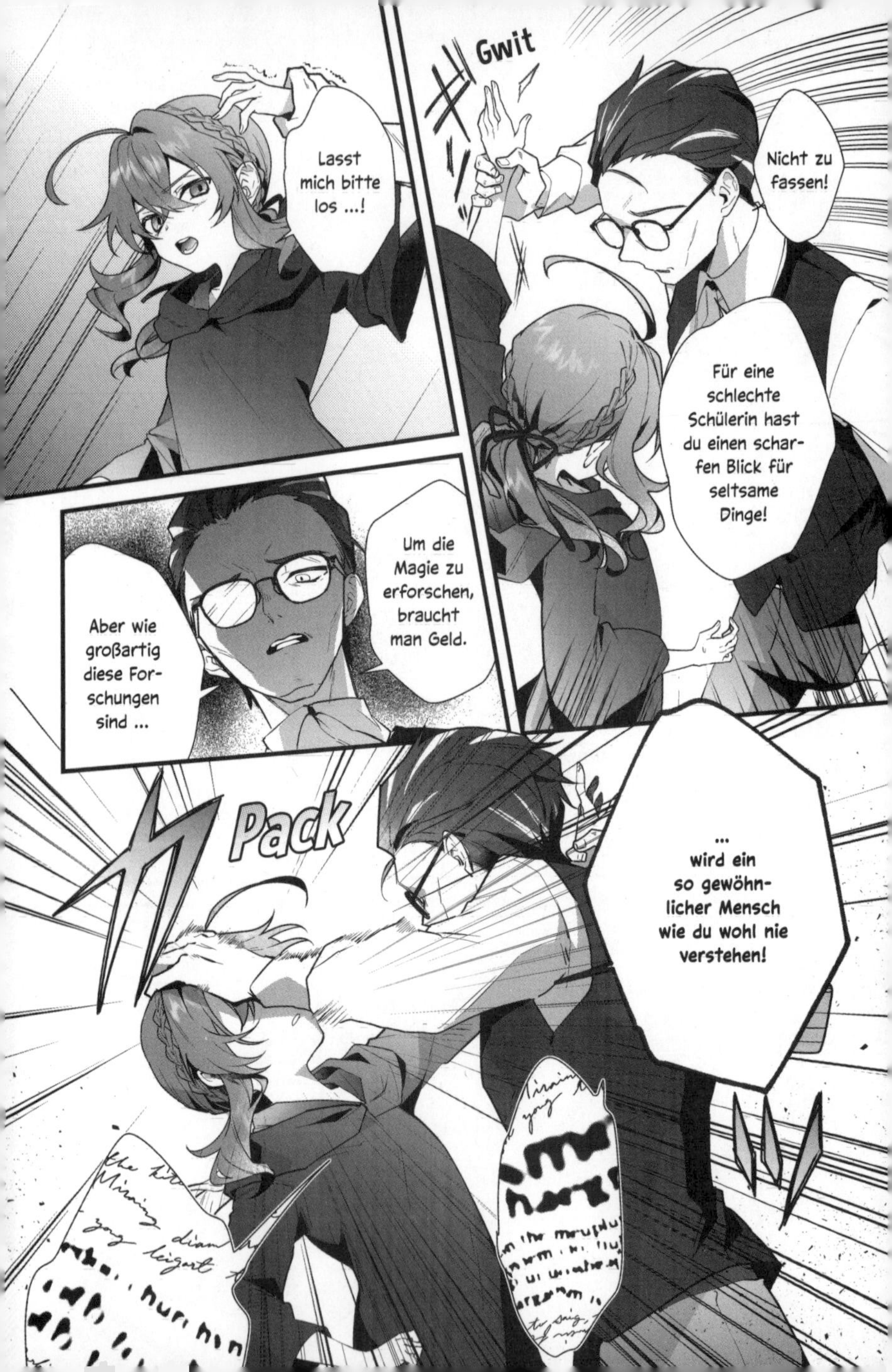
Gwit
Nicht zu fassen!
Für eine schlechte Schülerin hast du einen scharfen Blick für seltsame Dinge!
Lasst mich bitte los ...!
Um die Magie zu erforschen, braucht man Geld.
Aber wie großartig diese Forschungen sind ...
Pack
... wird ein so gewöhnlicher Mensch wie du wohl nie verstehen!

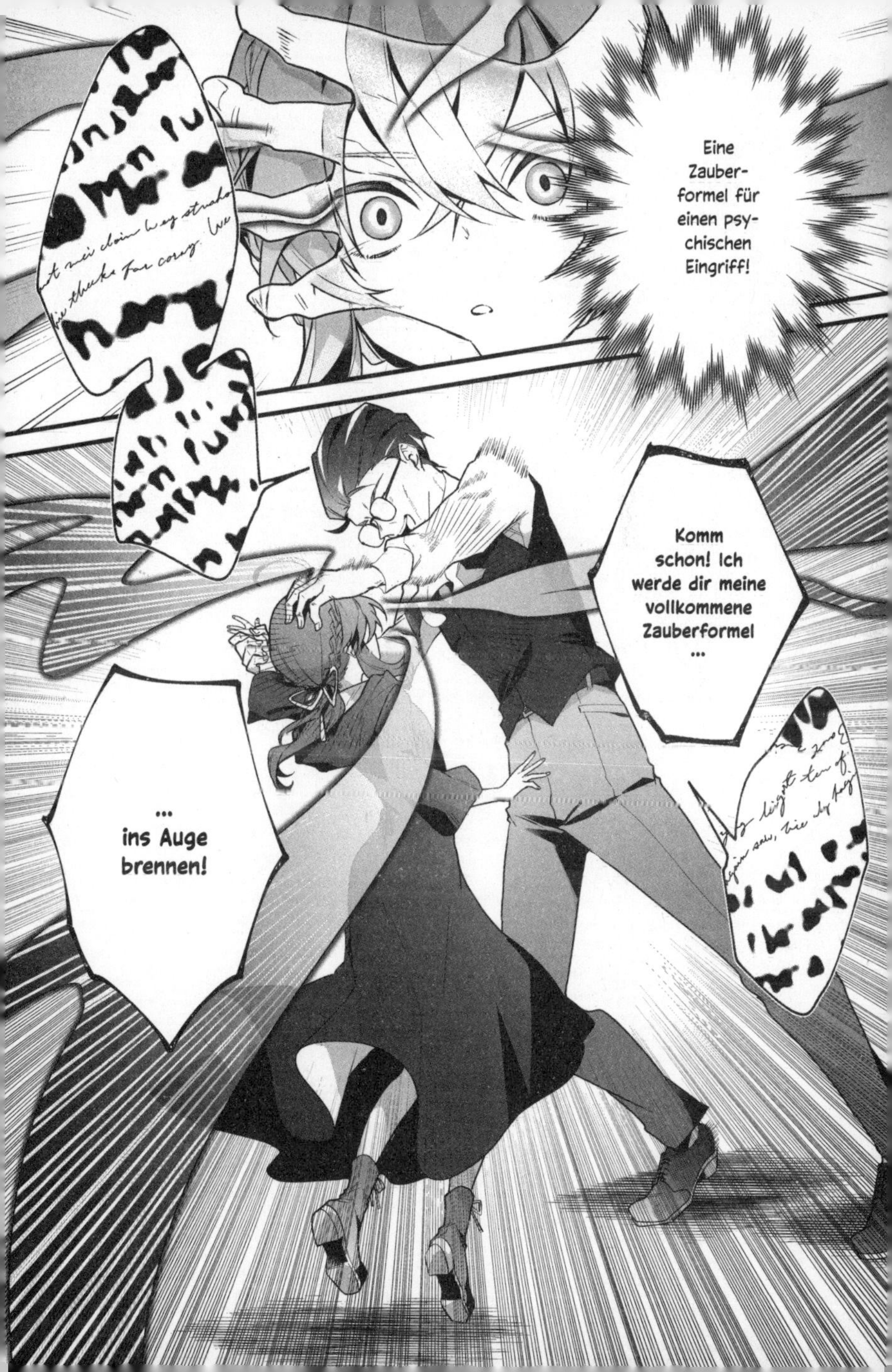
Eine Zauberformel für einen psychischen Eingriff!
Komm schon! Ich werde dir meine vollkommene Zauberformel ...
... ins Auge brennen!

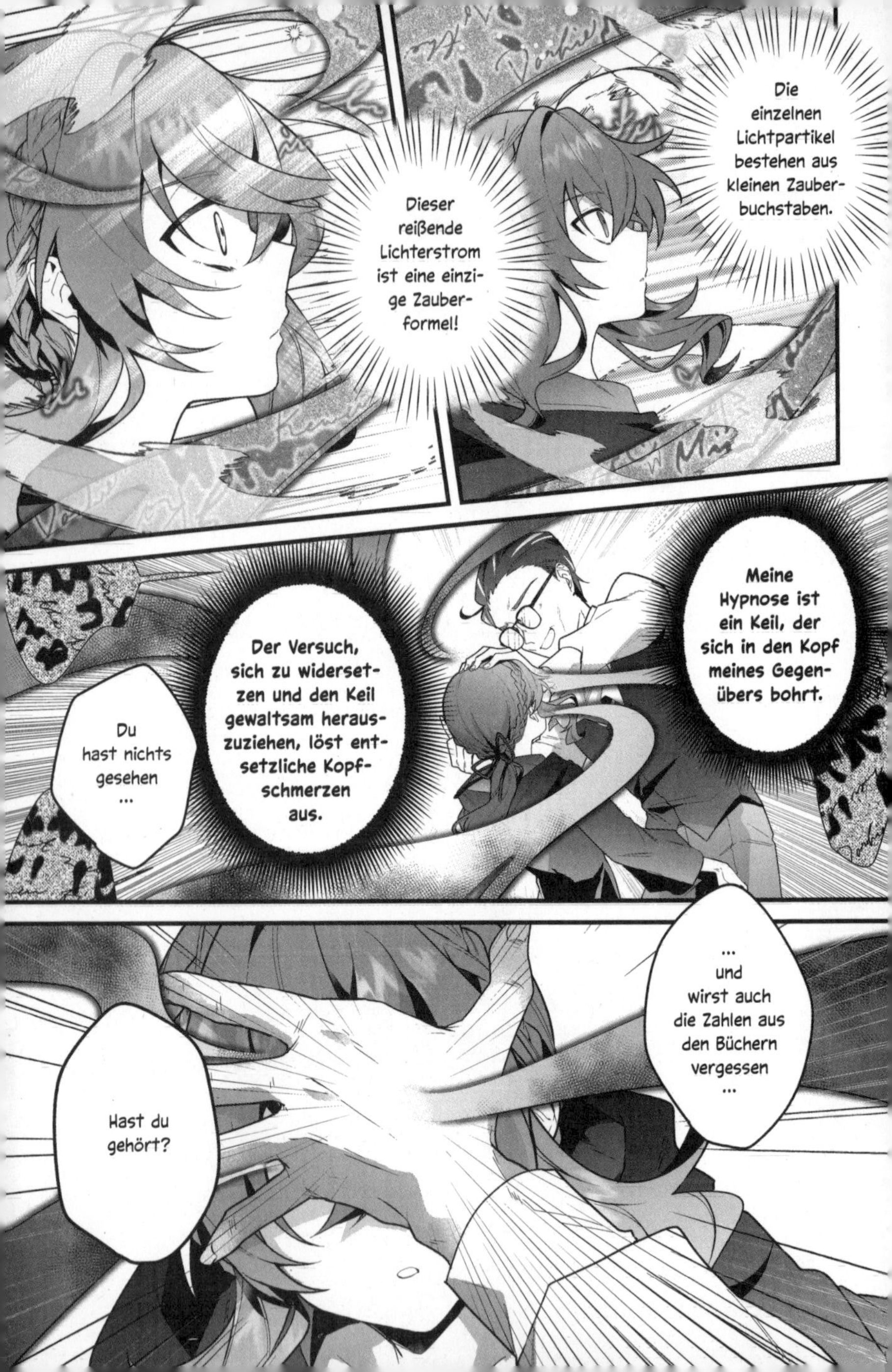
Dieser reißende Lichterstrom ist eine einzige Zauberformel!
Die einzelnen Lichtpartikel bestehen aus kleinen Zauberbuchstaben.
Meine Hypnose ist ein Keil, der sich in den Kopf meines Gegenübers bohrt.
Der Versuch, sich zu widersetzen und den Keil gewaltsam herauszuziehen, löst entsetzliche Kopfschmerzen aus.
Du hast nichts gesehen ...
... und wirst auch die Zahlen aus den Büchern vergessen ...
Hast du gehört?

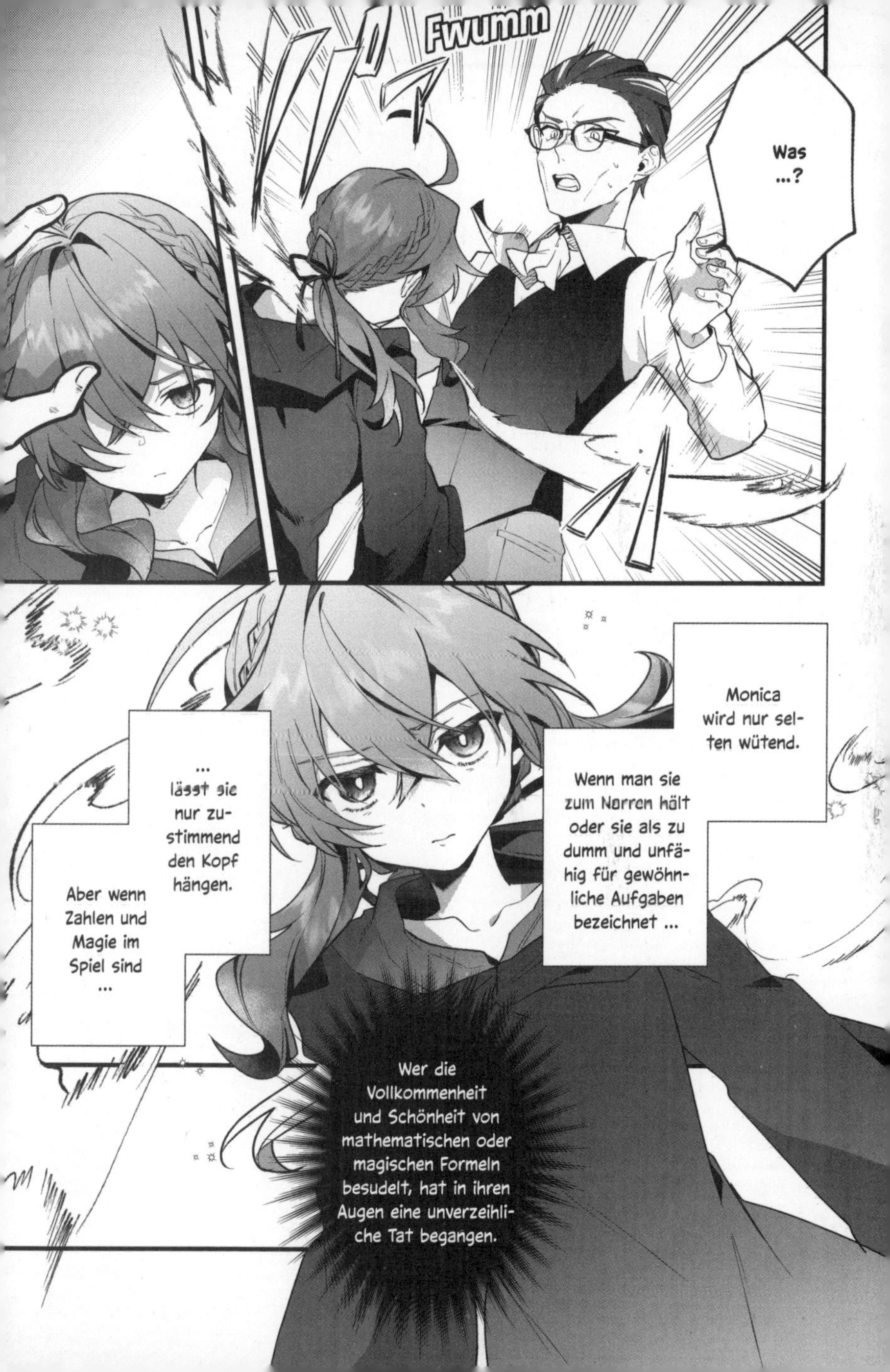
Fwumm
Was ...?
Monica wird nur selten wütend.
Wenn man sie zum Narren hält oder sie als zu dumm und unfähig für gewöhnliche Aufgaben bezeichnet ...
... lässt sie nur zustimmend den Kopf hängen.
Aber wenn Zahlen und Magie im Spiel sind ...
Wer die Vollkommenheit und Schönheit von mathematischen oder magischen Formeln besudelt, hat in ihren Augen eine unverzeihliche Tat begangen.

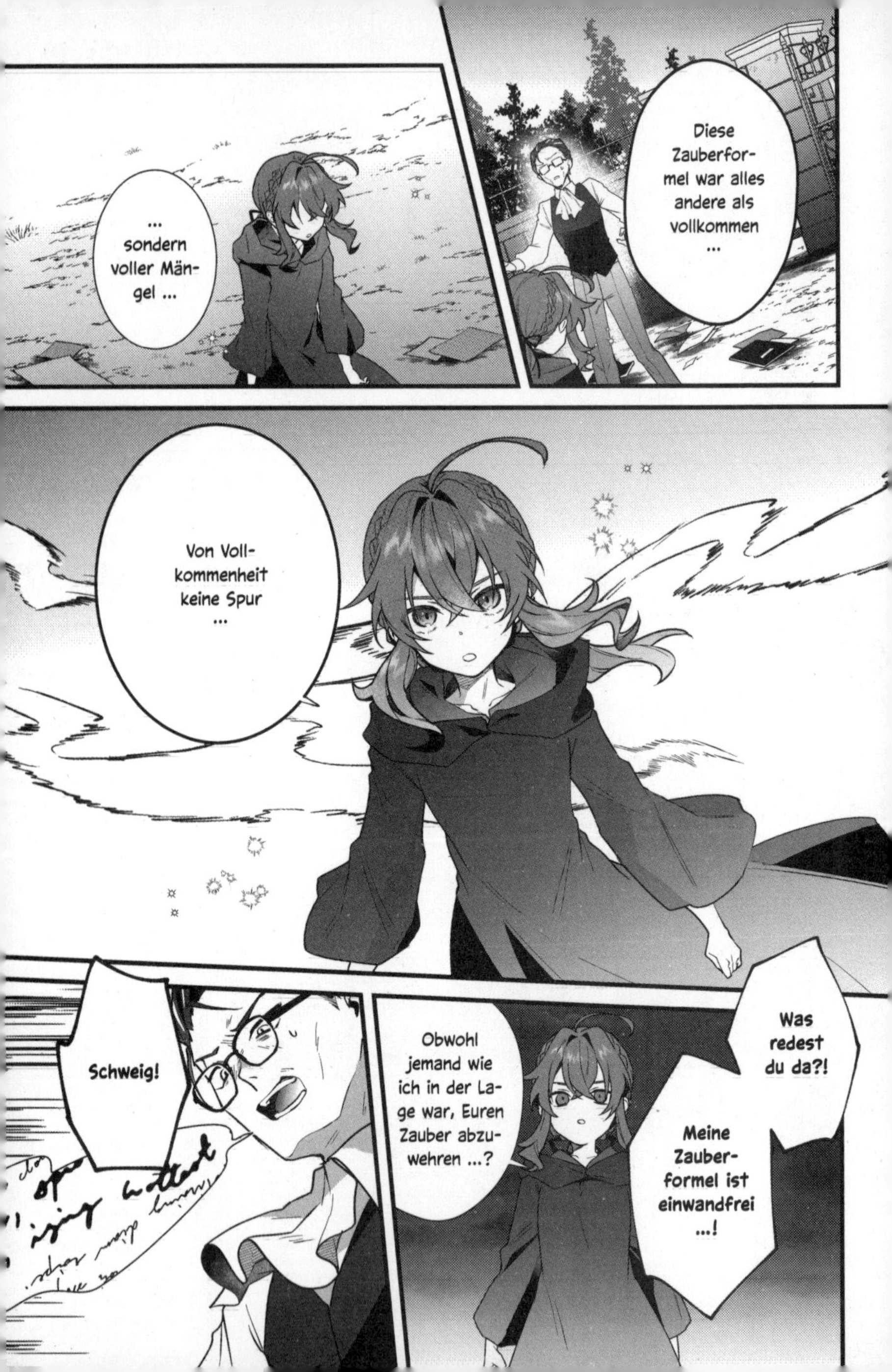
Diese Zauberformel war alles andere als vollkommen ...
... sondern voller Mängel ...
Von Vollkommenheit keine Spur ...
Was redest du da?!
Meine Zauberformel ist einwandfrei ...!
Obwohl jemand wie ich in der Lage war, Euren Zauber abzuwehren ...?
Schweig!

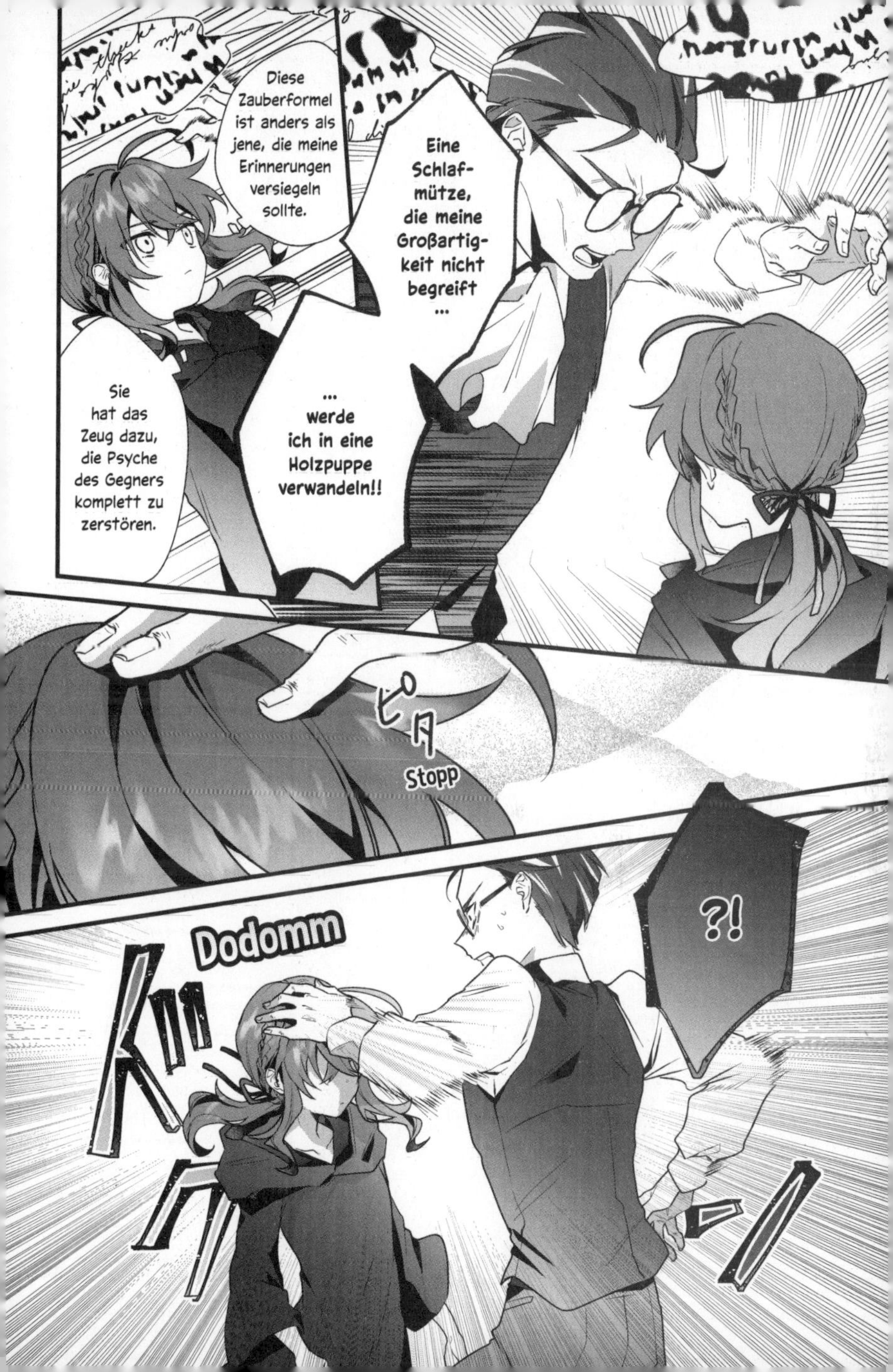

Eine Schlafmütze, die meine Großartigkeit nicht begreift ...
Diese Zauberformel ist anders als jene, die meine Erinnerungen versiegeln sollte.
... werde ich in eine Holzpuppe verwandeln!!
Sie hat das Zeug dazu, die Psyche des Gegners komplett zu zerstören.
ピタ
Stopp
?!
Dodomm

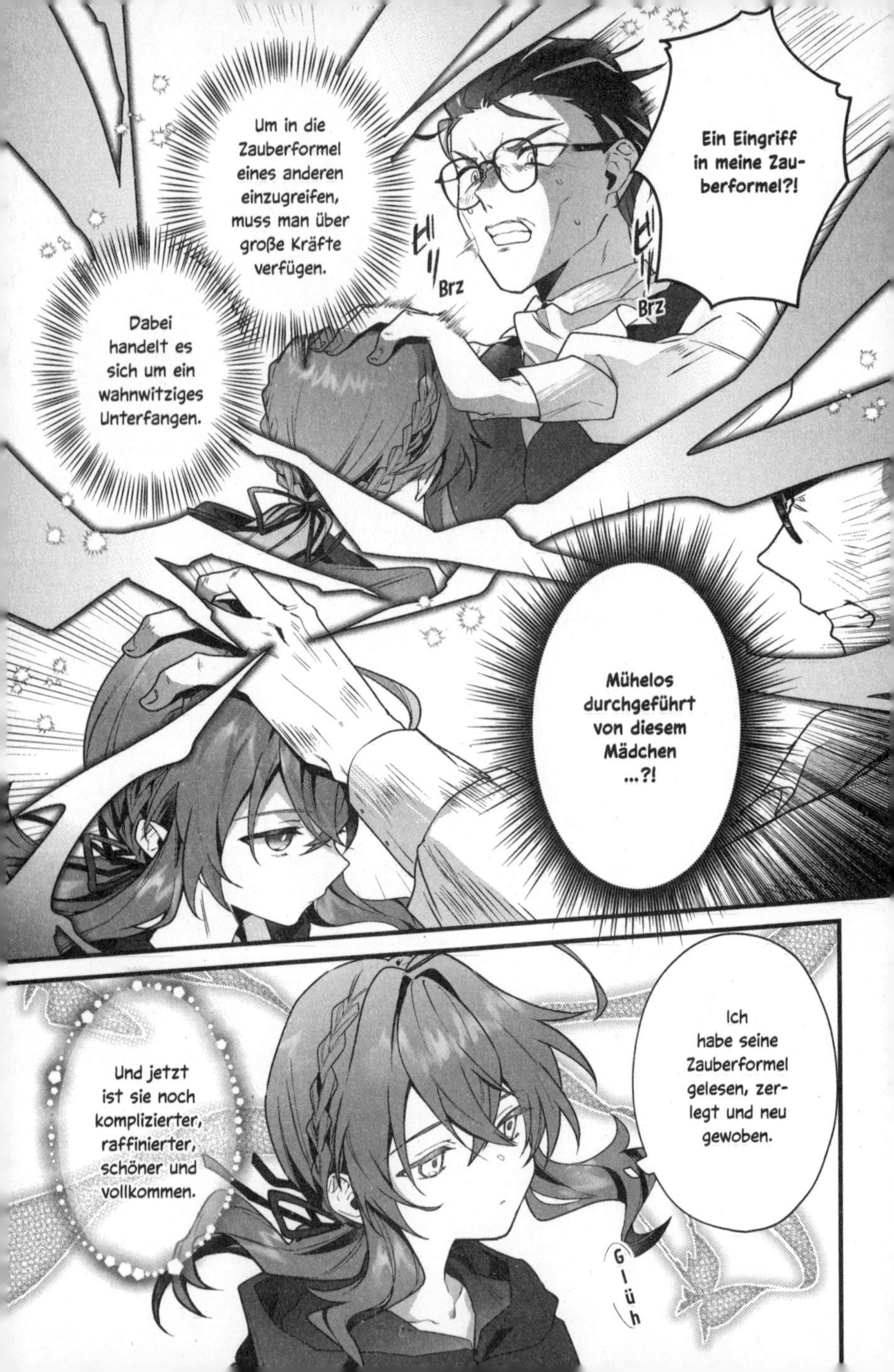
Ein Eingriff in meine Zauberformel?!
Brz
Brz
Um in die Zauberformel eines anderen einzugreifen, muss man über große Kräfte verfügen.
Dabei handelt es sich um ein wahnwitziges Unterfangen.
Mühelos durchgeführt von diesem Mädchen ...?!
Ich habe seine Zauberformel gelesen, zerlegt und neu gewoben.
Glüh
Und jetzt ist sie noch komplizierter, raffinierter, schöner und vollkommen.

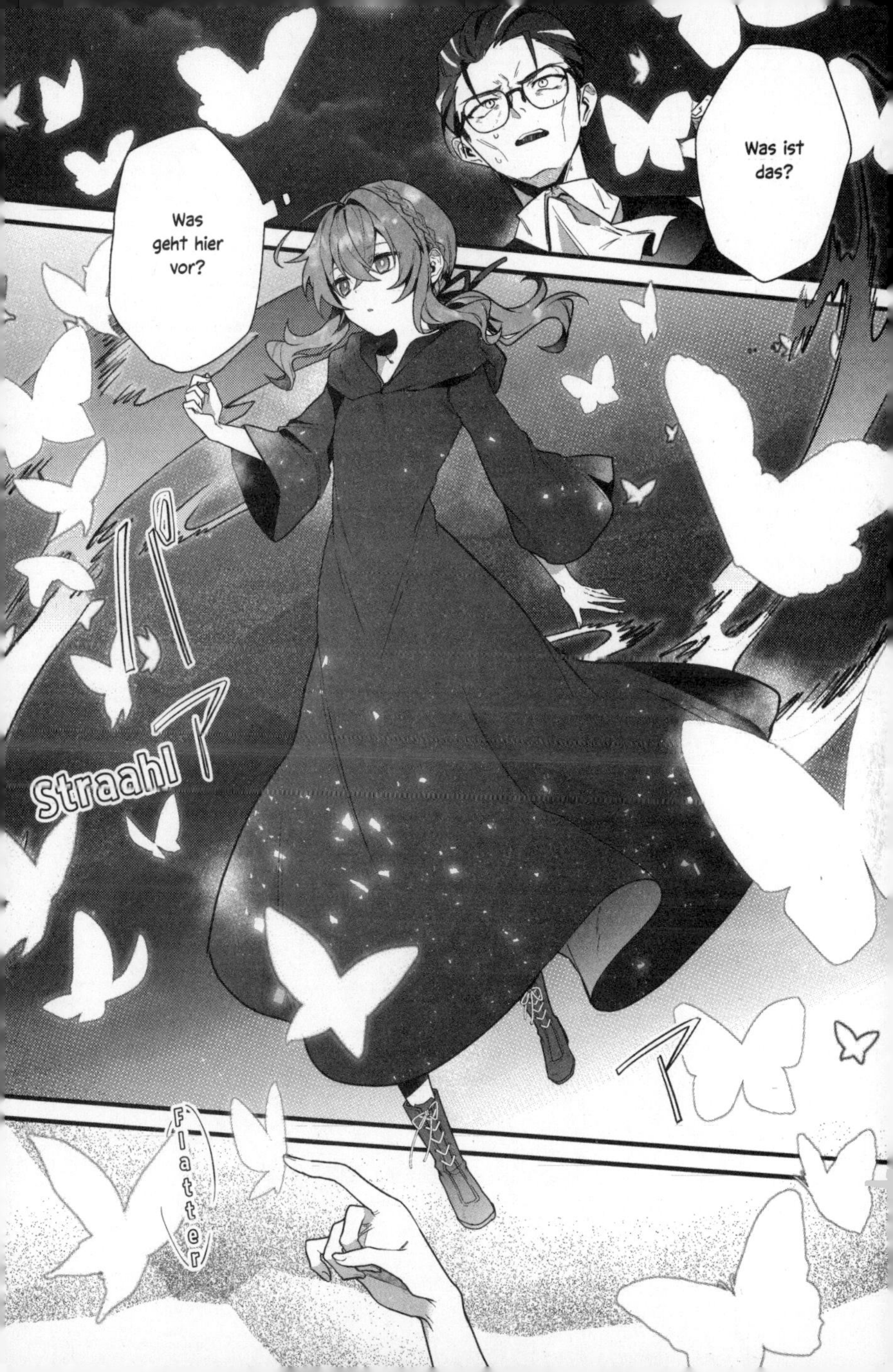
Was ist das?
Was geht hier vor?
Straahl
Flatter

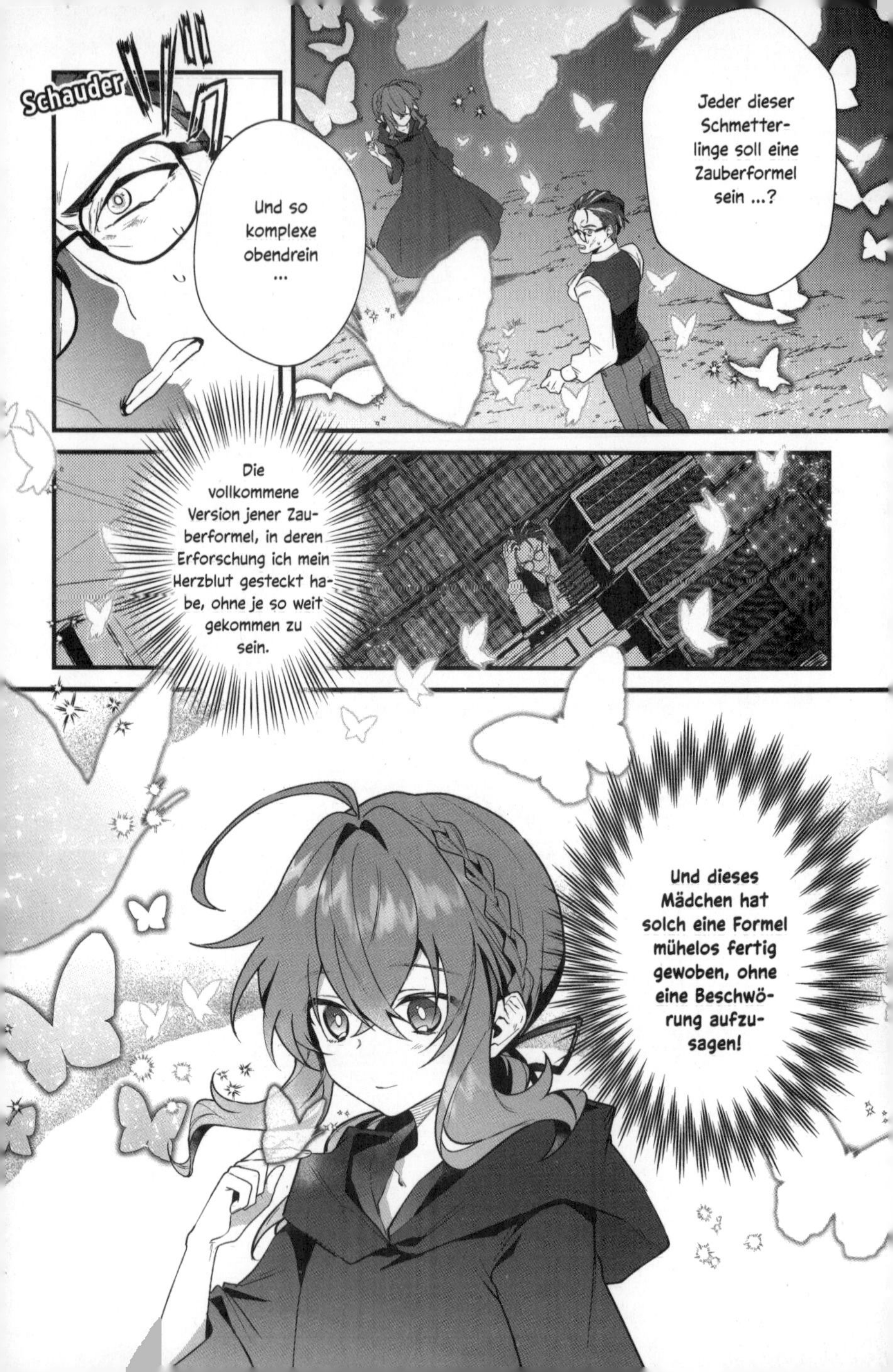
Jeder dieser Schmetter-linge soll eine Zauberformel sein ...?
Schauder
Und so komplexe obendrein ...
Die vollkommene Version jener Zau-berformel, in deren Erforschung ich mein Herzblut gesteckt ha-be, ohne je so weit gekommen zu sein.
Und dieses Mädchen hat solch eine Formel mühelos fertig gewoben, ohne eine Beschwö-rung aufzu-sagen!

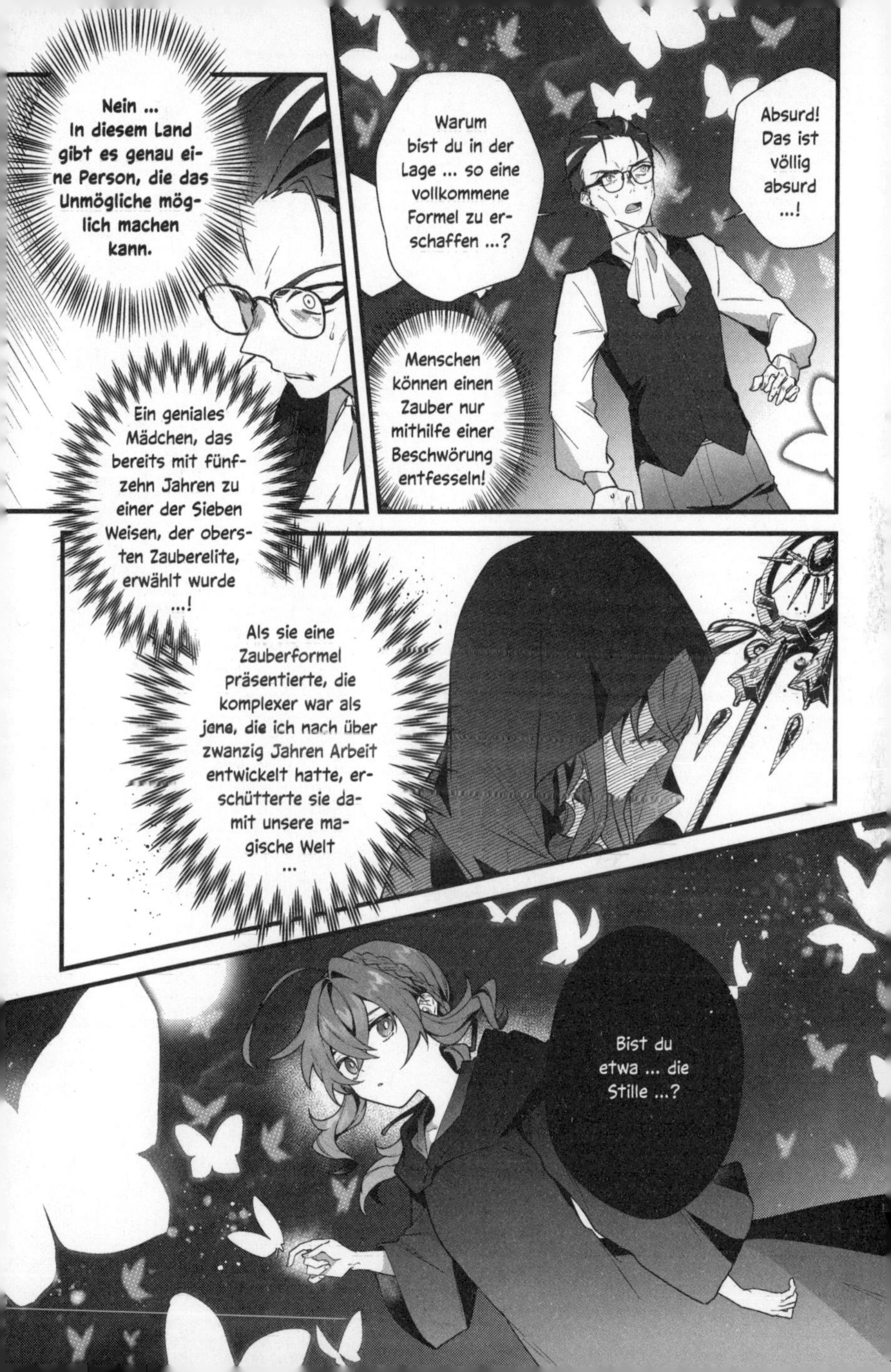
Absurd! Das ist völlig absurd ...!
Warum bist du in der Lage ... so eine vollkommene Formel zu erschaffen ...?
Menschen können einen Zauber nur mithilfe einer Beschwörung entfesseln!
Nein ... In diesem Land gibt es genau eine Person, die das Unmögliche möglich machen kann.
Ein geniales Mädchen, das bereits mit fünfzehn Jahren zu einer der Sieben Weisen, der obersten Zauberelite, erwählt wurde ...!
Als sie eine Zauberformel präsentierte, die komplexer war als jene, die ich nach über zwanzig Jahren Arbeit entwickelt hatte, erschütterte sie damit unsere magische Welt ...
Bist du etwa ... die Stille ...?

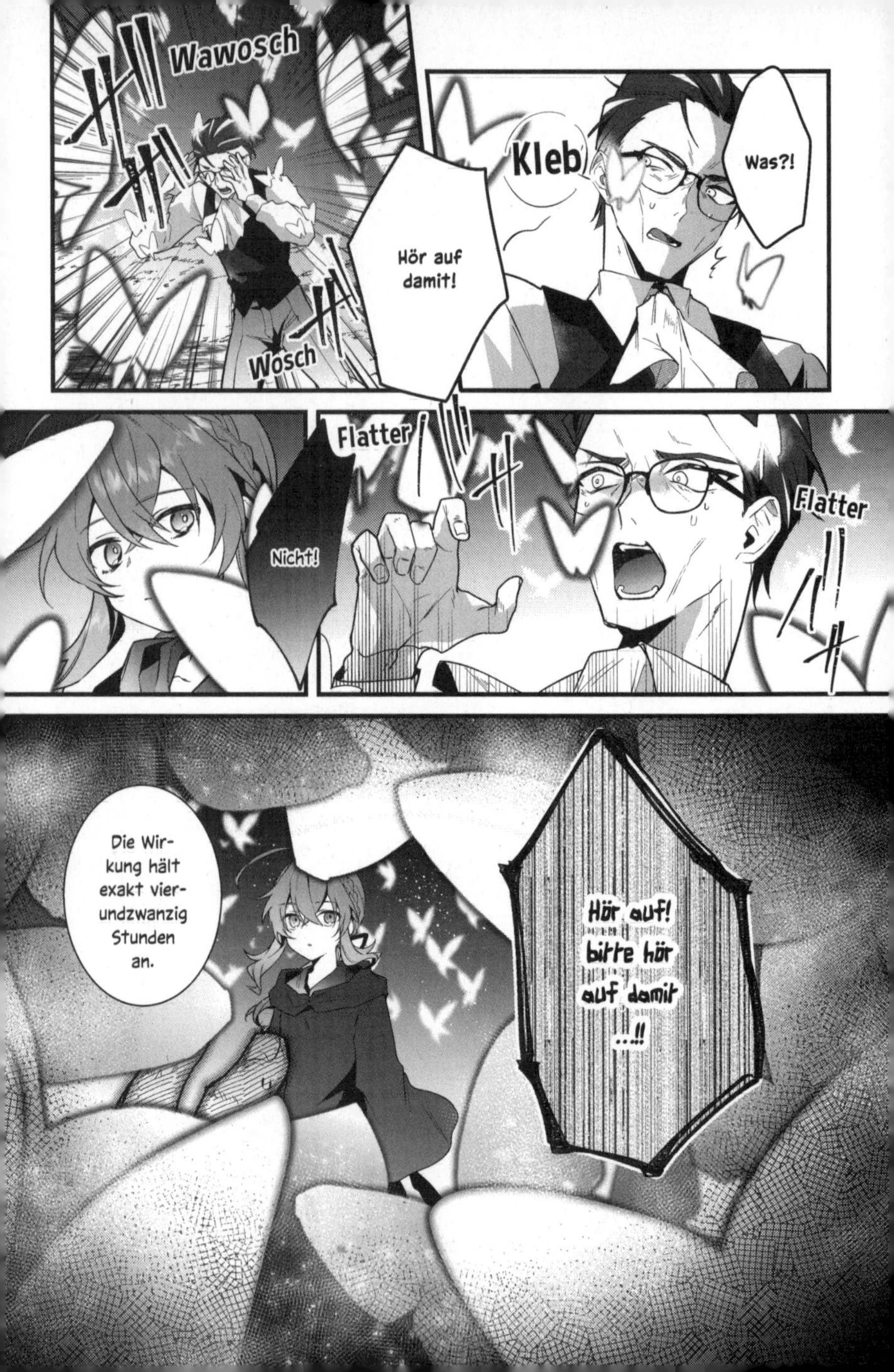
Was?!
Kleb
Hör auf damit!
Wawosch
Wosch
Flatter
Flatter
Nicht!
Hör auf! bitte hör auf damit ...!!
Die Wirkung hält exakt vierundzwanzig Stunden an.

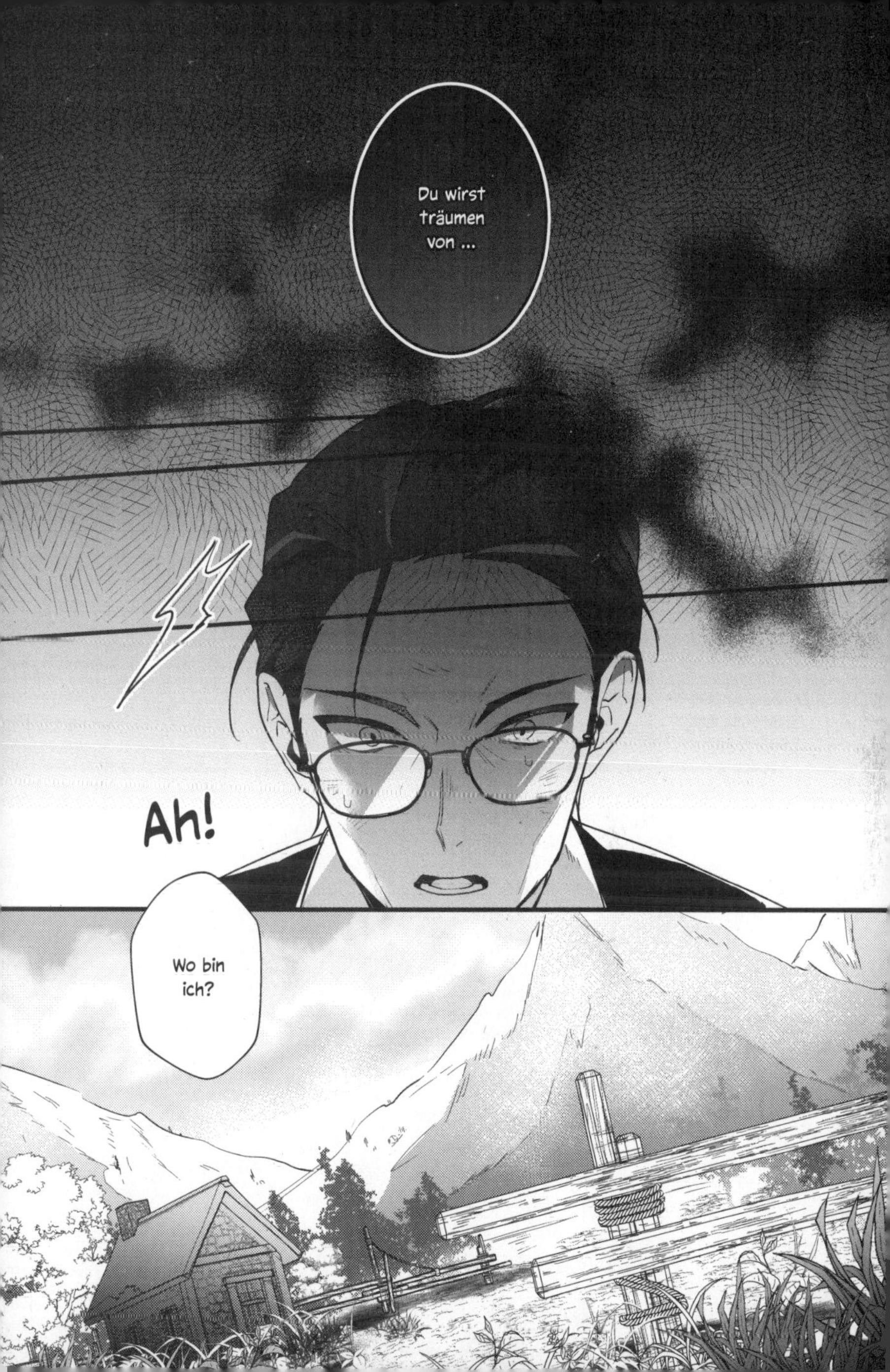
Du wirst träumen von ...
Ah!
Wo bin ich?

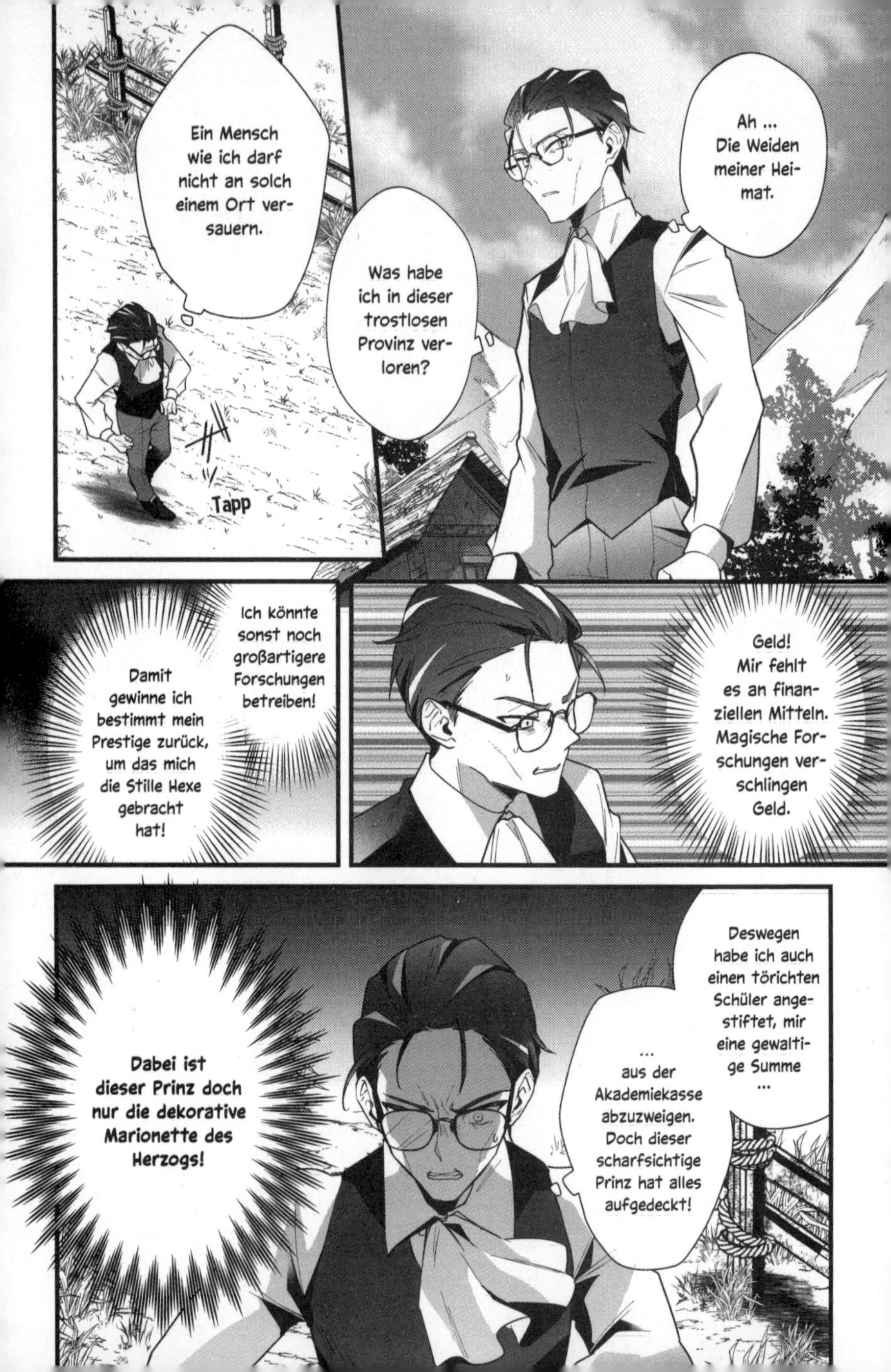
Ah ... Die Weiden meiner Heimat.
Was habe ich in dieser trostlosen Provinz verloren?
Ein Mensch wie ich darf nicht an solch einem Ort versauern.
Tapp
Geld! Mir fehlt es an finanziellen Mitteln. Magische Forschungen verschlingen Geld.
Ich könnte sonst noch großartigere Forschungen betreiben!
Damit gewinne ich bestimmt mein Prestige zurück, um das mich die Stille Hexe gebracht hat!
Deswegen habe ich auch einen törichten Schüler angestiftet, mir eine gewaltige Summe ...
... aus der Akademiekasse abzuzweigen. Doch dieser scharfsichtige Prinz hat alles aufgedeckt!
Dabei ist dieser Prinz doch nur die dekorative Marionette des Herzogs!

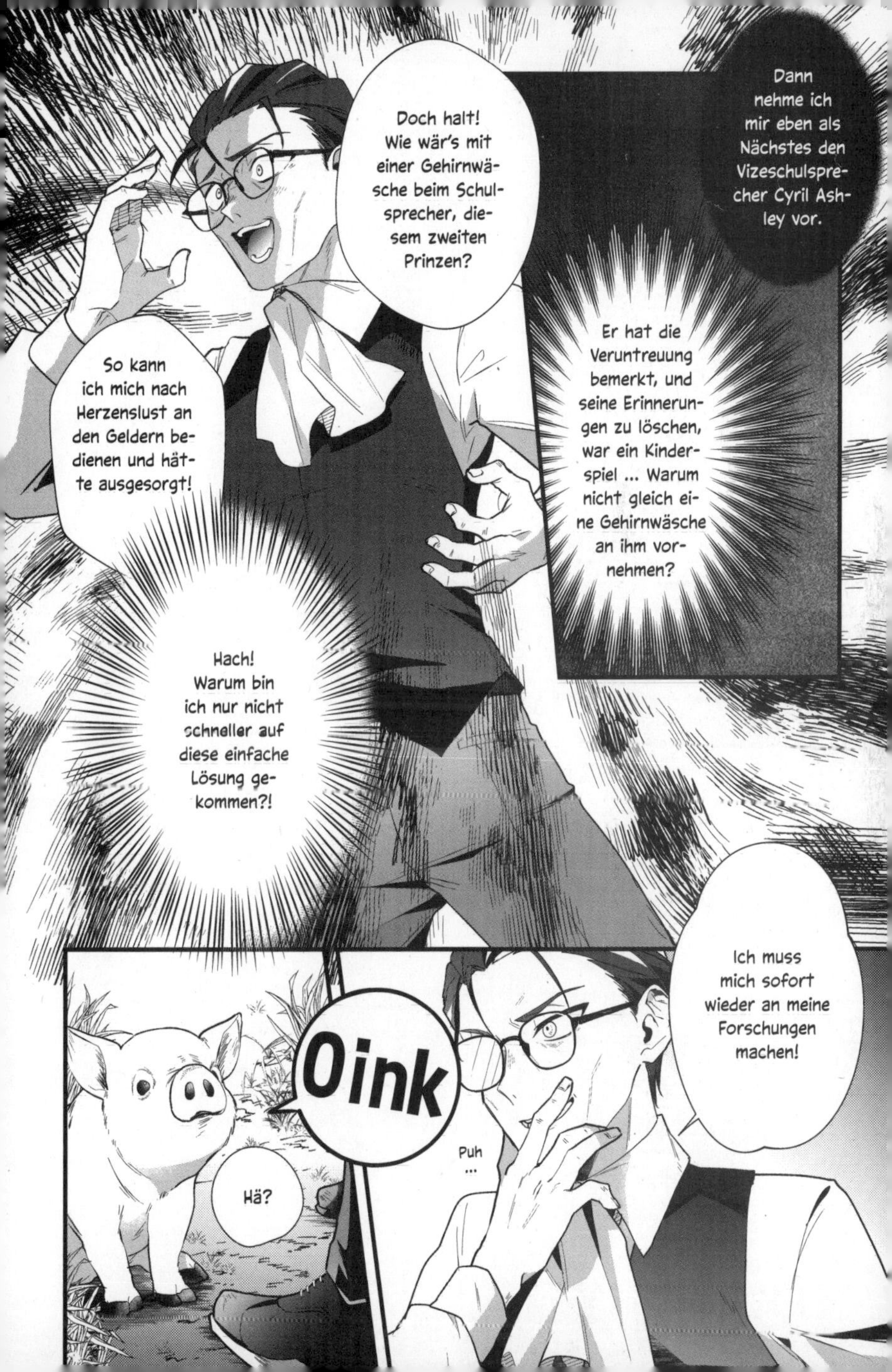
Dann nehme ich mir eben als Nächstes den Vizeschulsprecher Cyril Ashley vor.
Er hat die Veruntreuung bemerkt, und seine Erinnerungen zu löschen, war ein Kinderspiel ... Warum nicht gleich eine Gehirnwäsche an ihm vornehmen?
Doch halt! Wie wär's mit einer Gehirnwäsche beim Schulsprecher, diesem zweiten Prinzen?
So kann ich mich nach Herzenslust an den Geldern bedienen und hätte ausgesorgt!
Hach! Warum bin ich nur nicht schneller auf diese einfache Lösung gekommen?!
Ich muss mich sofort wieder an meine Forschungen machen!
Puh ...
Oink
Hä?

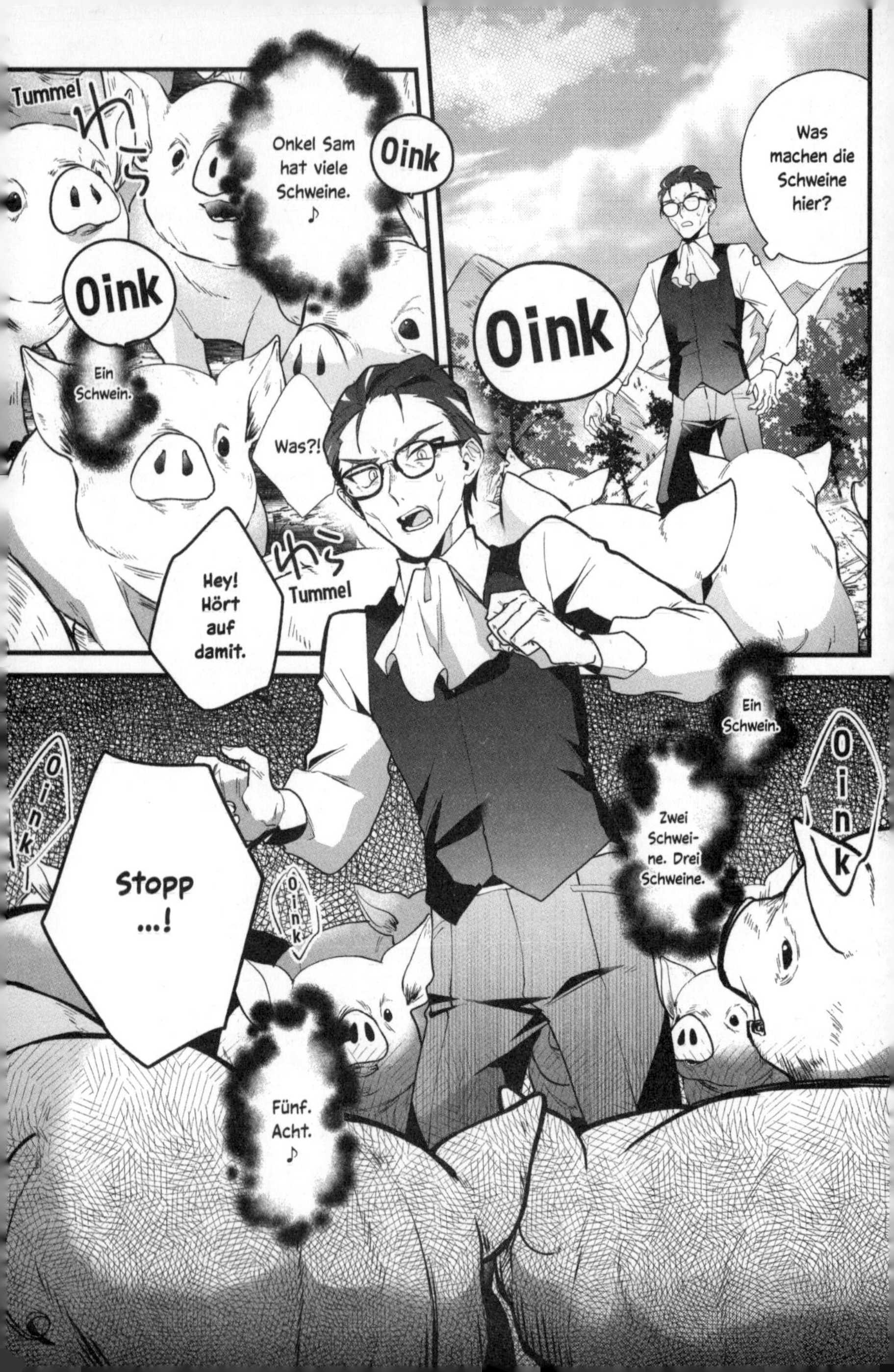
Was machen die Schweine hier?
Oink
Onkel Sam hat viele Schweine. ♪
Oink
Tummel
Oink
Ein Schwein.
Was?!
Hey! Hört auf damit.
Tummel
Ein Schwein.
Oink
Zwei Schweine. Drei Schweine.
Oink
Stopp ...!
Oink
Fünf. Acht. ♪

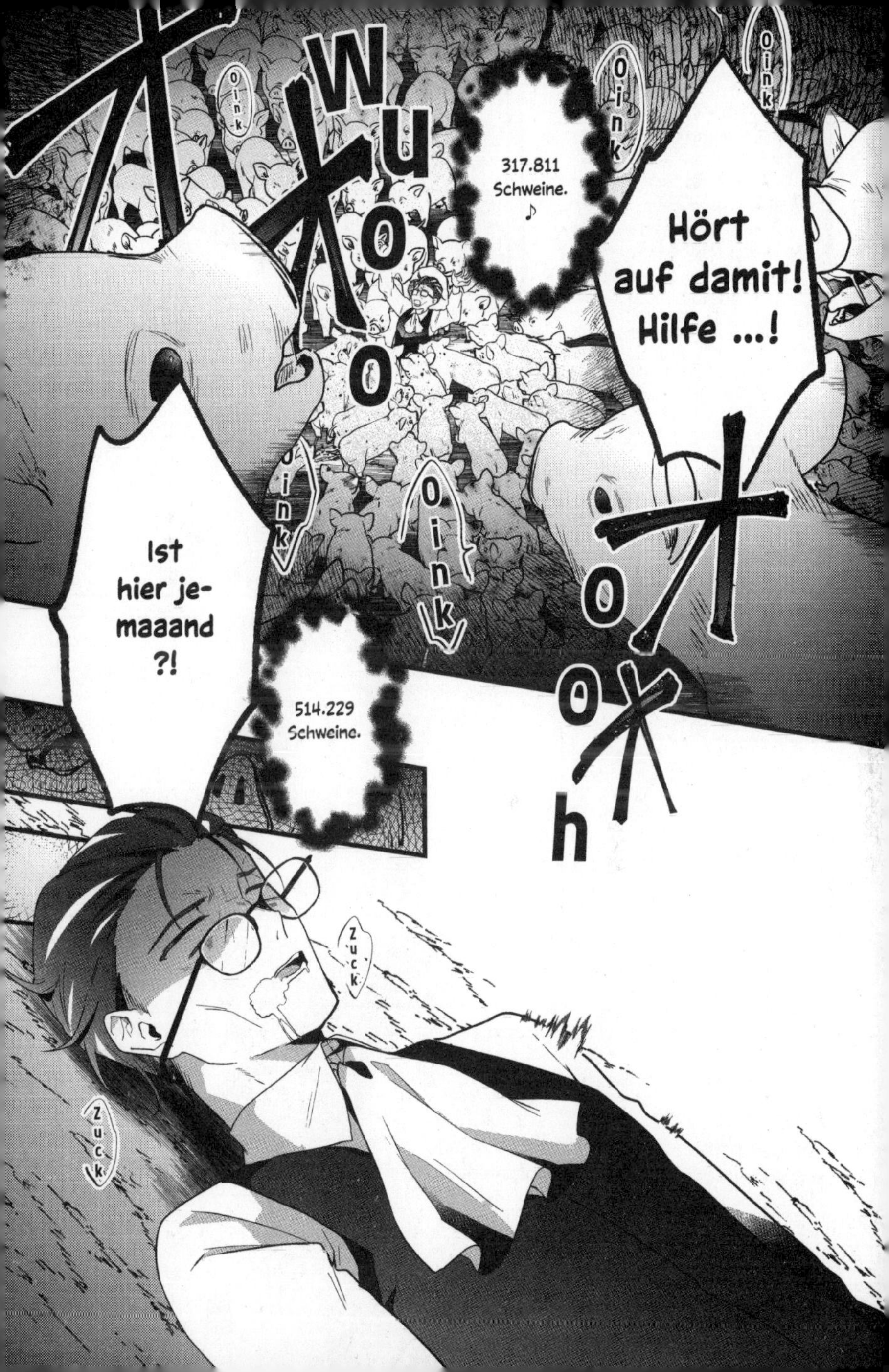
Oink
Oink
Hört auf damit! Hilfe ...!
317.811 Schweine. ♪
Oink
Wuooo
Oink
Oink
Ooh
514.229 Schweine.
Ist hier je-maaand ?!
Zuck
Zuck

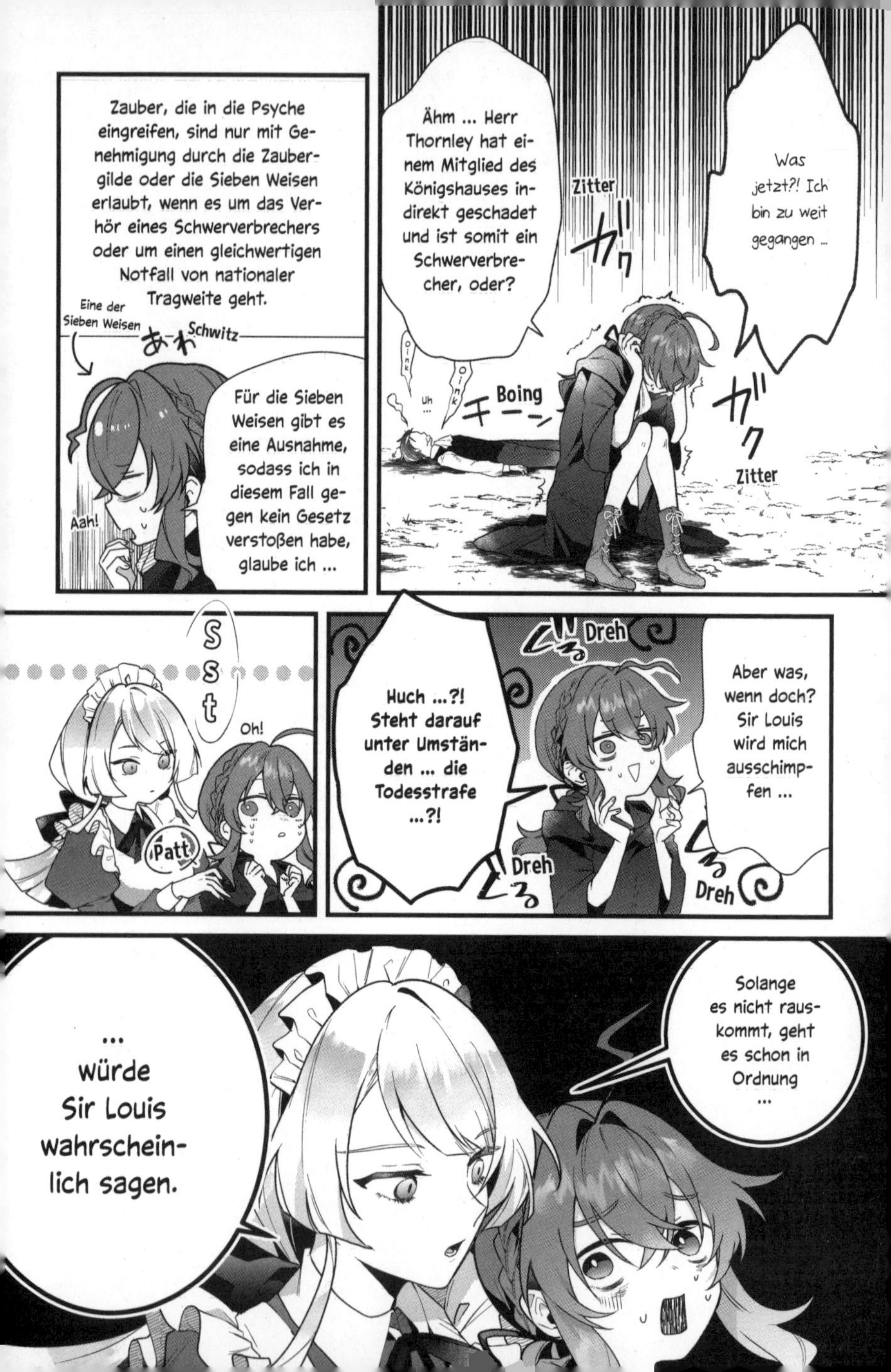

Zitter
Was jetzt?! Ich bin zu weit gegangen ...
Zitter
Ähm ... Herr Thornley hat einem Mitglied des Königshauses indirekt geschadet und ist somit ein Schwerverbrecher, oder?
Boing
Oink
Oink
Uh ...
Zauber, die in die Psyche eingreifen, sind nur mit Genehmigung durch die Zaubergilde oder die Sieben Weisen erlaubt, wenn es um das Verhör eines Schwerverbrechers oder um einen gleichwertigen Notfall von nationaler Tragweite geht.
Schwitz
Eine der Sieben Weisen
Für die Sieben Weisen gibt es eine Ausnahme, sodass ich in diesem Fall gegen kein Gesetz verstoßen habe, glaube ich ...
Aah!
Dreh
Aber was, wenn doch? Sir Louis wird mich ausschimpfen ...
Huch ...?! Steht darauf unter Umständen ... die Todesstrafe ...?!
Dreh
Dreh
Sst
Oh!
Patt
Solange es nicht rauskommt, geht es schon in Ordnung ...
... würde Sir Louis wahrscheinlich sagen.

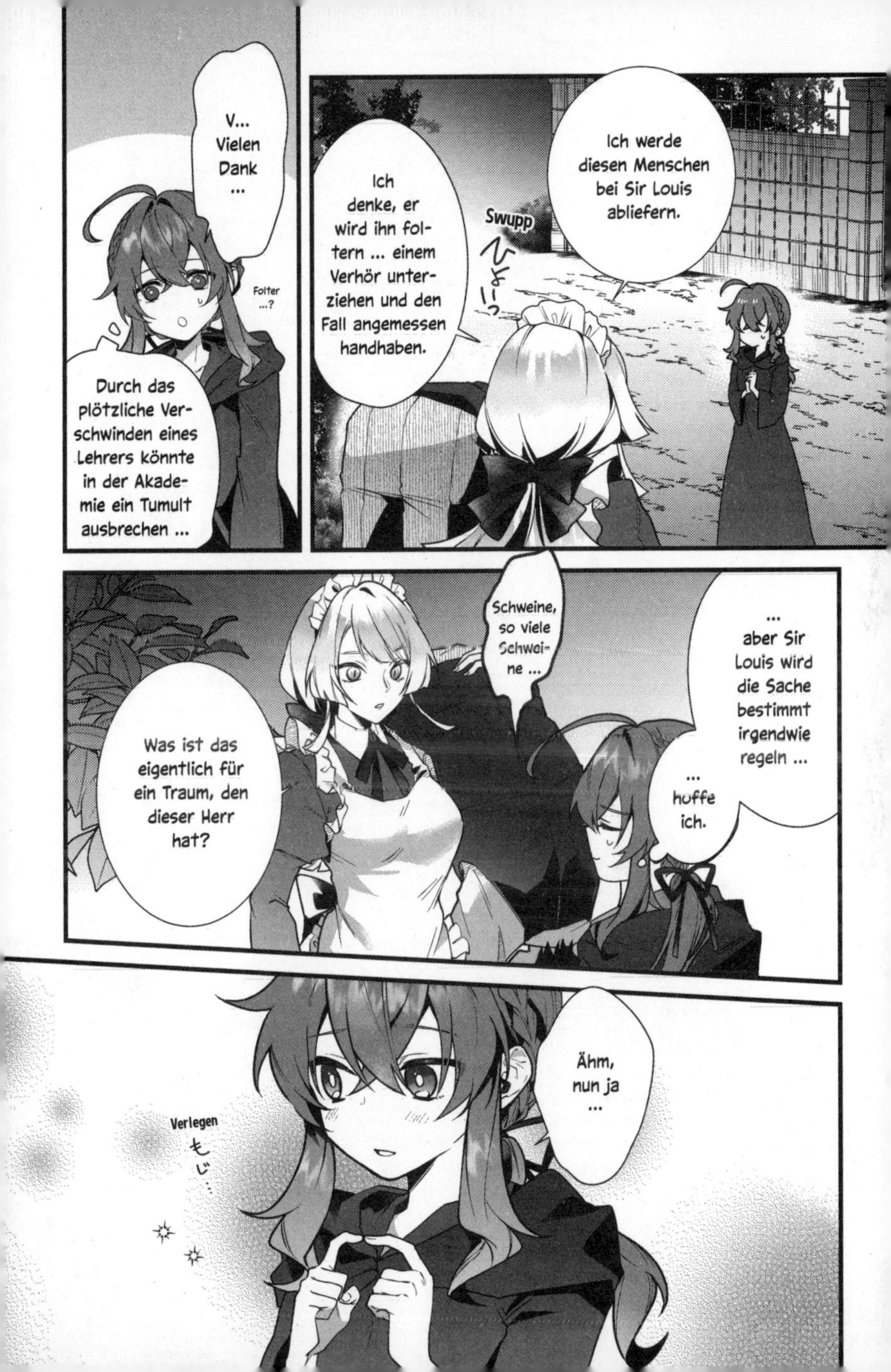
Ich werde diesen Menschen bei Sir Louis abliefern.
Swupp
Ich denke, er wird ihn foltern ... einem Verhör unterziehen und den Fall angemessen handhaben.
V... Vielen Dank ...
Folter ...?
Durch das plötzliche Verschwinden eines Lehrers könnte in der Akademie ein Tumult ausbrechen ...
... aber Sir Louis wird die Sache bestimmt irgendwie regeln ...
... hoffe ich.
Schweine, so viele Schweine ...
Was ist das eigentlich für ein Traum, den dieser Herr hat?
Ähm, nun ja ...
Verlegen
もじ…

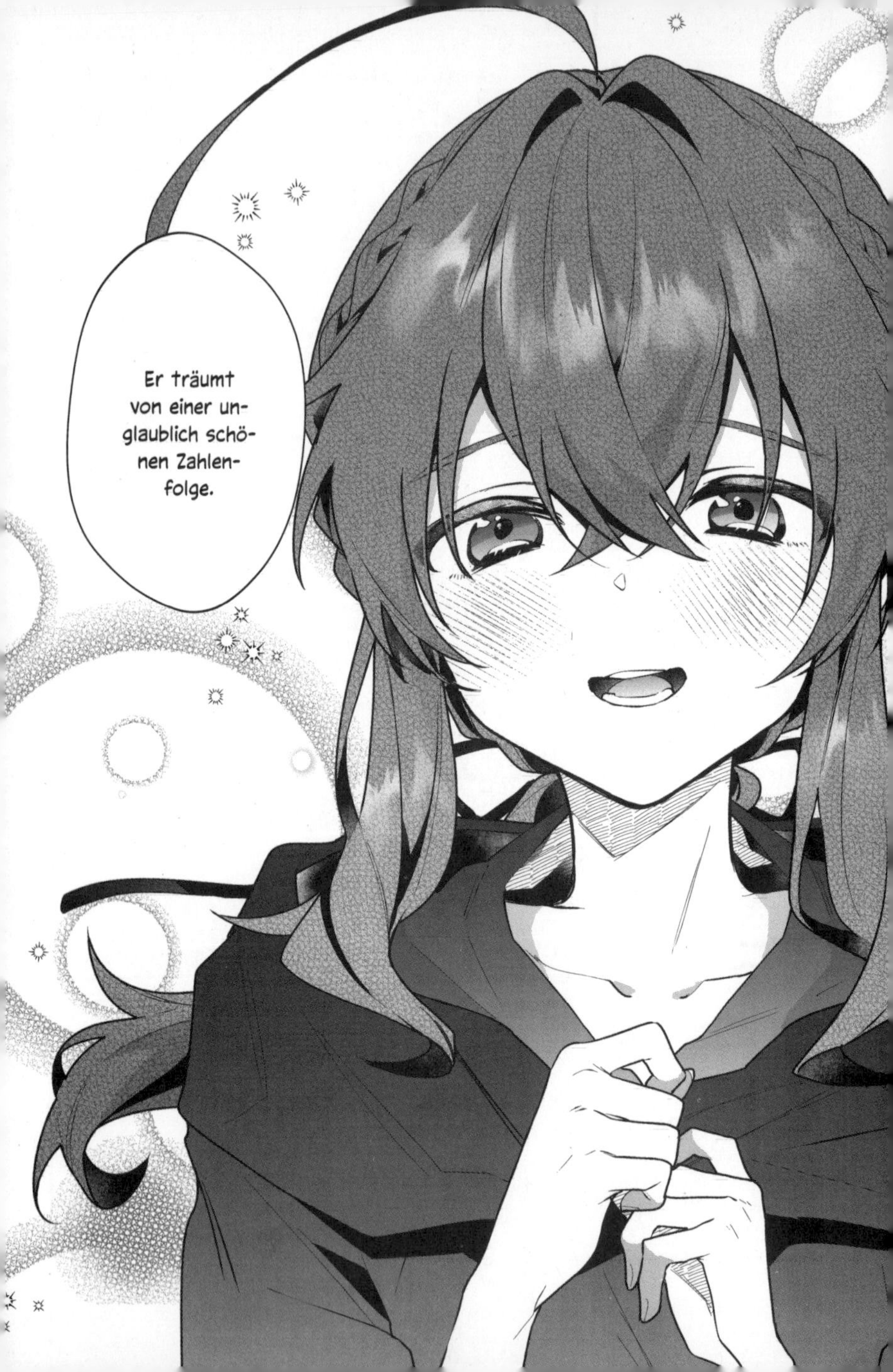
Er träumt von einer unglaublich schönen Zahlenfolge.

Silent Witch

Das Geheimnis der stillen Hexe

Silent Witch

Das Geheimnis der stillen Hexe

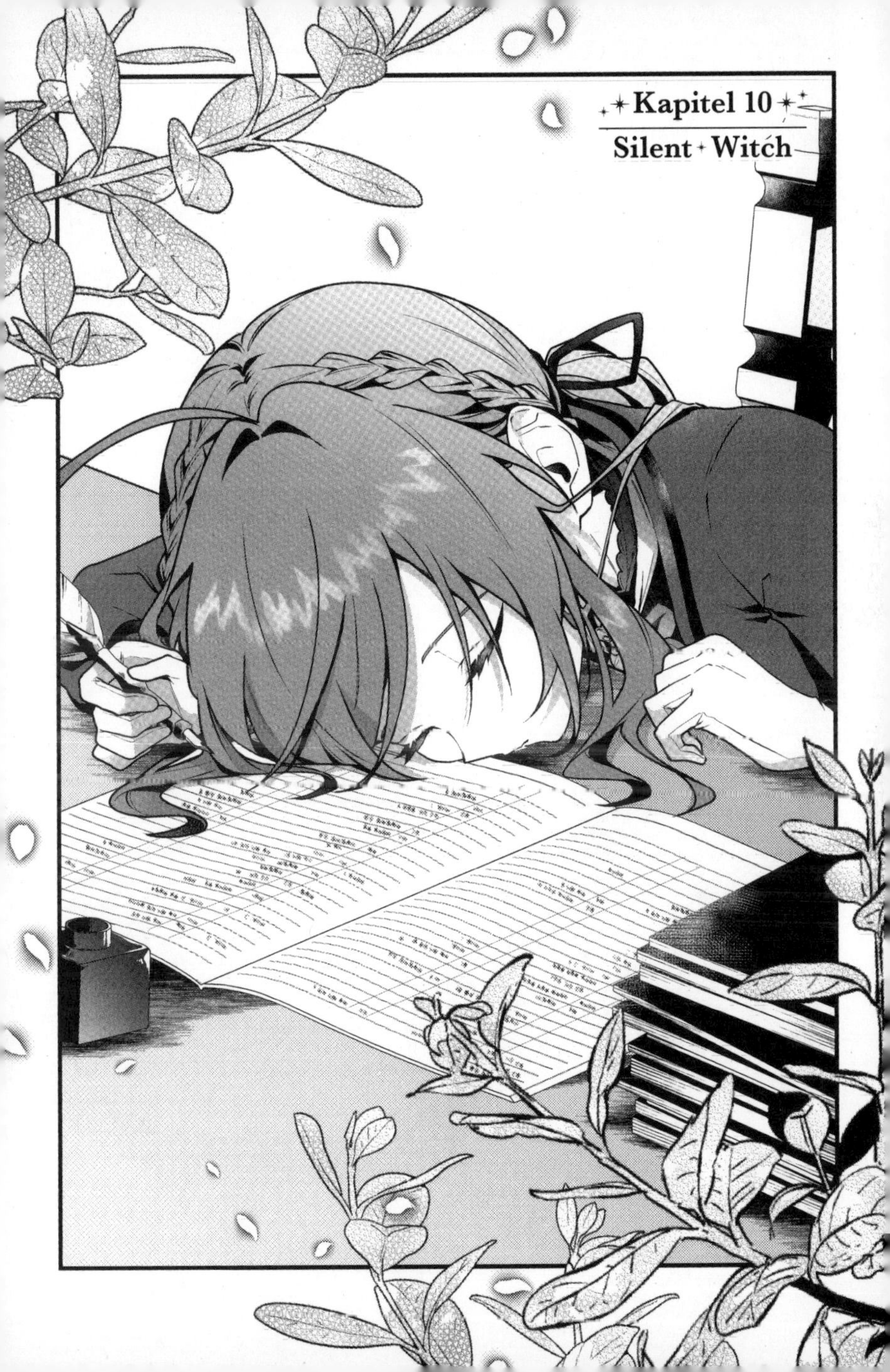
Kapitel 10
Silent Witch

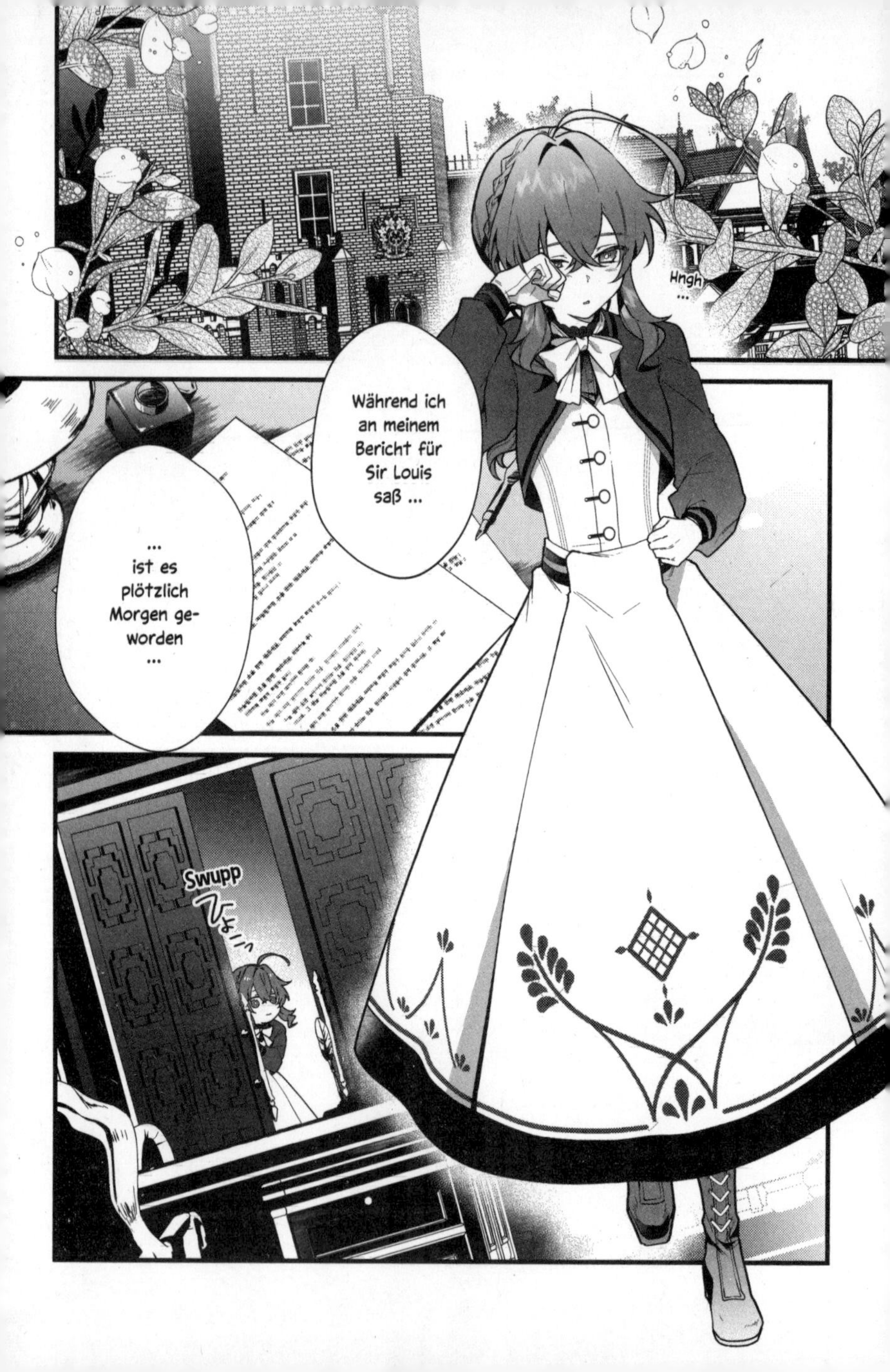
Hngh ...
Während ich an meinem Bericht für Sir Louis saß ...
... ist es plötzlich Morgen geworden ...
Swupp
ひょこっ

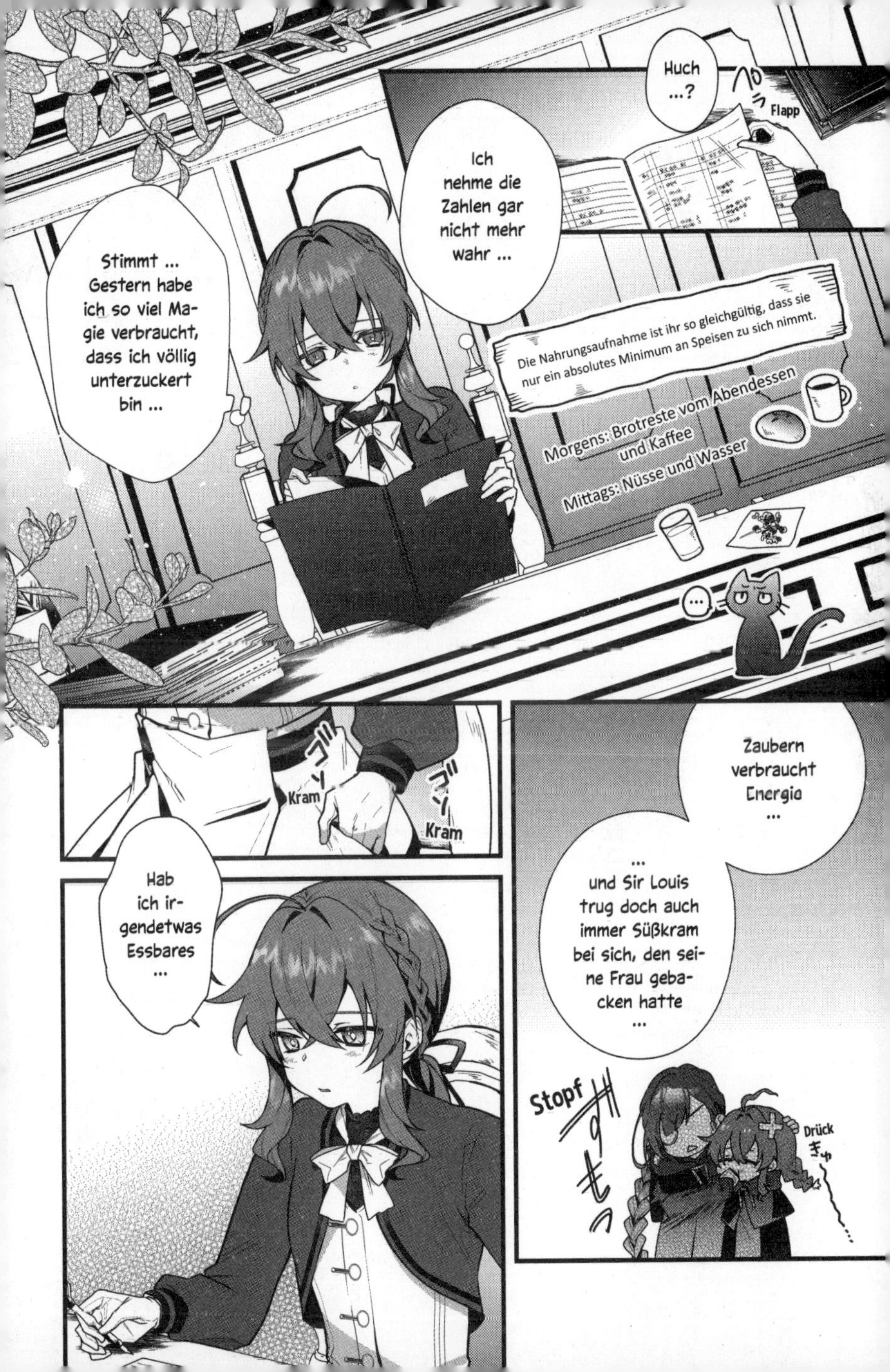
Huch ...?
Flapp
Ich nehme die Zahlen gar nicht mehr wahr ...
Stimmt ... Gestern habe ich so viel Ma-gie verbraucht, dass ich völlig unterzuckert bin ...
Die Nahrungsaufnahme ist ihr so gleichgültig, dass sie nur ein absolutes Minimum an Speisen zu sich nimmt.
Morgens: Brotreste vom Abendessen und Kaffee
Mittags: Nüsse und Wasser
...
Zaubern verbraucht Energie ...
... und Sir Louis trug doch auch immer Süßkram bei sich, den sei-ne Frau geba-cken hatte ...
Stopf
Drück
Kram
Kram
Hab ich ir-gendetwas Essbares ...

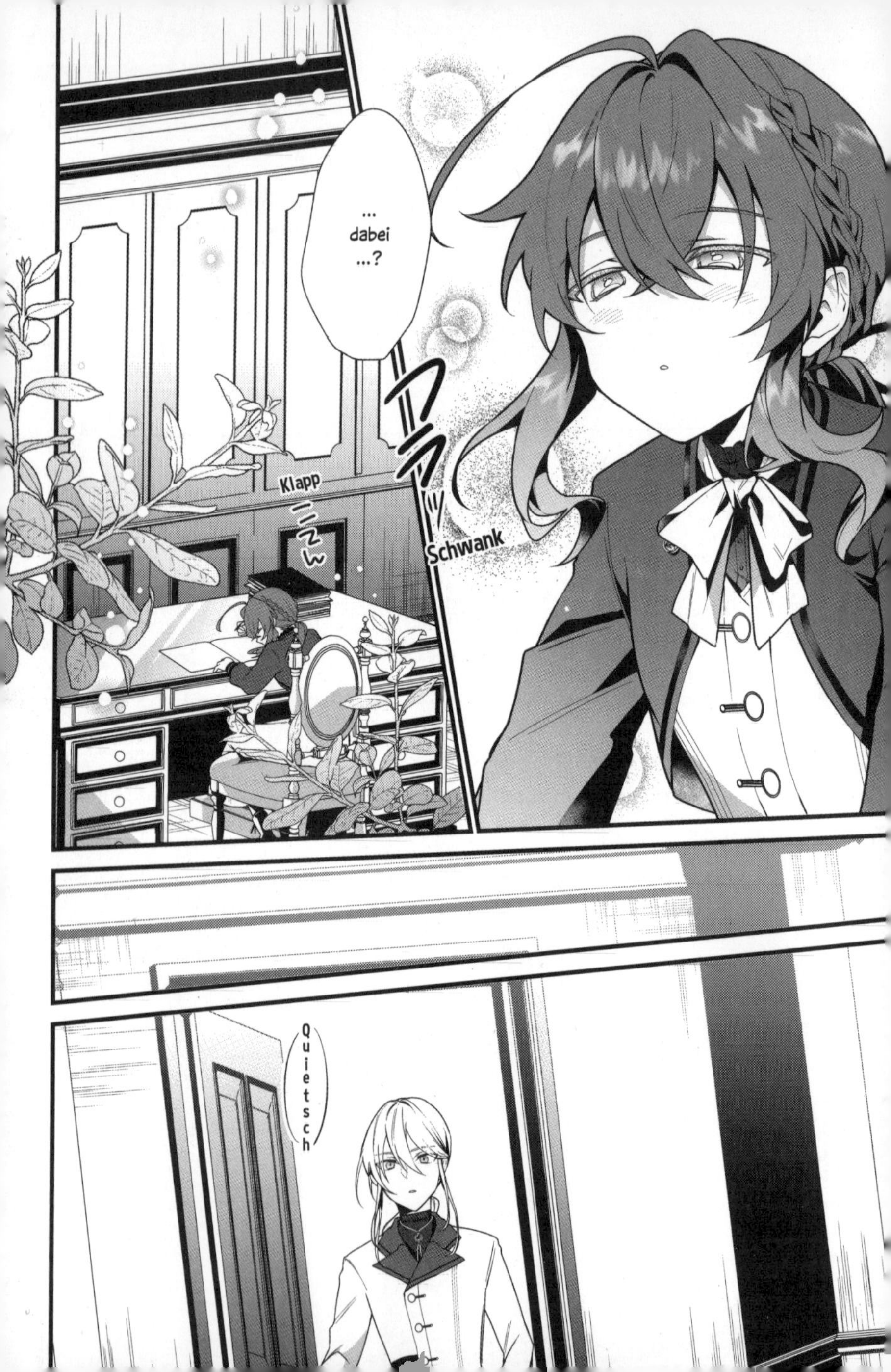
... dabei ...?
Klapp
Schwank
Quietsch

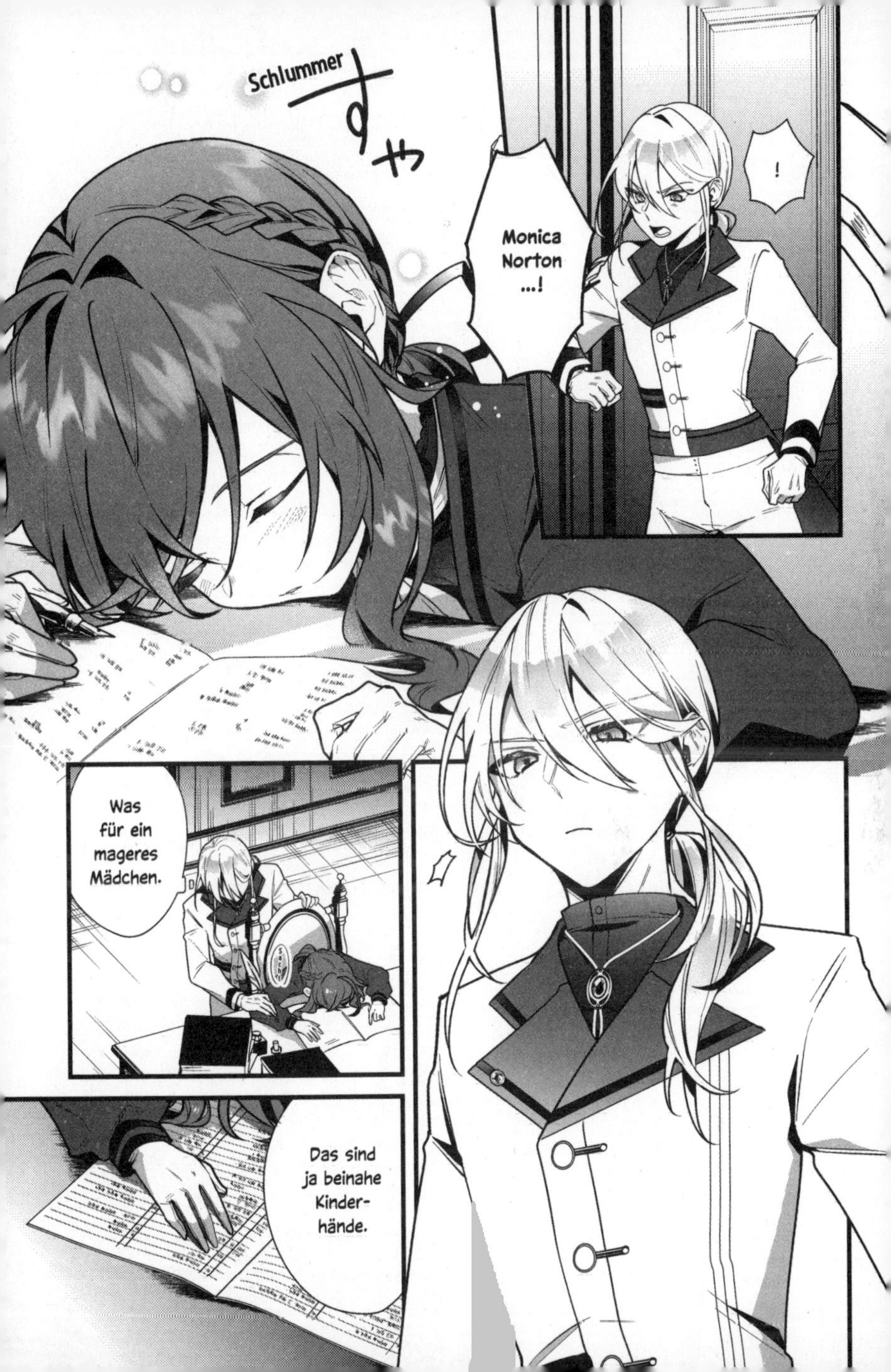
!
Monica Norton ...!
Schlummer
すや
Was für ein mageres Mädchen.
Das sind ja beinahe Kinder-hände.

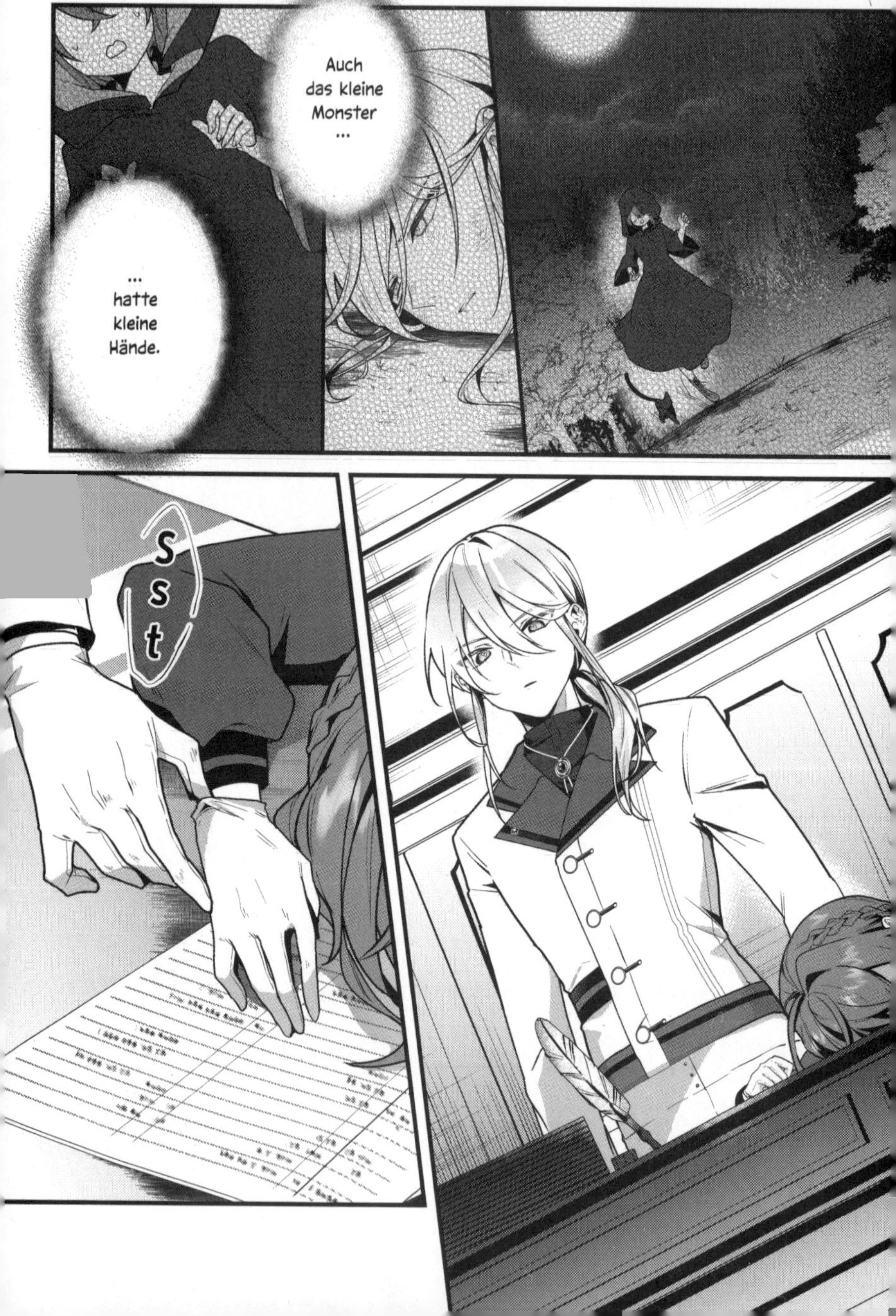
Auch das kleine Monster ...
... hatte kleine Hände.
Ssst

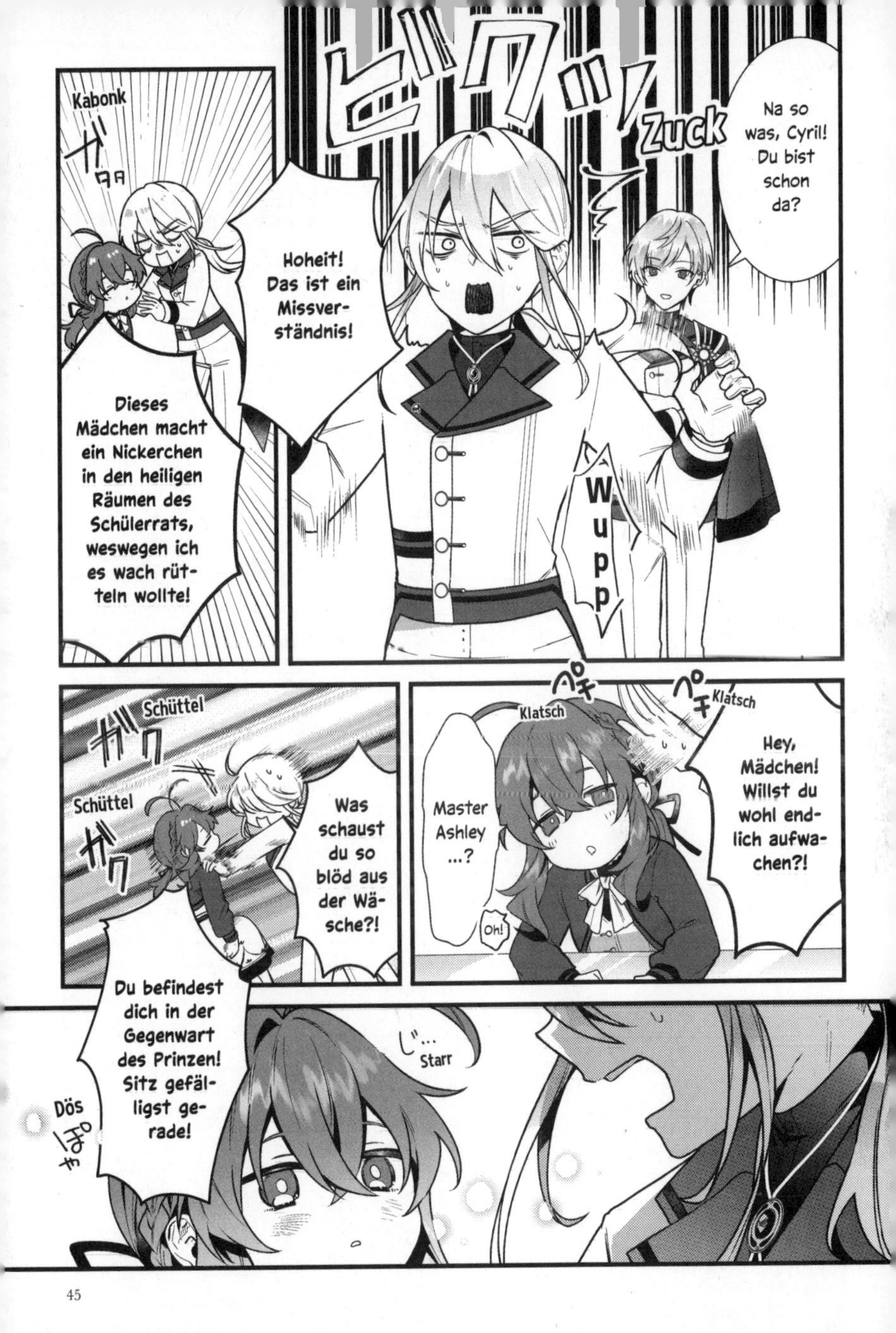

Na so was, Cyril! Du bist schon da?
Zuck
Kabonk
Hoheit! Das ist ein Missverständnis!
Dieses Mädchen macht ein Nickerchen in den heiligen Räumen des Schülerrats, weswegen ich es wach rütteln wollte!
Wupp
Klatsch
Klatsch
Hey, Mädchen! Willst du wohl endlich aufwachen?!
Master Ashley ...?
Oh!
Schüttel
Schüttel
Was schaust du so blöd aus der Wäsche?!
Du befindest dich in der Gegenwart des Prinzen! Sitz gefälligst gerade!
Starr
Dös

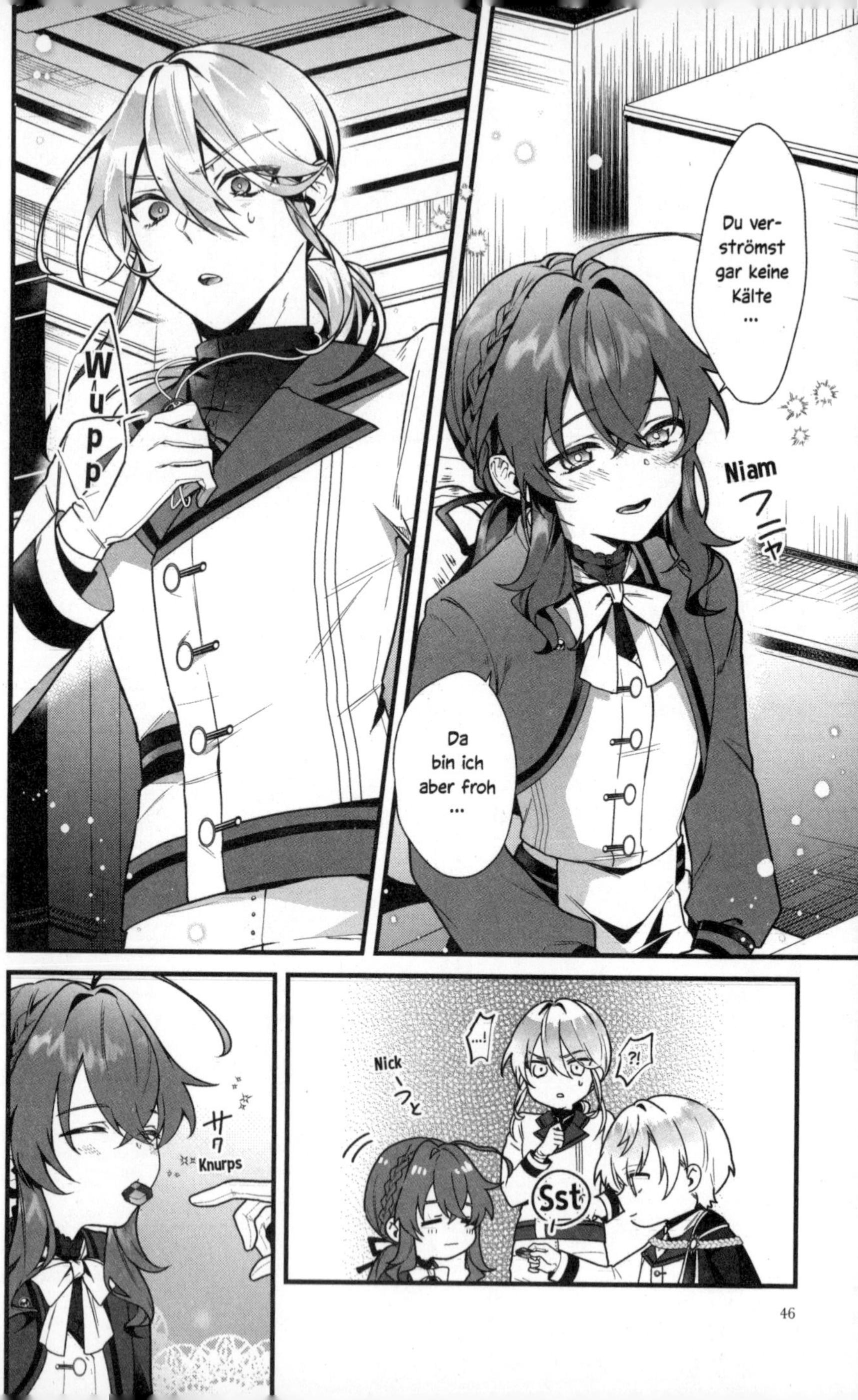
Du verströmst gar keine Kälte ...
Niam
フニャ
Wupp
Da bin ich aber froh ...
...!
?!
Nick
つと
Sst
サク
Knurps

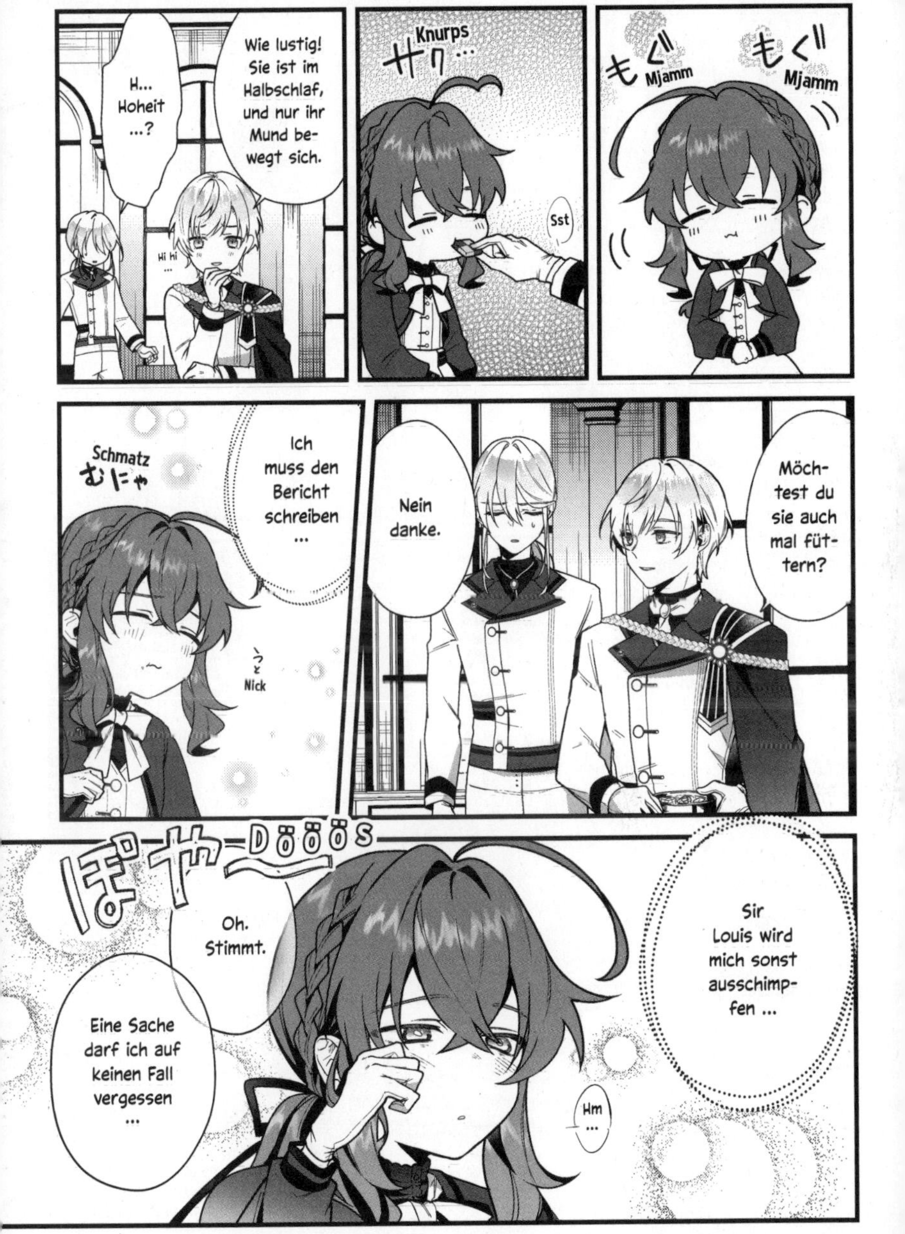
Wie lustig! Sie ist im Halbschlaf, und nur ihr Mund bewegt sich.
H... Hoheit ...?
Hi hi ...
Knurps
サク…
Sst
もぐ Mjamm
もぐ Mjamm
Möchtest du sie auch mal füttern?
Nein danke.
Ich muss den Bericht schreiben ...
Schmatz
むにゃ
Nick
Sir Louis wird mich sonst ausschimpfen ...
Hm ...
Oh. Stimmt.
Eine Sache darf ich auf keinen Fall vergessen ...
ぽや~ Dööös

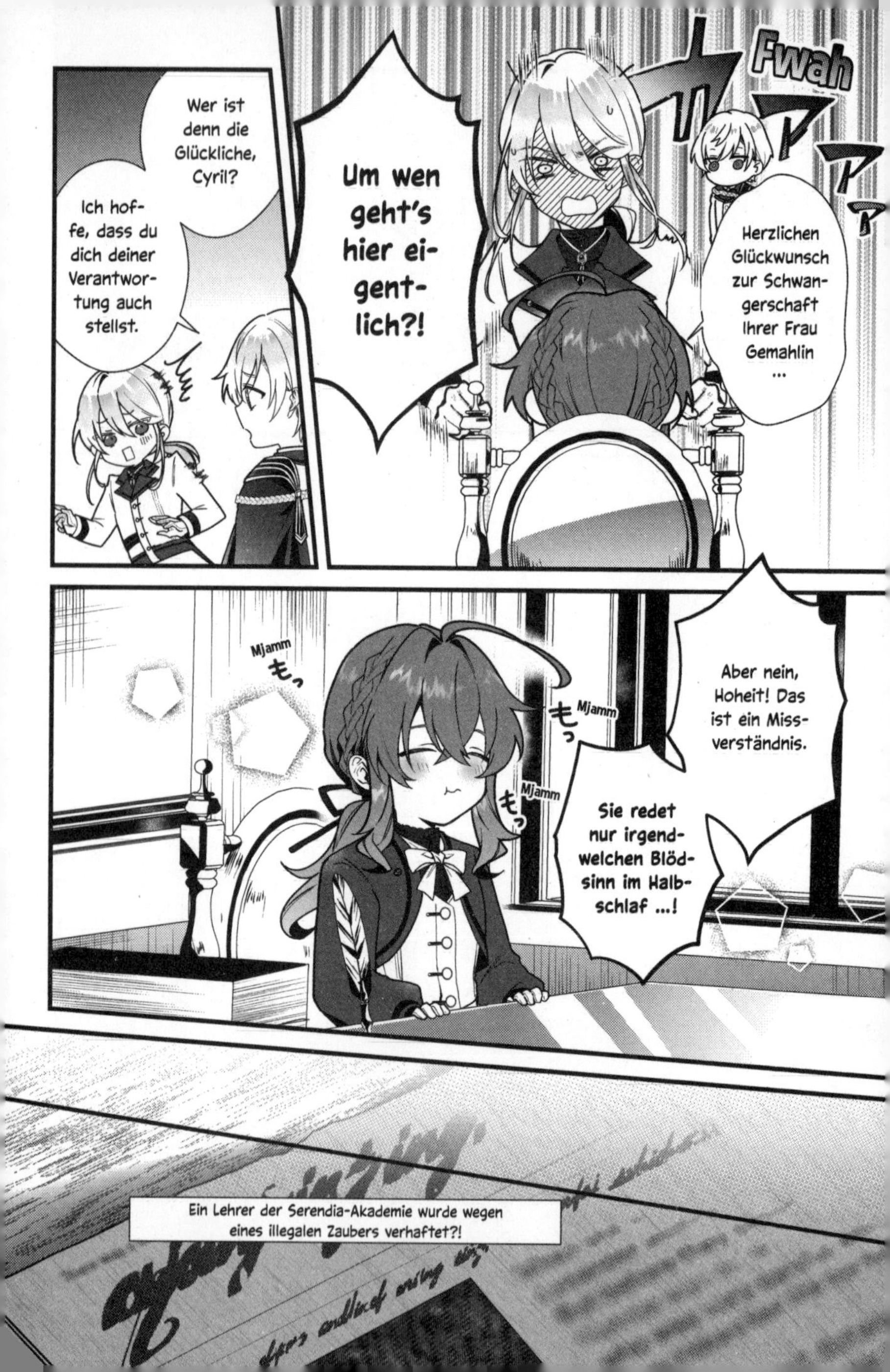
Fwah
Herzlichen Glückwunsch zur Schwangerschaft Ihrer Frau Gemahlin ...
Um wen geht's hier eigentlich?!
Wer ist denn die Glückliche, Cyril?
Ich hoffe, dass du dich deiner Verantwortung auch stellst.
Mjamm
Mjamm
Mjamm
Aber nein, Hoheit! Das ist ein Missverständnis.
Sie redet nur irgendwelchen Blödsinn im Halbschlaf ...!
Ein Lehrer der Serendia-Akademie wurde wegen eines illegalen Zaubers verhaftet?!

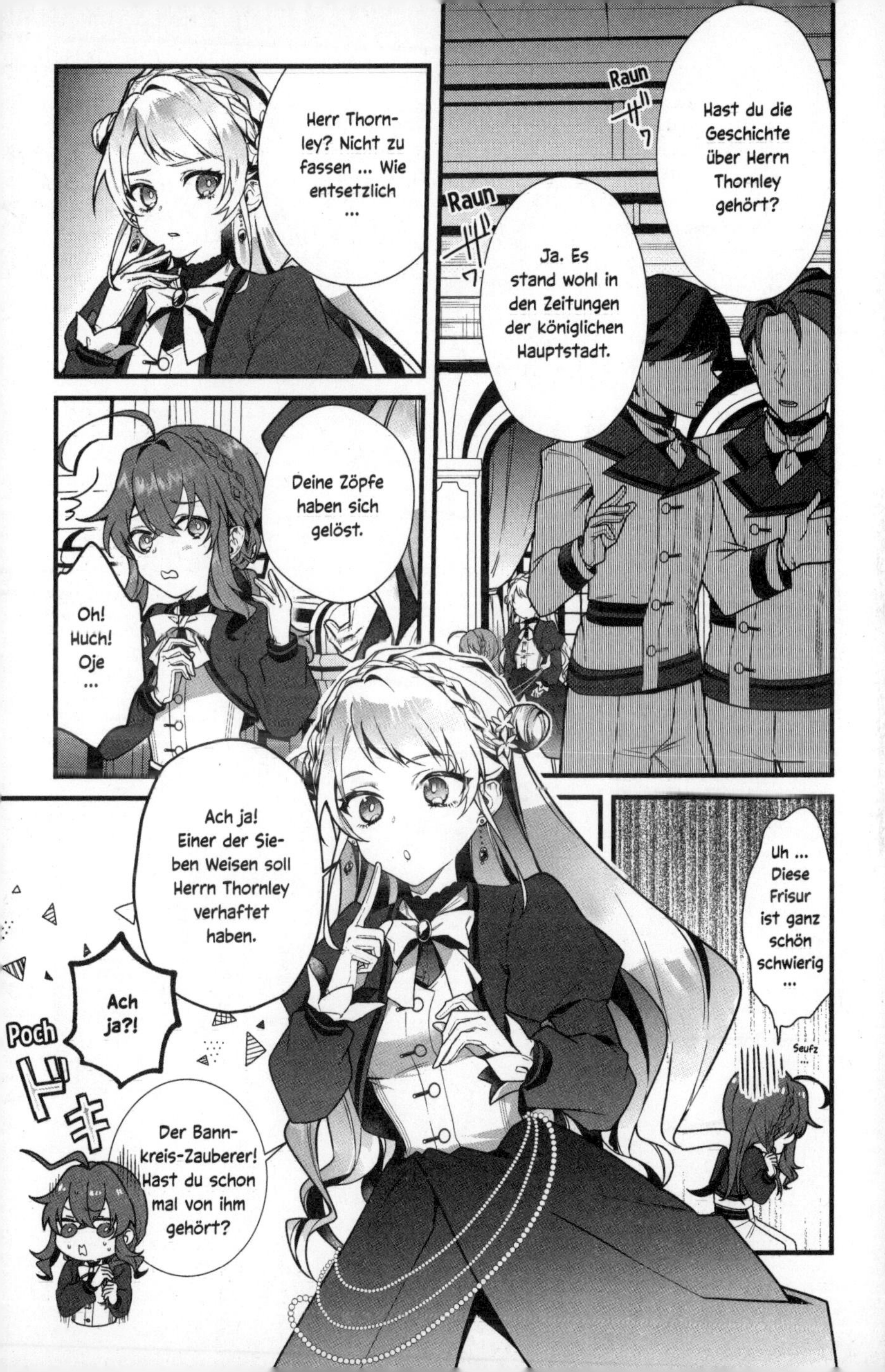

Raun
Hast du die Geschichte über Herrn Thornley gehört?
Raun
Ja. Es stand wohl in den Zeitungen der königlichen Hauptstadt.
Herr Thornley? Nicht zu fassen ... Wie entsetzlich ...
Deine Zöpfe haben sich gelöst.
Oh! Huch! Oje ...
Uh ... Diese Frisur ist ganz schön schwierig ...
Seufz ...
Ach ja! Einer der Sieben Weisen soll Herrn Thornley verhaftet haben.
Ach ja?!
Poch
Der Bannkreis-Zauberer! Hast du schon mal von ihm gehört?

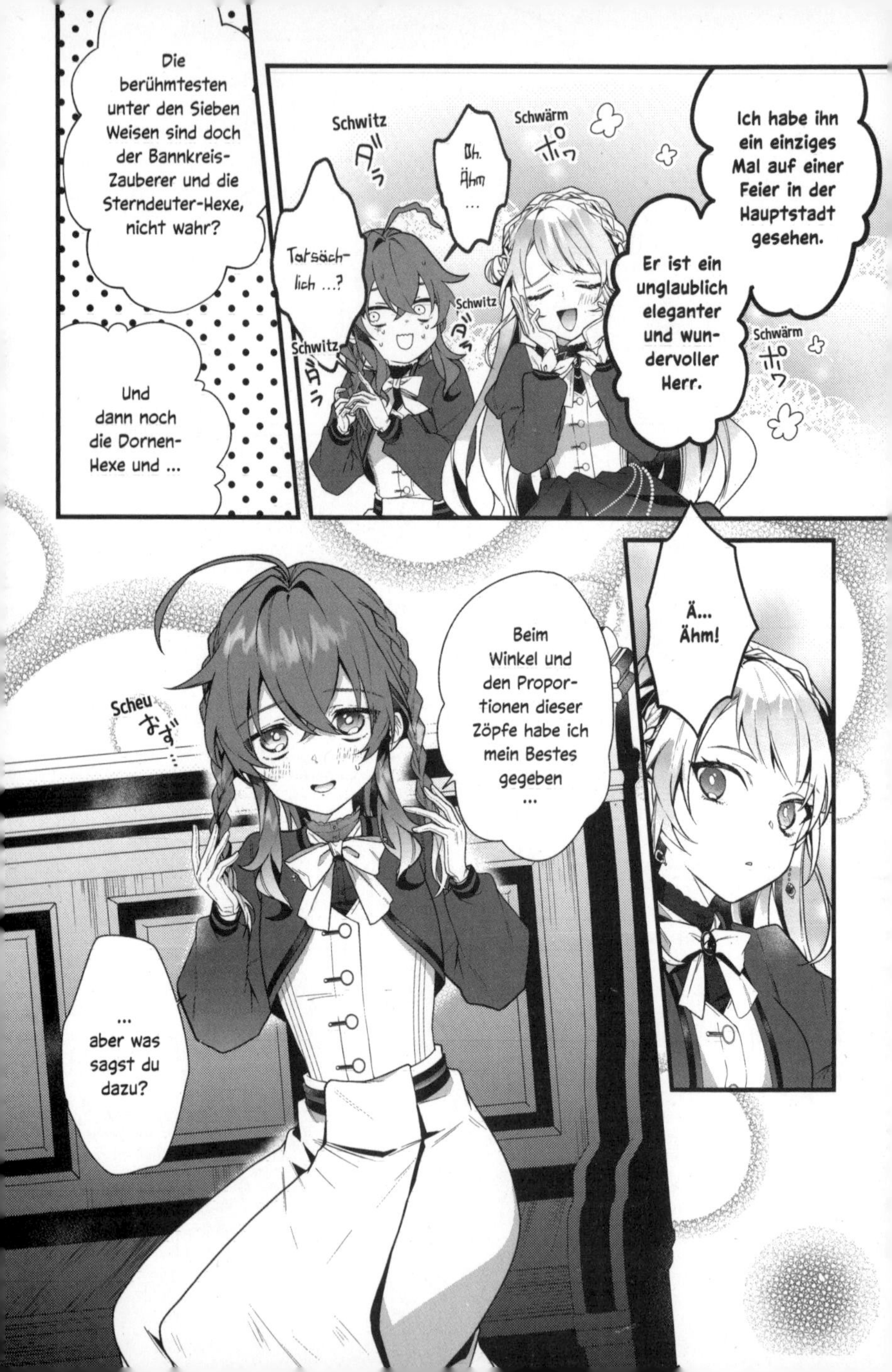
Ich habe ihn ein einziges Mal auf einer Feier in der Hauptstadt gesehen.
Er ist ein unglaublich eleganter und wundervoller Herr.
Schwärm
Schwärm
Oh. Ähm …
Schwitz
Schwitz
Schwitz
Tatsächlich …?
Die berühmtesten unter den Sieben Weisen sind doch der Bannkreis-Zauberer und die Sterndeuter-Hexe, nicht wahr?
Und dann noch die Dornen-Hexe und …
Ä… Ähm!
Beim Winkel und den Proportionen dieser Zöpfe habe ich mein Bestes gegeben …
Scheu
… aber was sagst du dazu?

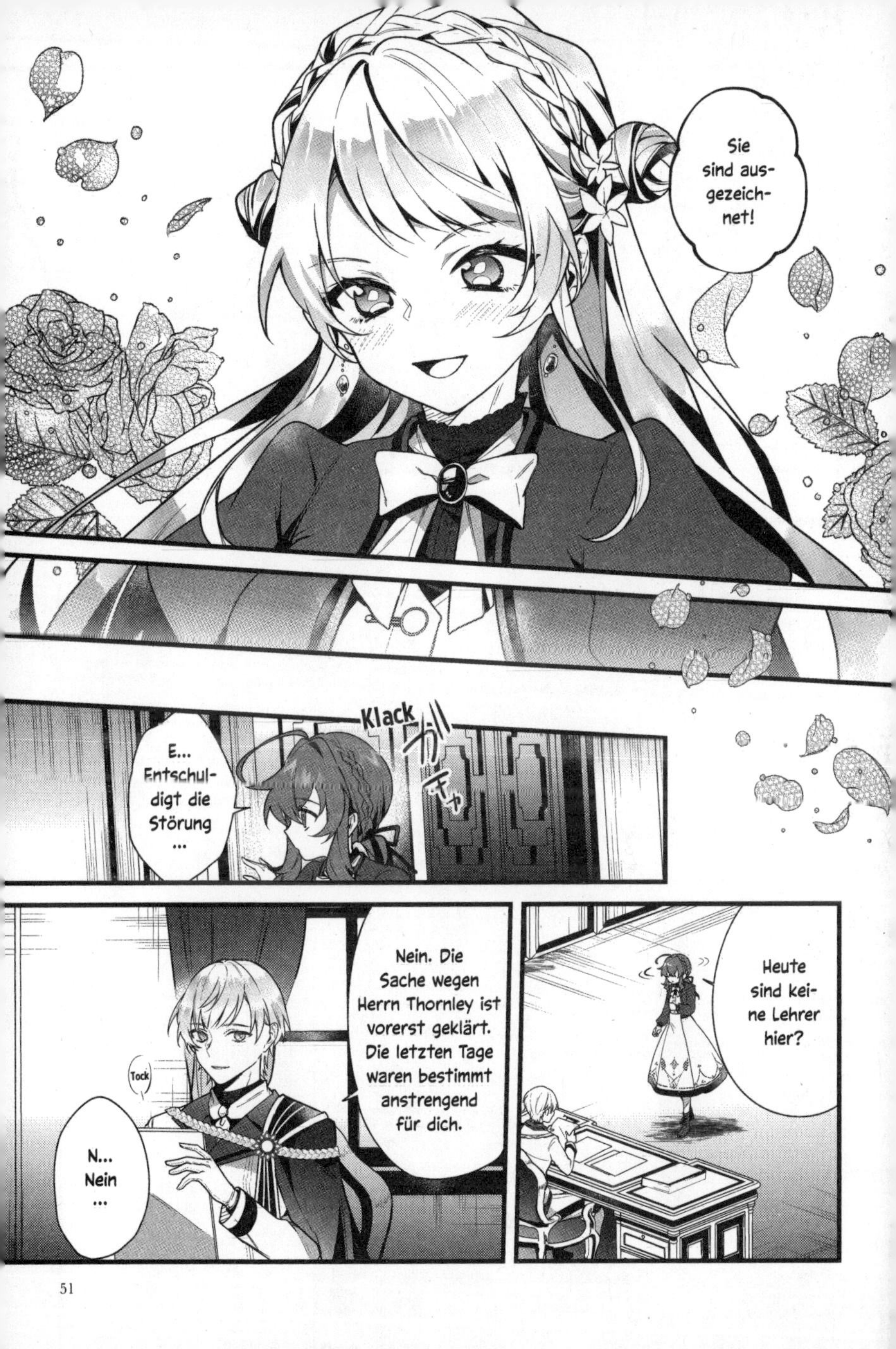
Sie sind ausgezeichnet!
Klack
E... Entschuldigt die Störung ...
Heute sind keine Lehrer hier?
Nein. Die Sache wegen Herrn Thornley ist vorerst geklärt. Die letzten Tage waren bestimmt anstrengend für dich.
Tock
N... Nein ...

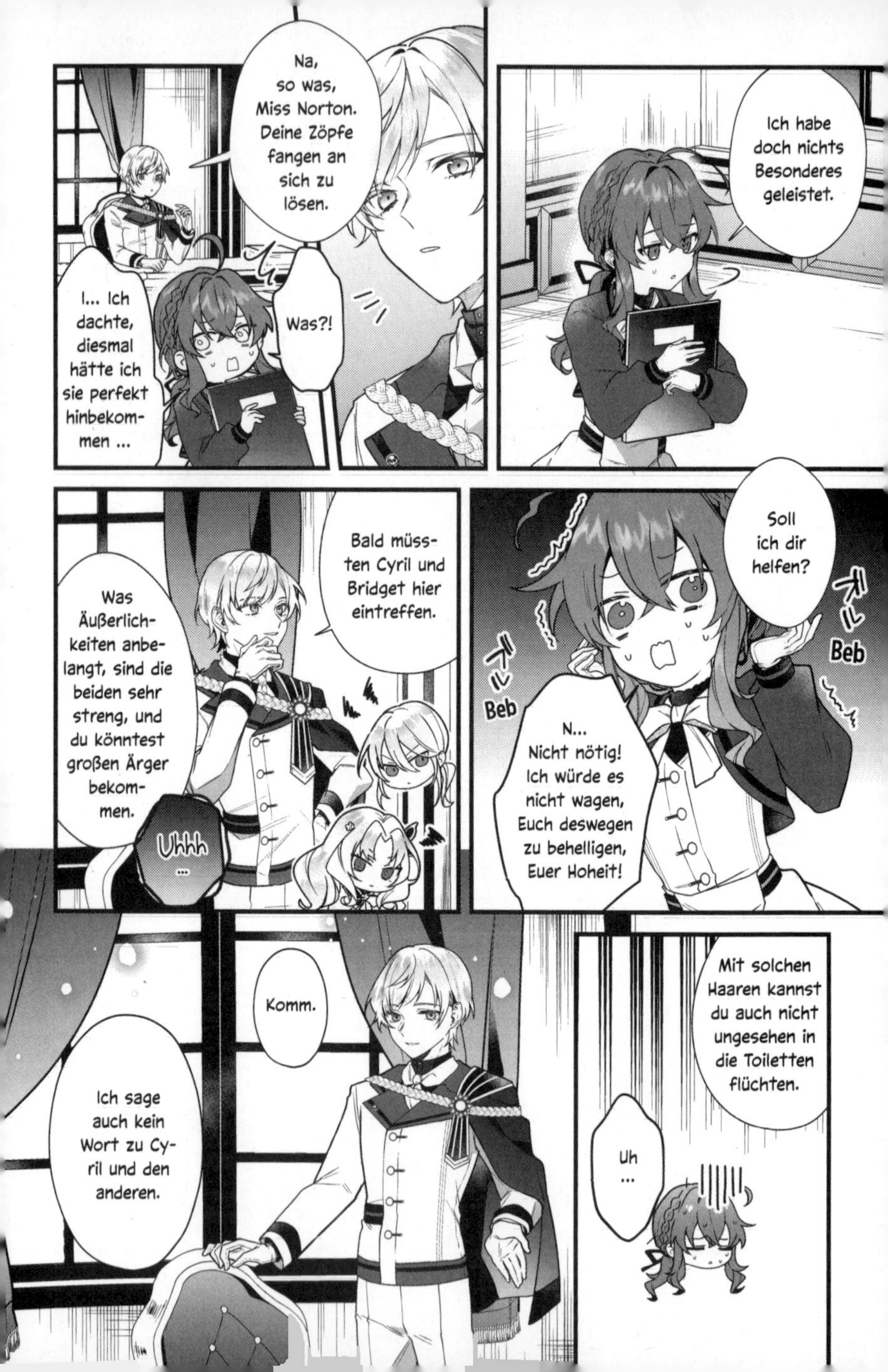
Ich habe doch nichts Besonderes geleistet.
Na, so was, Miss Norton. Deine Zöpfe fangen an sich zu lösen.
Was?!
I... Ich dachte, diesmal hätte ich sie perfekt hinbekommen ...
Soll ich dir helfen?
Beb
Beb
N... Nicht nötig! Ich würde es nicht wagen, Euch deswegen zu behelligen, Euer Hoheit!
Bald müssten Cyril und Bridget hier eintreffen.
Was Äußerlichkeiten anbelangt, sind die beiden sehr streng, und du könntest großen Ärger bekommen.
Uhhh ...
Mit solchen Haaren kannst du auch nicht ungesehen in die Toiletten flüchten.
Uh ...
Komm.
Ich sage auch kein Wort zu Cyril und den anderen.

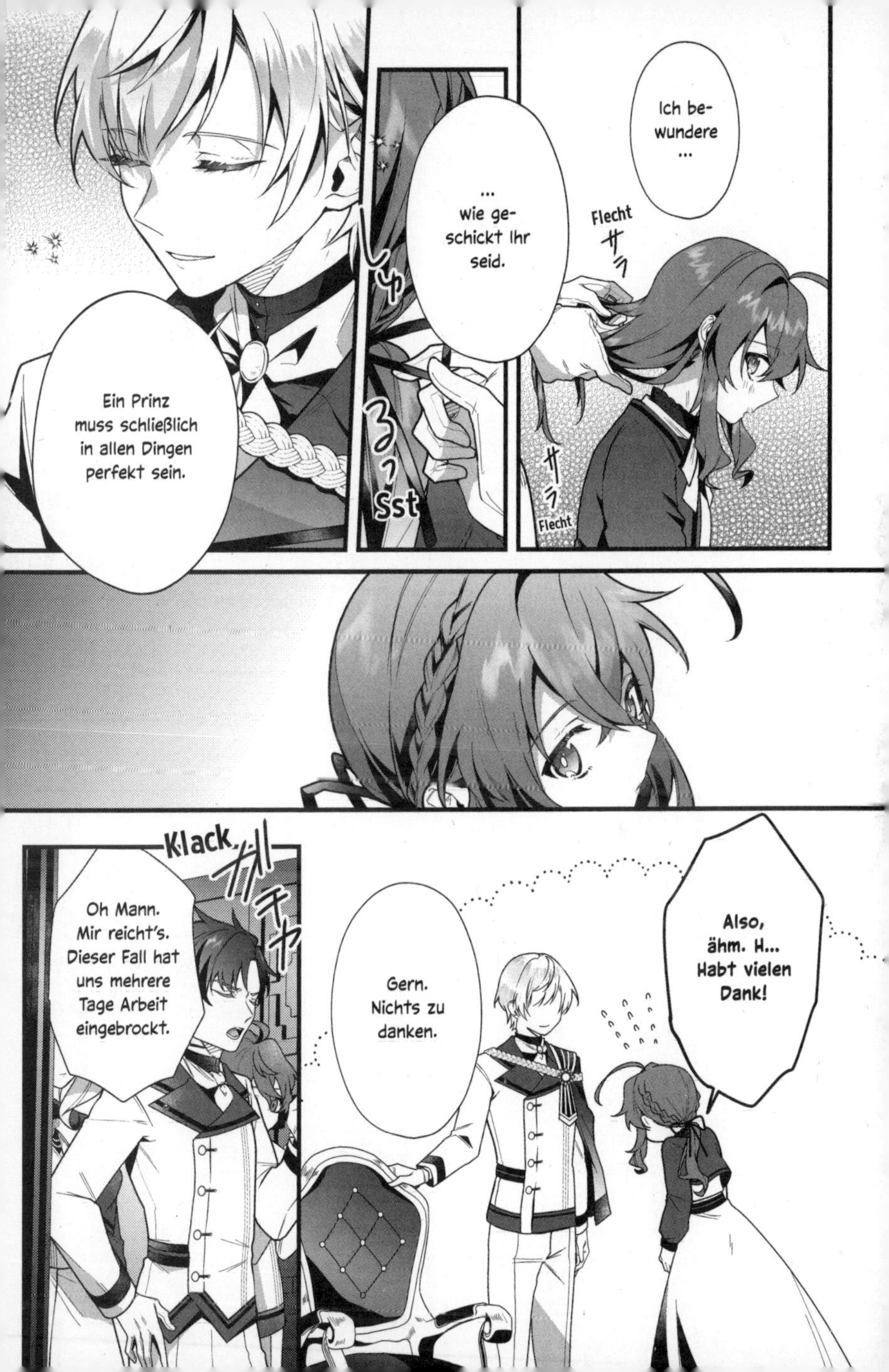
Ich be-
wundere
...
Flecht
Flecht
... wie ge-
schickt Ihr
seid.
Sst
Ein Prinz
muss schließlich
in allen Dingen
perfekt sein.
Also,
ähm. H...
Habt vielen
Dank!
Gern.
Nichts zu
danken.
Klack
Oh Mann.
Mir reicht's.
Dieser Fall hat
uns mehrere
Tage Arbeit
eingebrockt.

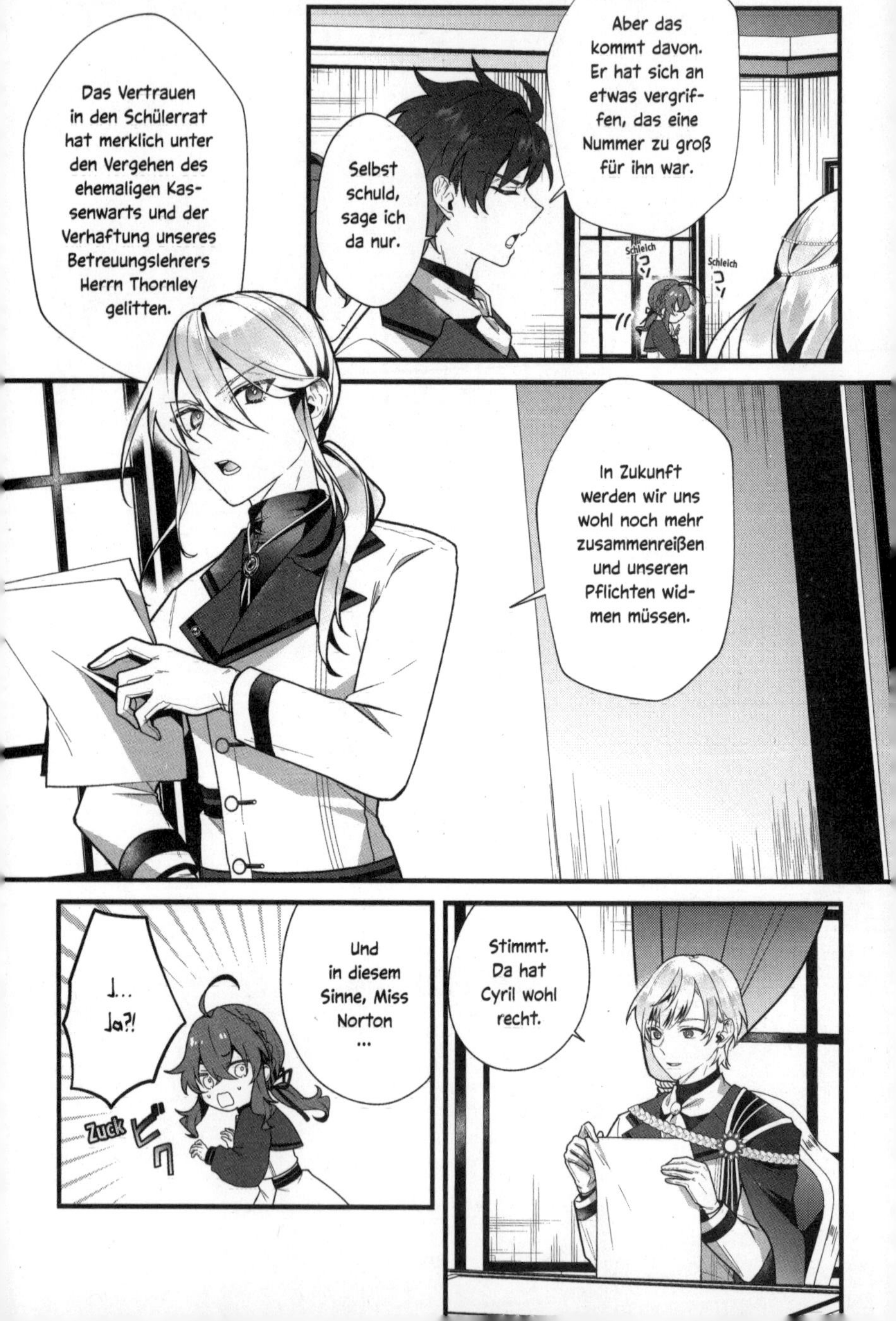

Aber das kommt davon. Er hat sich an etwas vergrif-fen, das eine Nummer zu groß für ihn war.
Selbst schuld, sage ich da nur.
Schleich
Schleich
Das Vertrauen in den Schülerrat hat merklich unter den Vergehen des ehemaligen Kas-senwarts und der Verhaftung unseres Betreuungslehrers Herrn Thornley gelitten.
In Zukunft werden wir uns wohl noch mehr zusammenreißen und unseren Pflichten wid-men müssen.
Stimmt. Da hat Cyril wohl recht.
Und in diesem Sinne, Miss Norton ...
J... Ja?!
Zuck

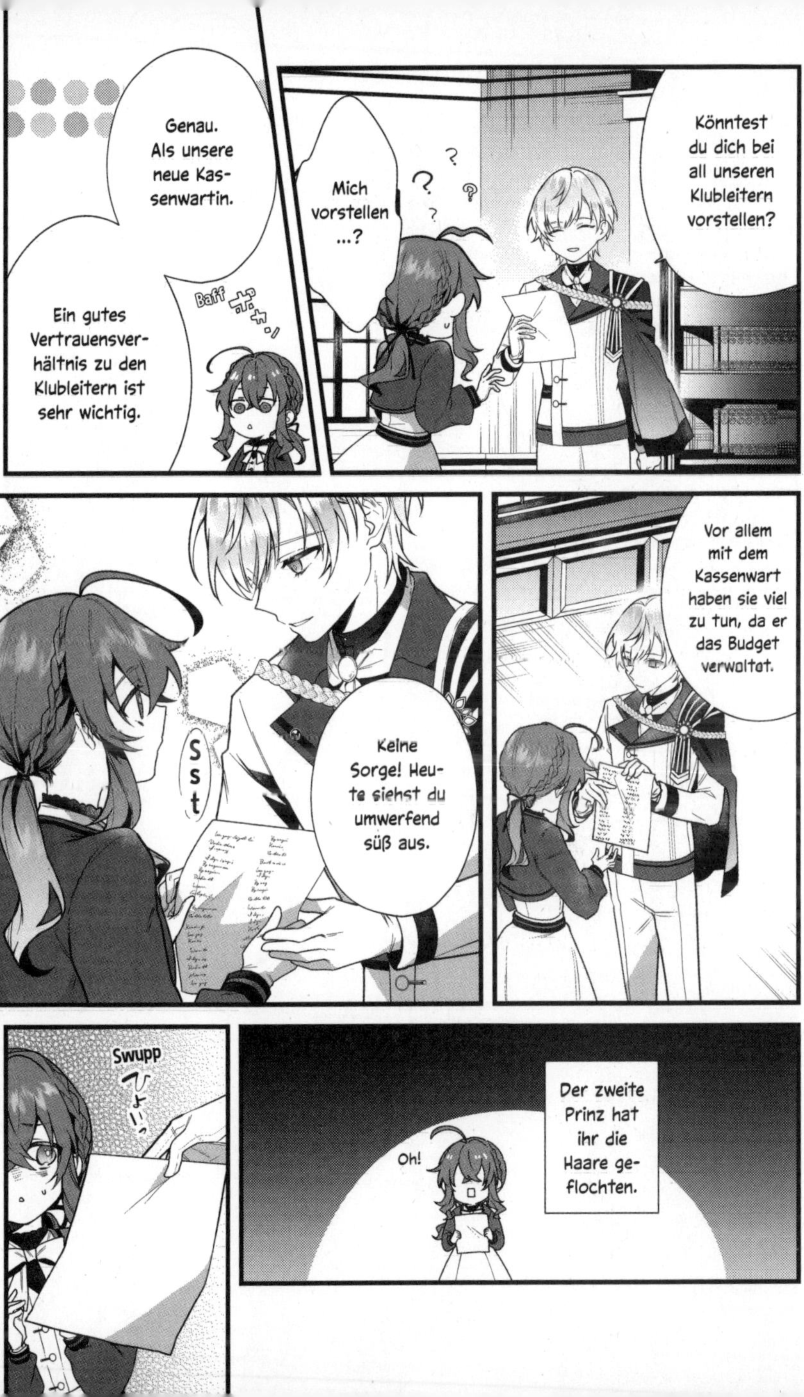
Könntest du dich bei all unseren Klubleitern vorstellen?
Mich vorstellen ...?
Genau. Als unsere neue Kassenwartin.
Baff
Ein gutes Vertrauensverhältnis zu den Klubleitern ist sehr wichtig.
Vor allem mit dem Kassenwart haben sie viel zu tun, da er das Budget verwaltet.
Keine Sorge! Heute siehst du umwerfend süß aus.
Sst
Der zweite Prinz hat ihr die Haare geflochten.
Oh!
Swupp

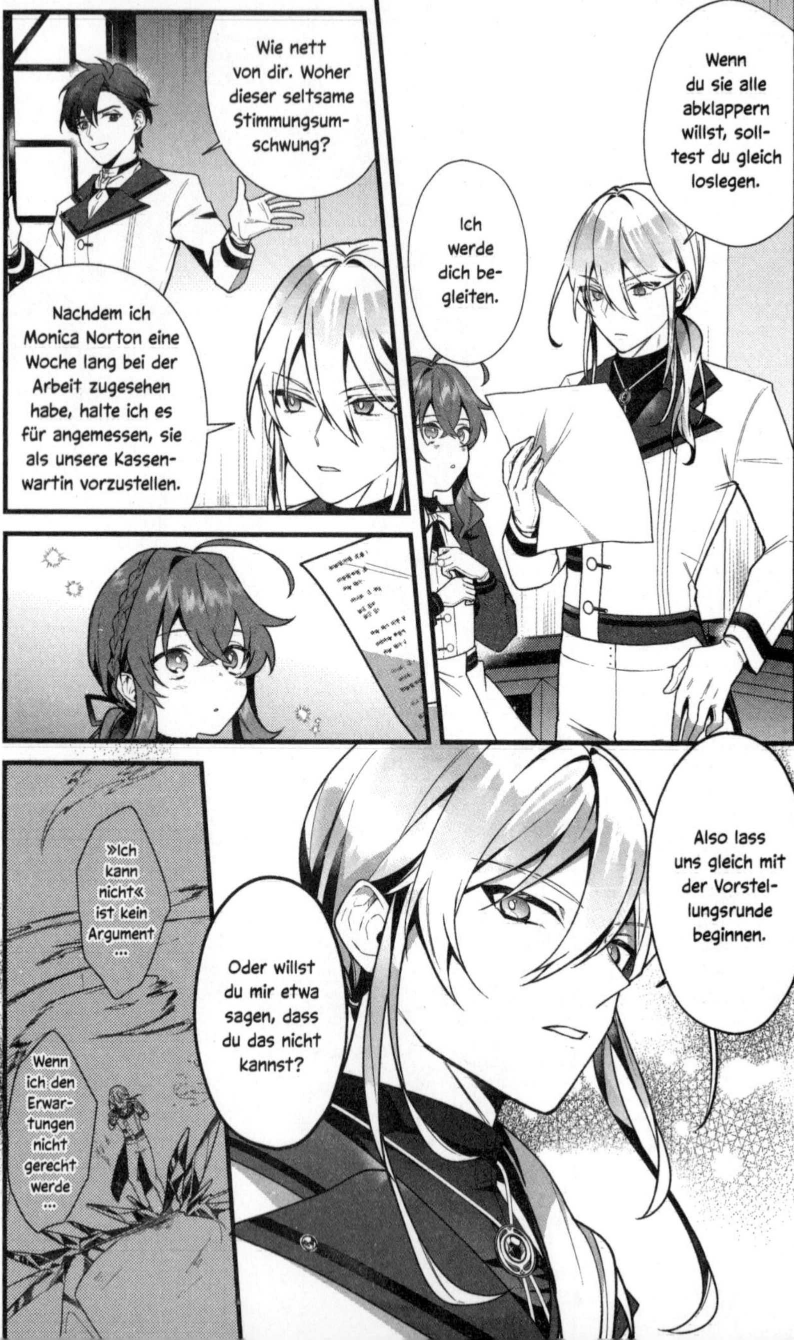
Wie nett von dir. Woher dieser seltsame Stimmungsumschwung?
Nachdem ich Monica Norton eine Woche lang bei der Arbeit zugesehen habe, halte ich es für angemessen, sie als unsere Kassenwartin vorzustellen.
Wenn du sie alle abklappern willst, solltest du gleich loslegen.
Ich werde dich begleiten.
Also lass uns gleich mit der Vorstellungsrunde beginnen.
Oder willst du mir etwa sagen, dass du das nicht kannst?
»Ich kann nicht« ist kein Argument …
Wenn ich den Erwartungen nicht gerecht werde …

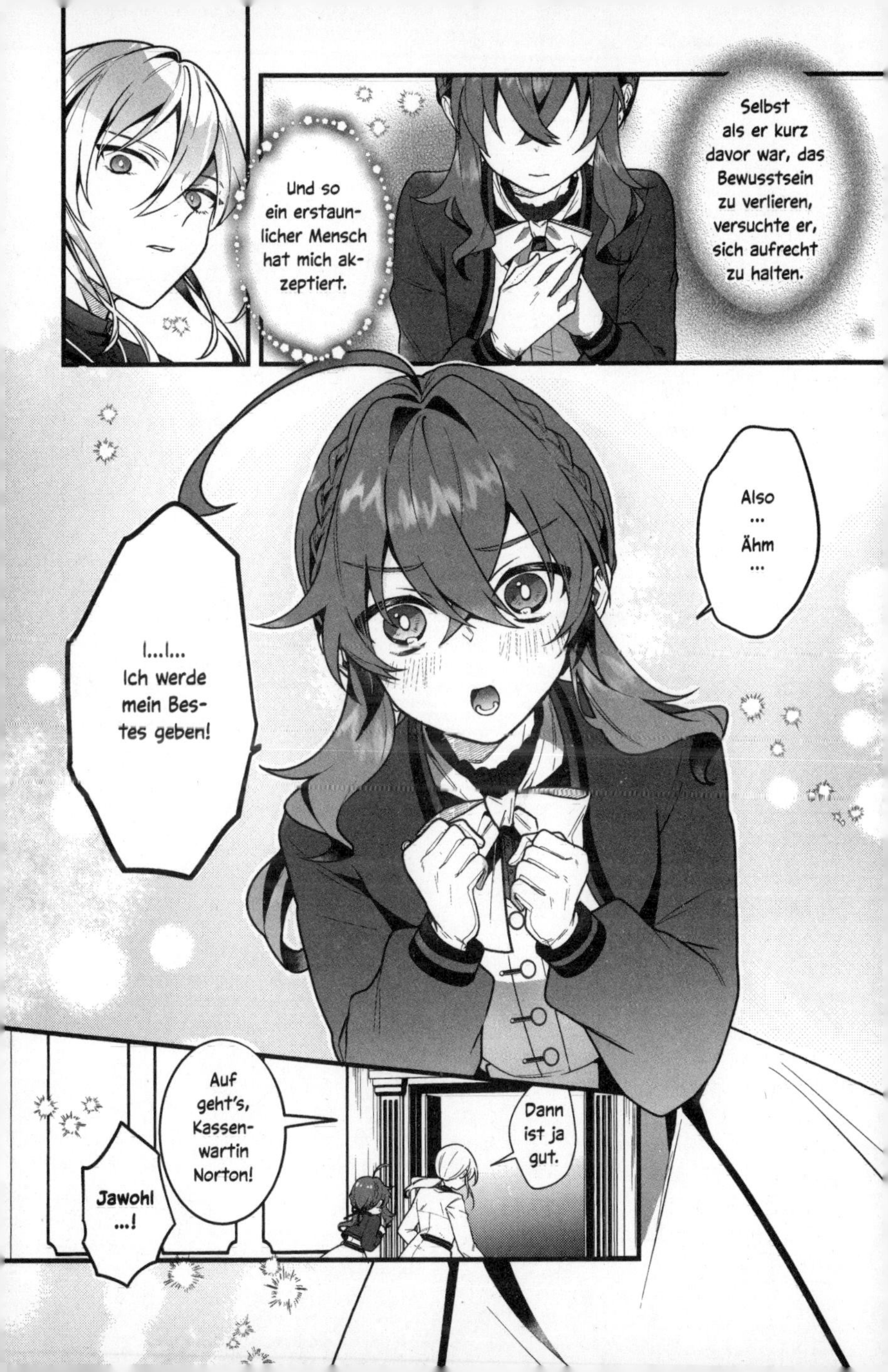
Selbst als er kurz davor war, das Bewusstsein zu verlieren, versuchte er, sich aufrecht zu halten.
Und so ein erstaunlicher Mensch hat mich akzeptiert.
Also ... Ähm ...
I...I... Ich werde mein Bestes geben!
Dann ist ja gut.
Auf geht's, Kassenwartin Norton!
Jawohl ...!

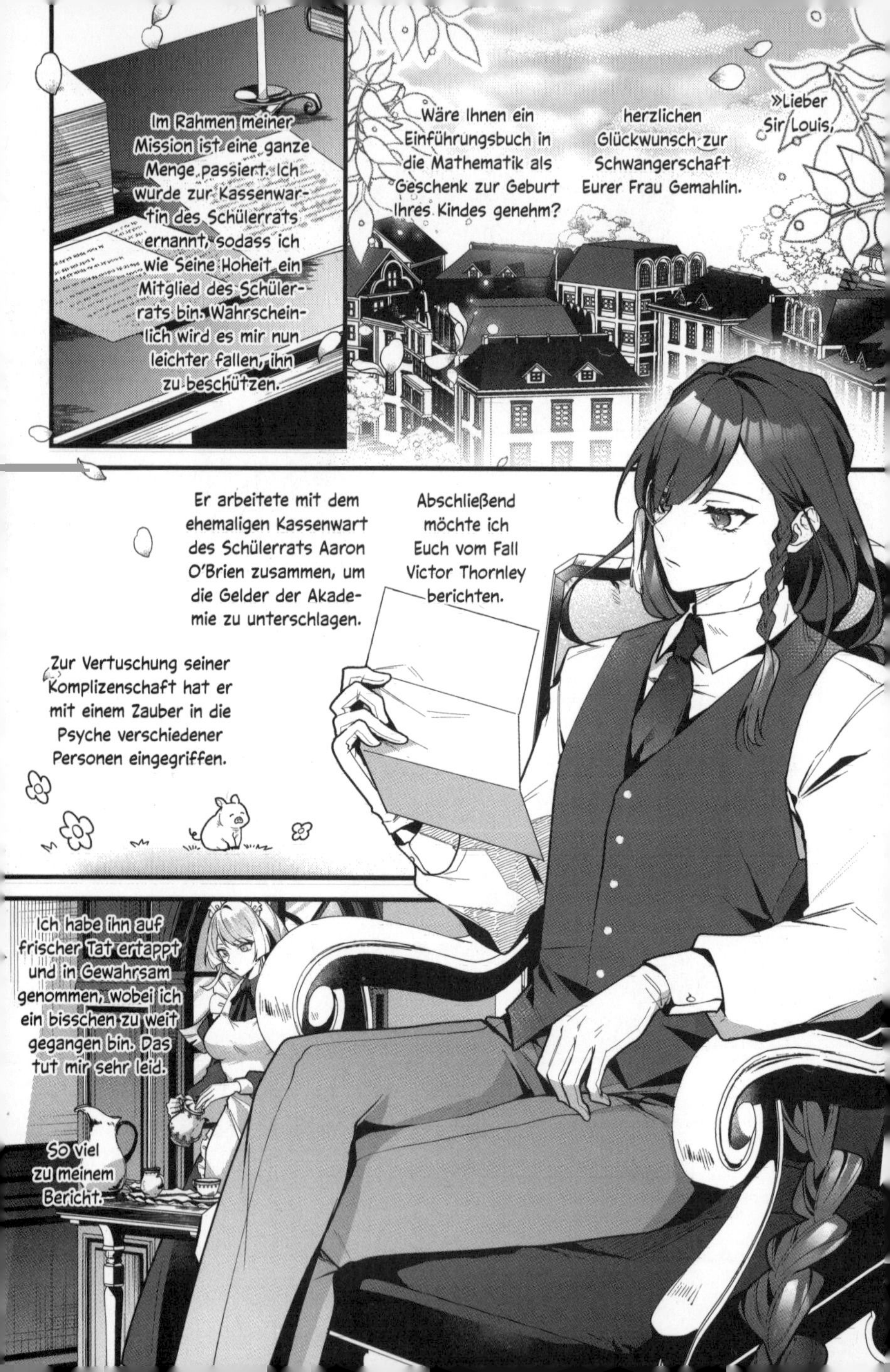
»Lieber Sir Louis,
herzlichen Glückwunsch zur Schwangerschaft Eurer Frau Gemahlin.
Wäre Ihnen ein Einführungsbuch in die Mathematik als Geschenk zur Geburt Ihres Kindes genehm?
Im Rahmen meiner Mission ist eine ganze Menge passiert. Ich wurde zur Kassenwartin des Schülerrats ernannt, sodass ich wie Seine Hoheit ein Mitglied des Schülerrats bin. Wahrscheinlich wird es mir nun leichter fallen, ihn zu beschützen.
Abschließend möchte ich Euch vom Fall Victor Thornley berichten.
Er arbeitete mit dem ehemaligen Kassenwart des Schülerrats Aaron O'Brien zusammen, um die Gelder der Akademie zu unterschlagen.
Zur Vertuschung seiner Komplizenschaft hat er mit einem Zauber in die Psyche verschiedener Personen eingegriffen.
Ich habe ihn auf frischer Tat ertappt und in Gewahrsam genommen, wobei ich ein bisschen zu weit gegangen bin. Das tut mir sehr leid.
So viel zu meinem Bericht.

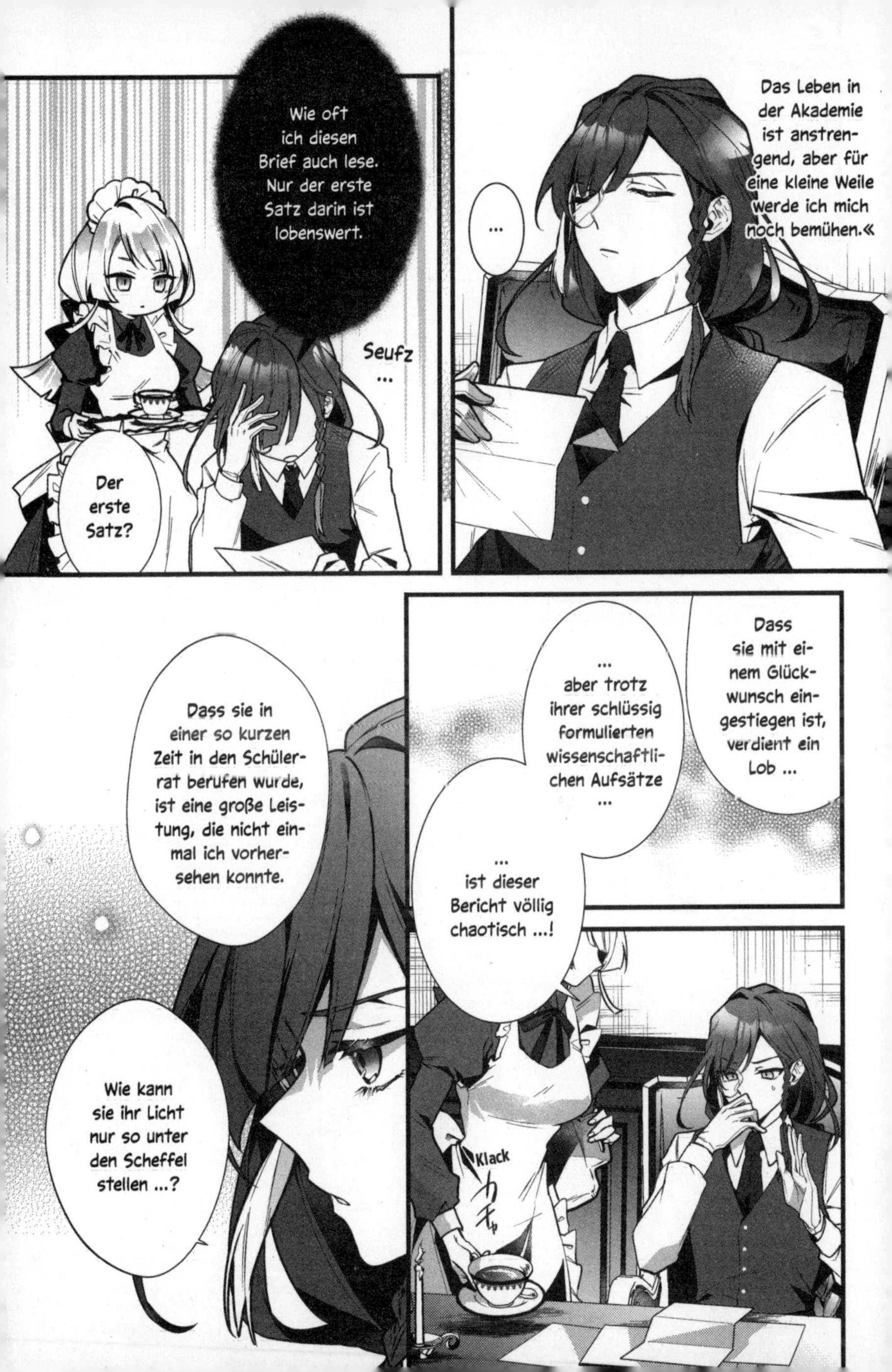
Das Leben in der Akademie ist anstrengend, aber für eine kleine Weile werde ich mich noch bemühen.«
...
Wie oft ich diesen Brief auch lese. Nur der erste Satz darin ist lobenswert.
Seufz ...
Der erste Satz?
Dass sie mit einem Glückwunsch eingestiegen ist, verdient ein Lob ...
... aber trotz ihrer schlüssig formulierten wissenschaftlichen Aufsätze ...
... ist dieser Bericht völlig chaotisch ...!
Dass sie in einer so kurzen Zeit in den Schülerrat berufen wurde, ist eine große Leistung, die nicht einmal ich vorhersehen konnte.
Klack
Wie kann sie ihr Licht nur so unter den Scheffel stellen ...?

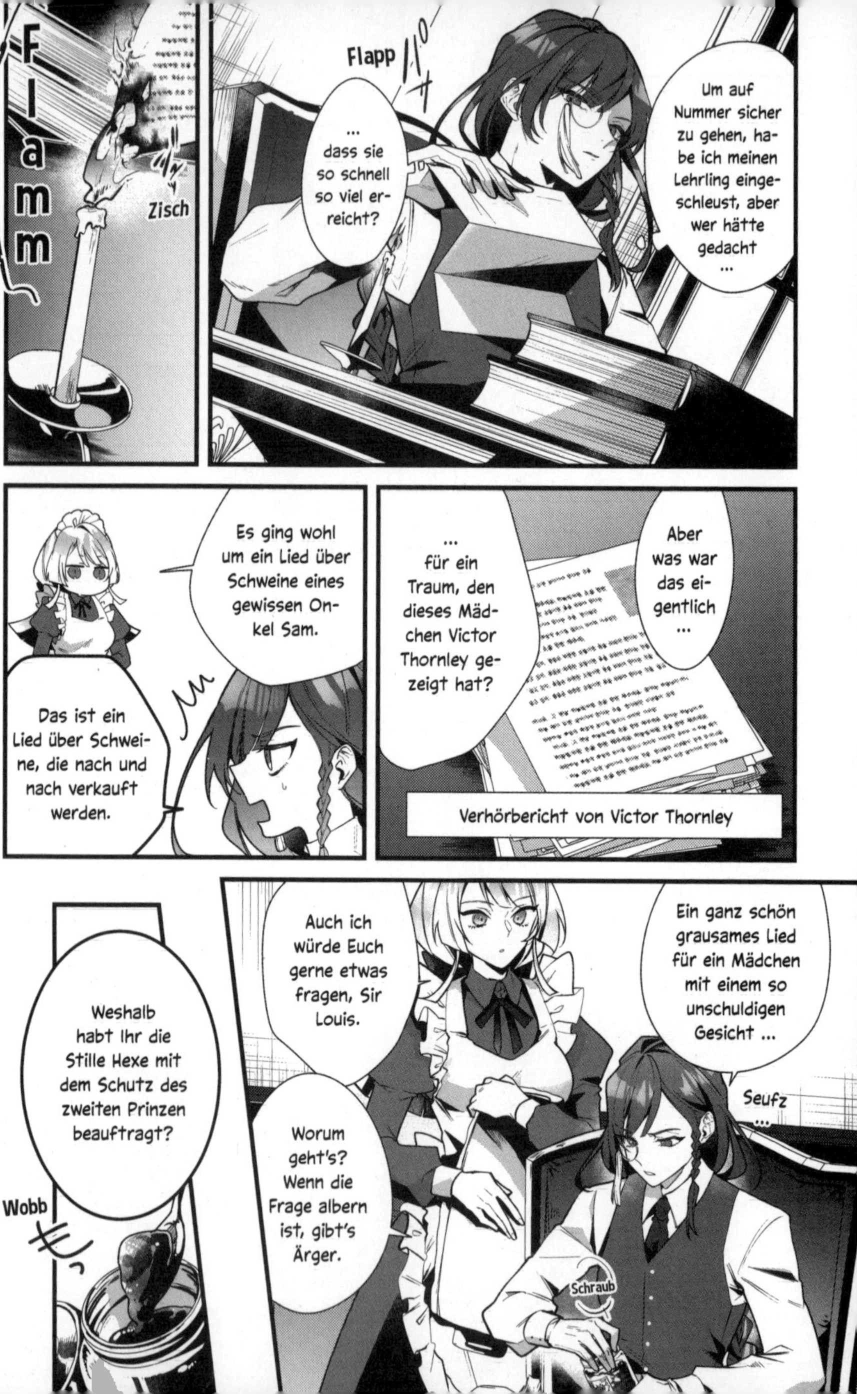

Um auf Nummer sicher zu gehen, habe ich meinen Lehrling eingeschleust, aber wer hätte gedacht ...
Flapp
... dass sie so schnell so viel erreicht?
Zisch
Flamm
Aber was war das eigentlich ...
... für ein Traum, den dieses Mädchen Victor Thornley gezeigt hat?
Verhörbericht von Victor Thornley
Es ging wohl um ein Lied über Schweine eines gewissen Onkel Sam.
Das ist ein Lied über Schweine, die nach und nach verkauft werden.
Ein ganz schön grausames Lied für ein Mädchen mit einem so unschuldigen Gesicht ...
Seufz ...
Auch ich würde Euch gerne etwas fragen, Sir Louis.
Worum geht's? Wenn die Frage albern ist, gibt's Ärger.
Schraub
Weshalb habt Ihr die Stille Hexe mit dem Schutz des zweiten Prinzen beauftragt?
Wobb

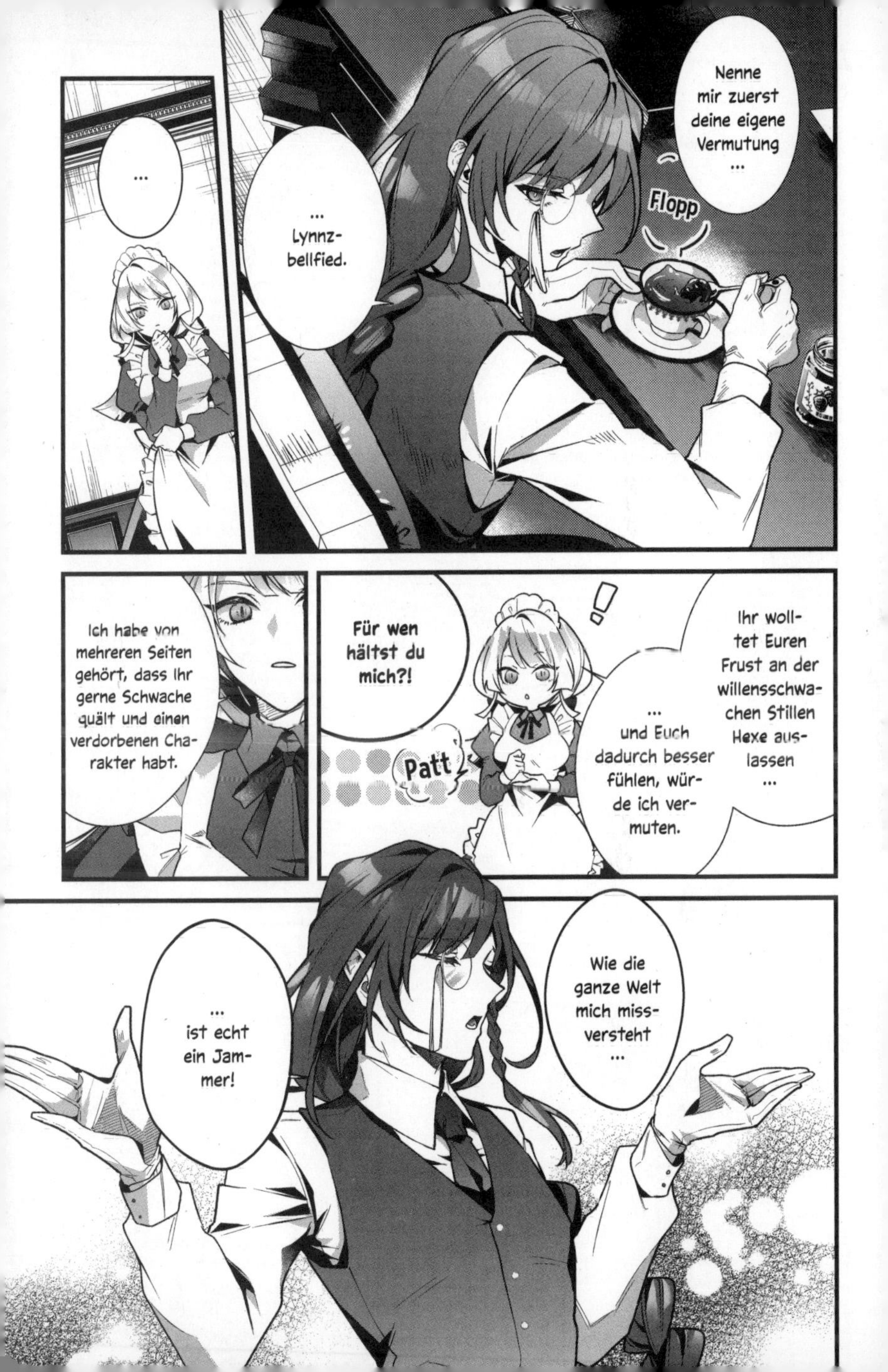
Nenne mir zuerst deine eigene Vermutung ...
Flopp
... Lynnzbellfied.
...
Ihr wolltet Euren Frust an der willensschwachen Stillen Hexe auslassen ...
... und Euch dadurch besser fühlen, würde ich vermuten.
!
Patt
Für wen hältst du mich?!
Ich habe von mehreren Seiten gehört, dass Ihr gerne Schwache quält und einen verdorbenen Charakter habt.
Wie die ganze Welt mich missversteht ...
... ist echt ein Jammer!

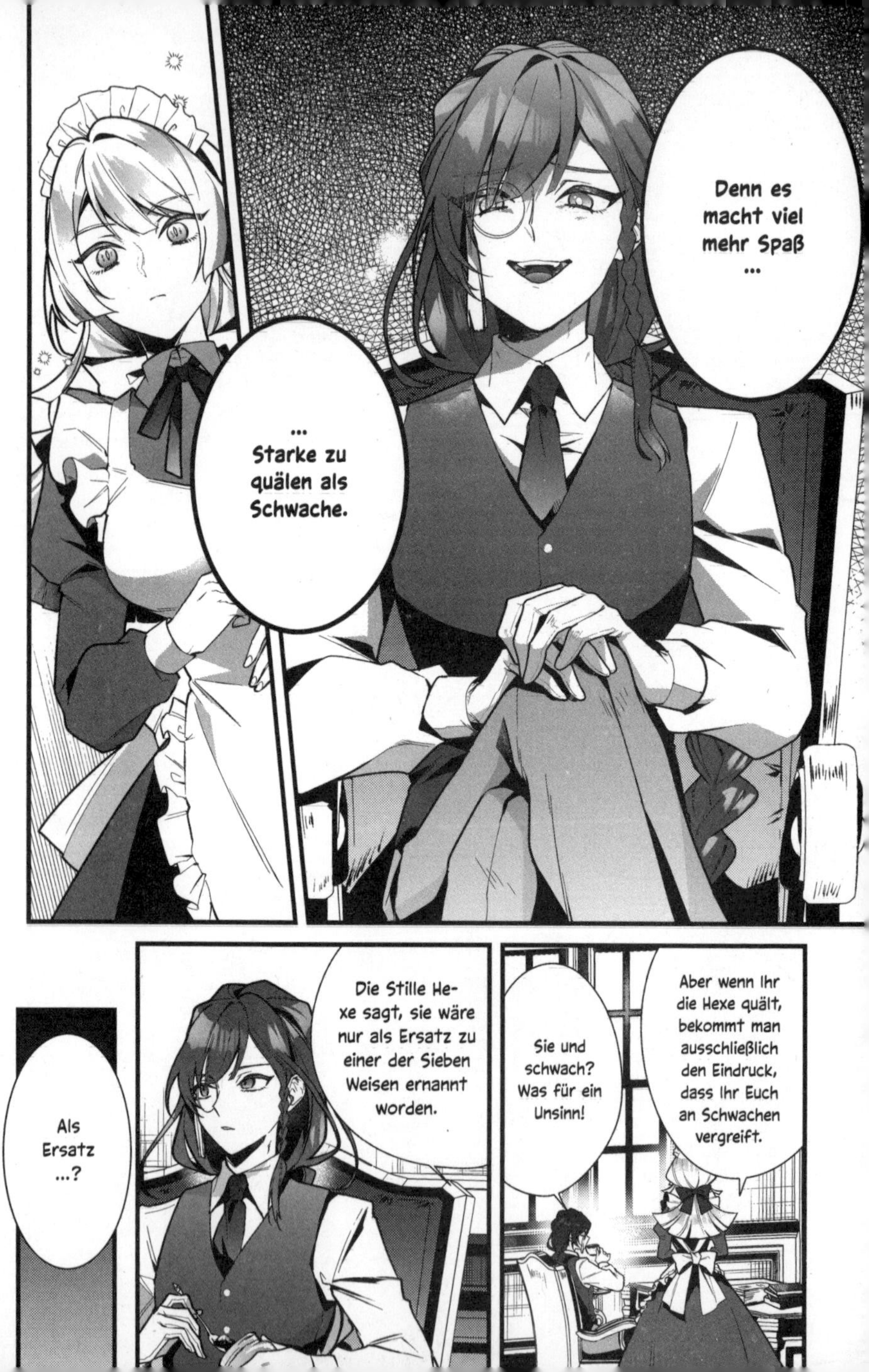
Denn es macht viel mehr Spaß ...
... Starke zu quälen als Schwache.
Aber wenn Ihr die Hexe quält, bekommt man ausschließlich den Eindruck, dass Ihr Euch an Schwachen vergreift.
Sie und schwach? Was für ein Unsinn!
Die Stille He-xe sagt, sie wäre nur als Ersatz zu einer der Sieben Weisen ernannt worden.
Als Ersatz ...?

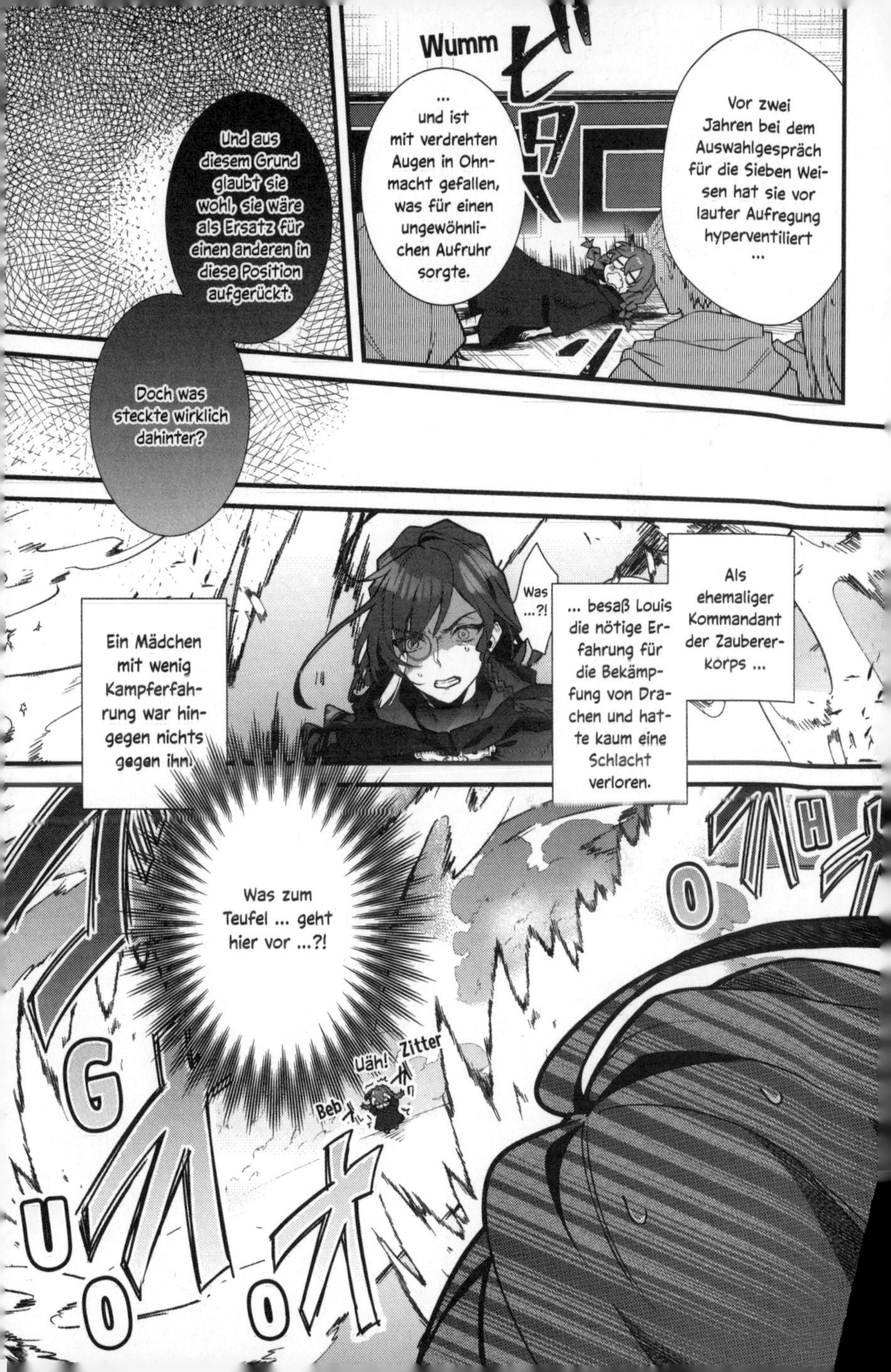
Vor zwei Jahren bei dem Auswahlgespräch für die Sieben Weisen hat sie vor lauter Aufregung hyperventiliert ...
Wumm
... und ist mit verdrehten Augen in Ohnmacht gefallen, was für einen ungewöhnlichen Aufruhr sorgte.
Und aus diesem Grund glaubt sie wohl, sie wäre als Ersatz für einen anderen in diese Position aufgerückt.
Doch was steckte wirklich dahinter?
Als ehemaliger Kommandant der Zauberer-korps ...
... besaß Louis die nötige Erfahrung für die Bekämpfung von Drachen und hatte kaum eine Schlacht verloren.
Was ...?!
Ein Mädchen mit wenig Kampferfahrung war hingegen nichts gegen ihn.
H
O
Was zum Teufel ... geht hier vor ...?!
Zitter
Uäh!
Beb
G
U
O
O

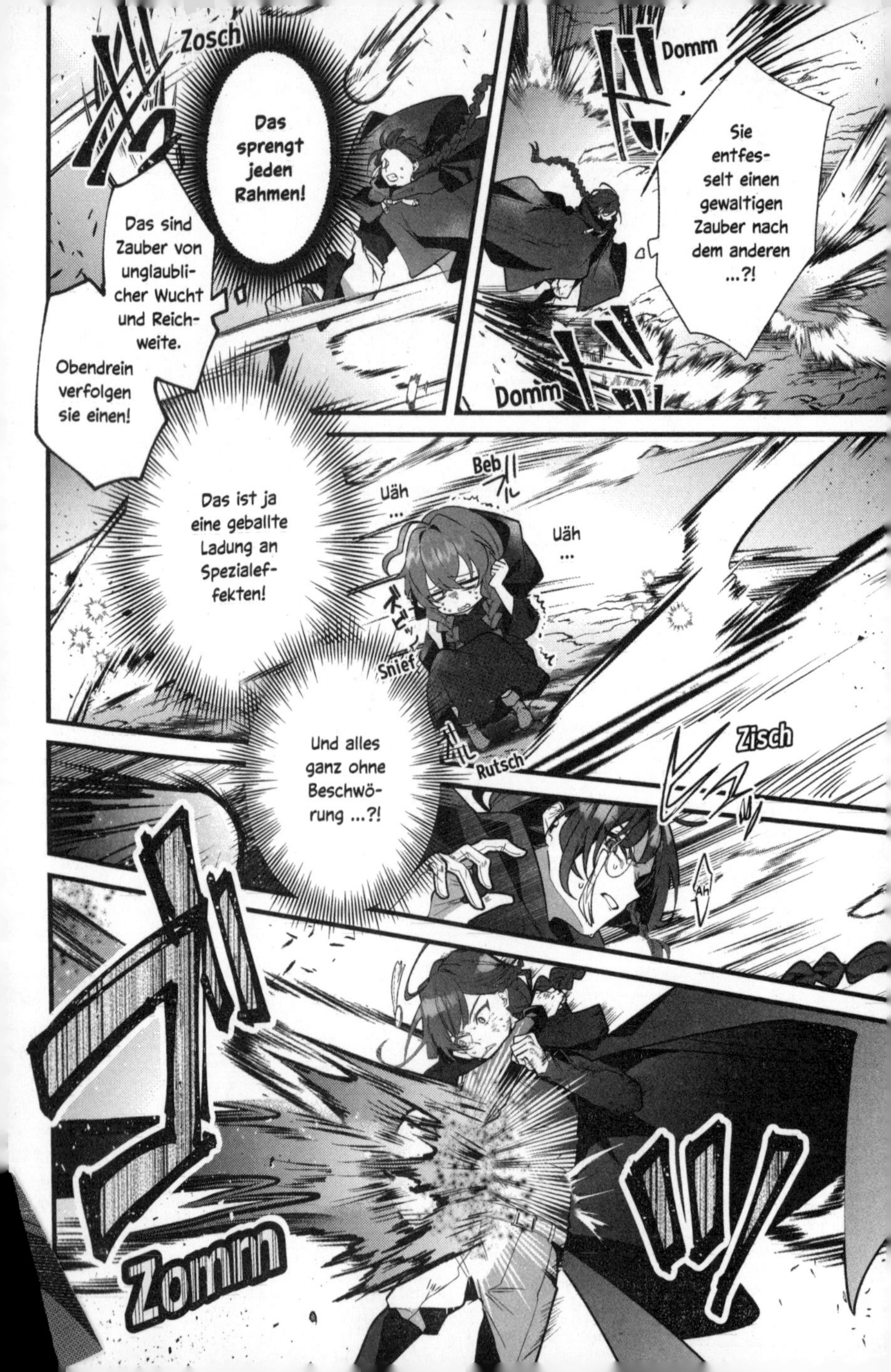
Domm
Sie entfes-selt einen gewaltigen Zauber nach dem anderen ...?!
Domm
Zosch
Das sprengt jeden Rahmen!
Das sind Zauber von unglaubli-cher Wucht und Reich-weite.
Obendrein verfolgen sie einen!
Beb
Uäh ...
Uäh ...
Das ist ja eine geballte Ladung an Spezialef-fekten!
Snief
Rutsch
Zisch
Ah
Und alles ganz ohne Beschwö-rung ...?!
Zomm

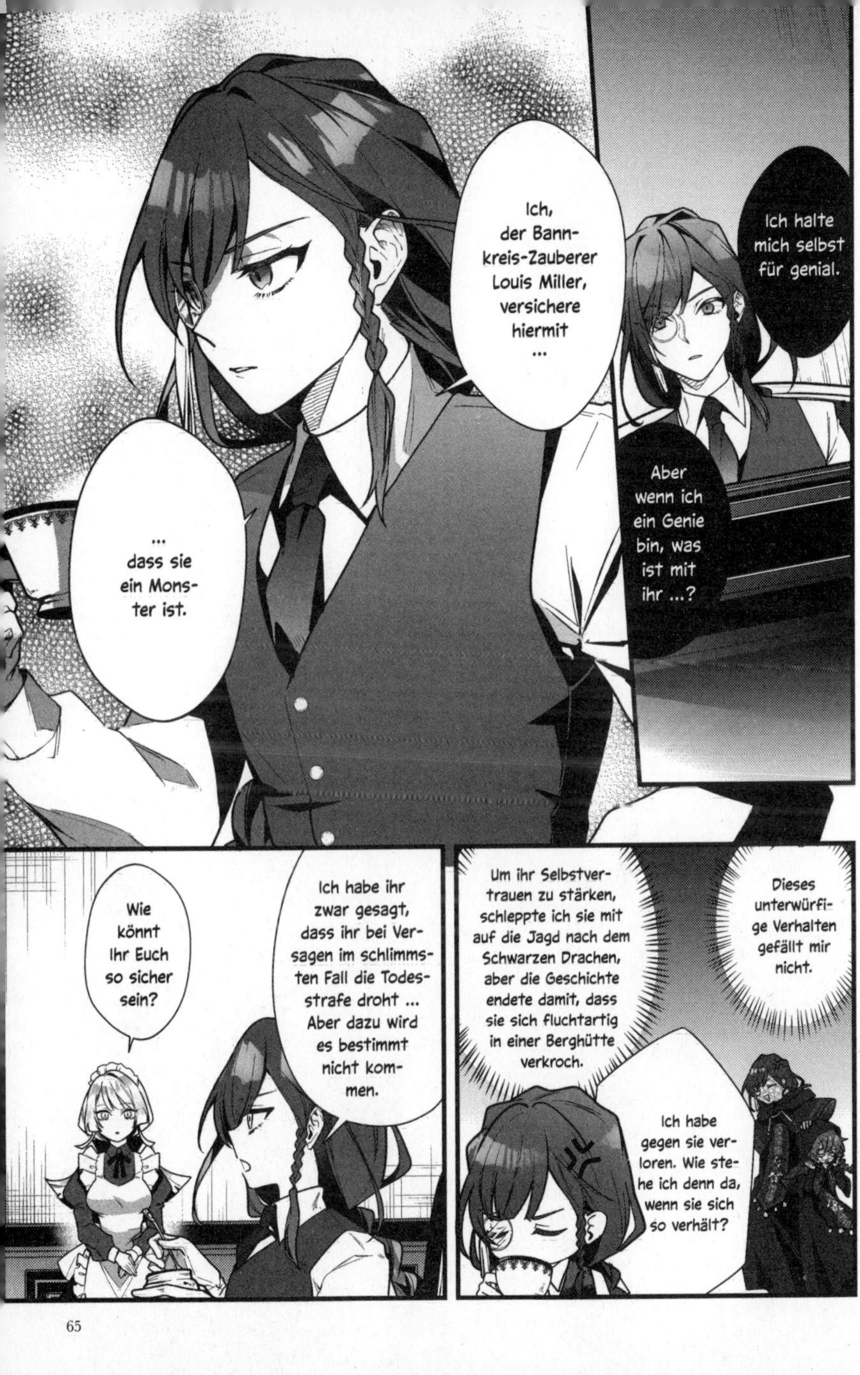
Ich halte mich selbst für genial.
Aber wenn ich ein Genie bin, was ist mit ihr ...?
Ich, der Bannkreis-Zauberer Louis Miller, versichere hiermit ...
... dass sie ein Monster ist.
Dieses unterwürfige Verhalten gefällt mir nicht.
Um ihr Selbstvertrauen zu stärken, schleppte ich sie mit auf die Jagd nach dem Schwarzen Drachen, aber die Geschichte endete damit, dass sie sich fluchtartig in einer Berghütte verkroch.
Ich habe gegen sie verloren. Wie stehe ich denn da, wenn sie sich so verhält?
Ich habe ihr zwar gesagt, dass ihr bei Versagen im schlimmsten Fall die Todesstrafe droht ... Aber dazu wird es bestimmt nicht kommen.
Wie könnt Ihr Euch so sicher sein?

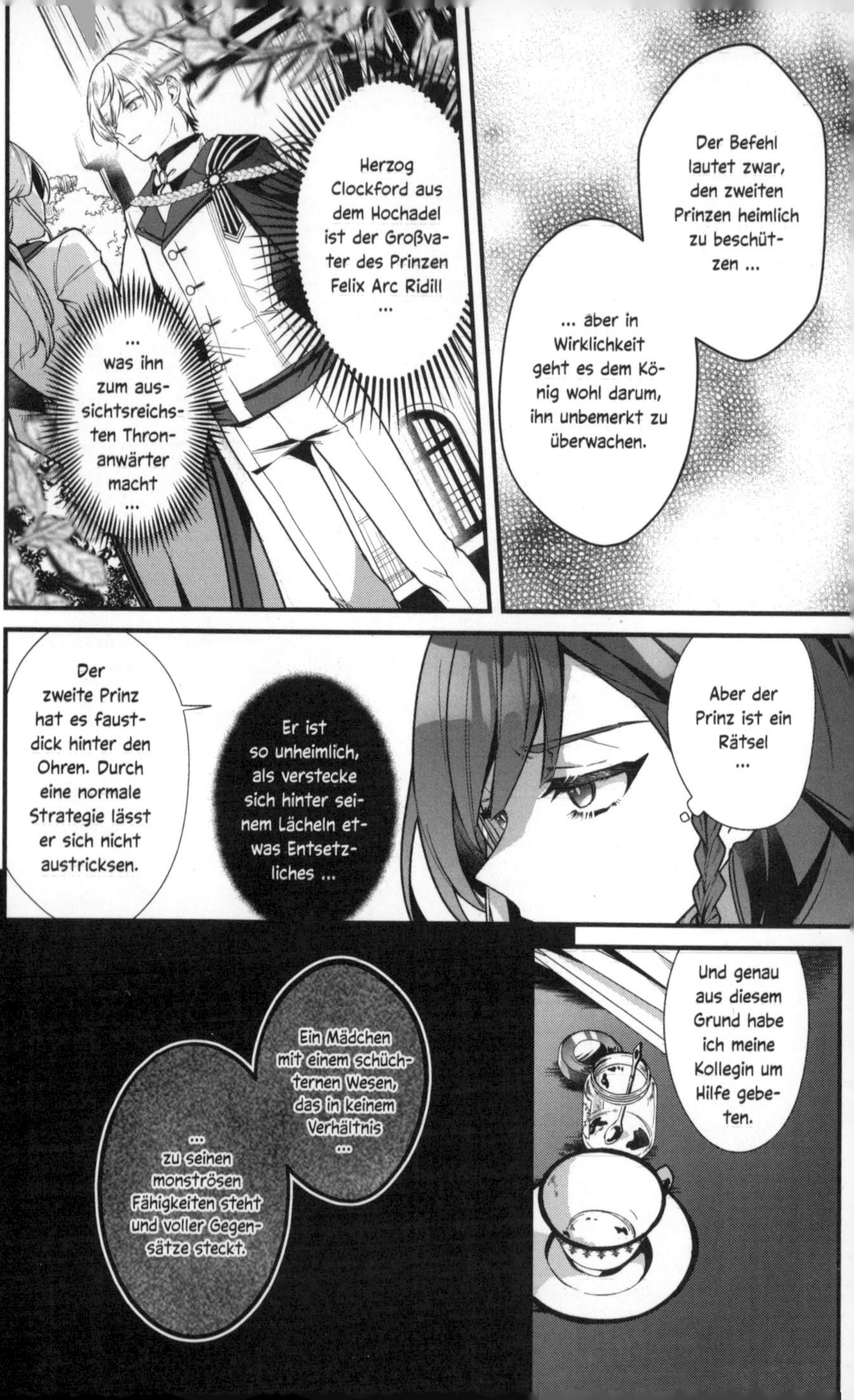
Der Befehl lautet zwar, den zweiten Prinzen heimlich zu beschützen ...
... aber in Wirklichkeit geht es dem König wohl darum, ihn unbemerkt zu überwachen.
Herzog Clockford aus dem Hochadel ist der Großvater des Prinzen Felix Arc Ridill ...
... was ihn zum aussichtsreichsten Thronanwärter macht ...
Aber der Prinz ist ein Rätsel ...
Er ist so unheimlich, als verstecke sich hinter seinem Lächeln etwas Entsetzliches ...
Der zweite Prinz hat es faustdick hinter den Ohren. Durch eine normale Strategie lässt er sich nicht austricksen.
Und genau aus diesem Grund habe ich meine Kollegin um Hilfe gebeten.
Ein Mädchen mit einem schüchternen Wesen, das in keinem Verhältnis ...
... zu seinen monströsen Fähigkeiten steht und voller Gegensätze steckt.

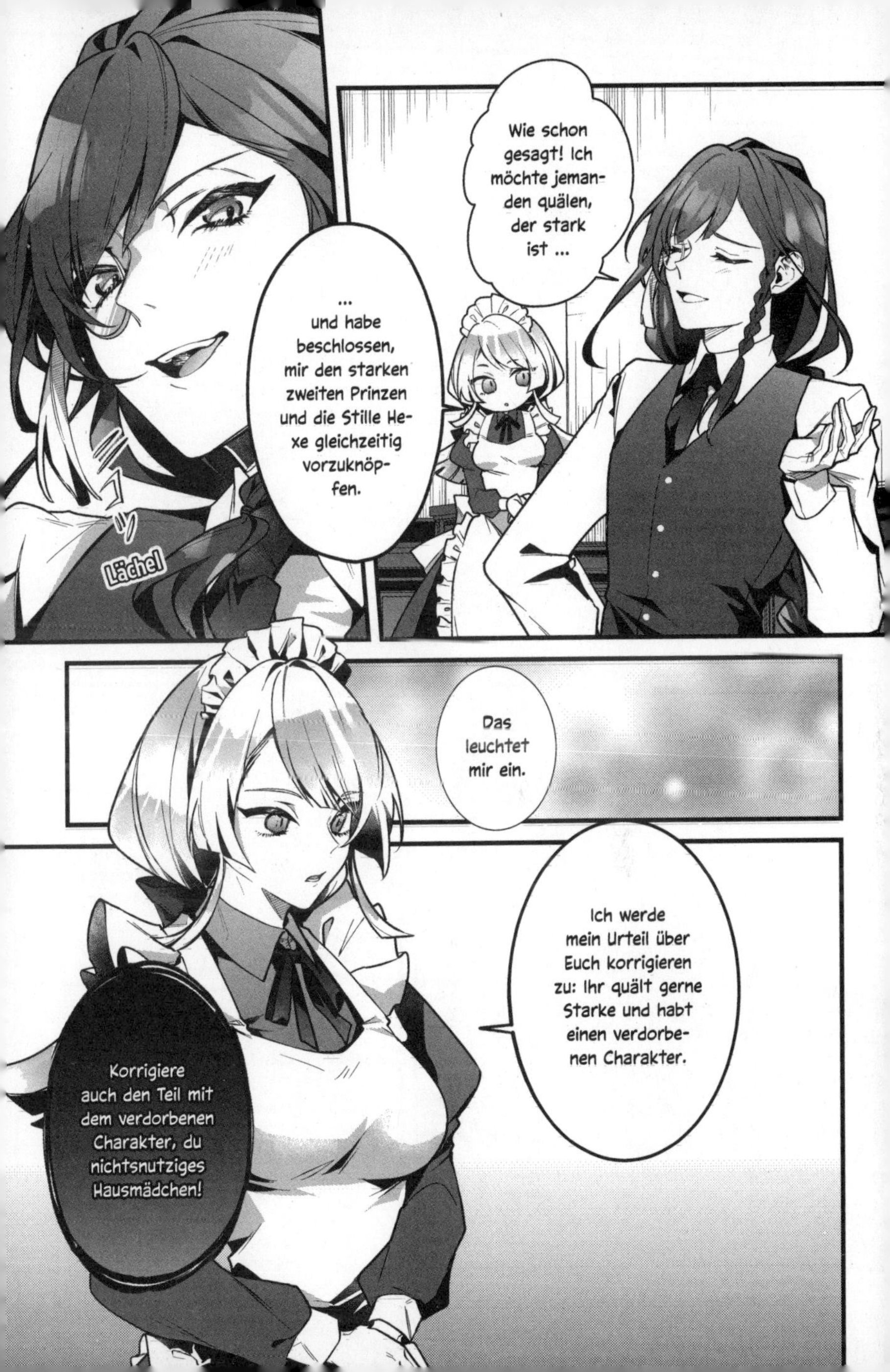
Wie schon gesagt! Ich möchte jemanden quälen, der stark ist ...
... und habe beschlossen, mir den starken zweiten Prinzen und die Stille Hexe gleichzeitig vorzuknöpfen.
Lächel
Das leuchtet mir ein.
Ich werde mein Urteil über Euch korrigieren zu: Ihr quält gerne Starke und habt einen verdorbenen Charakter.
Korrigiere auch den Teil mit dem verdorbenen Charakter, du nichtsnutziges Hausmädchen!

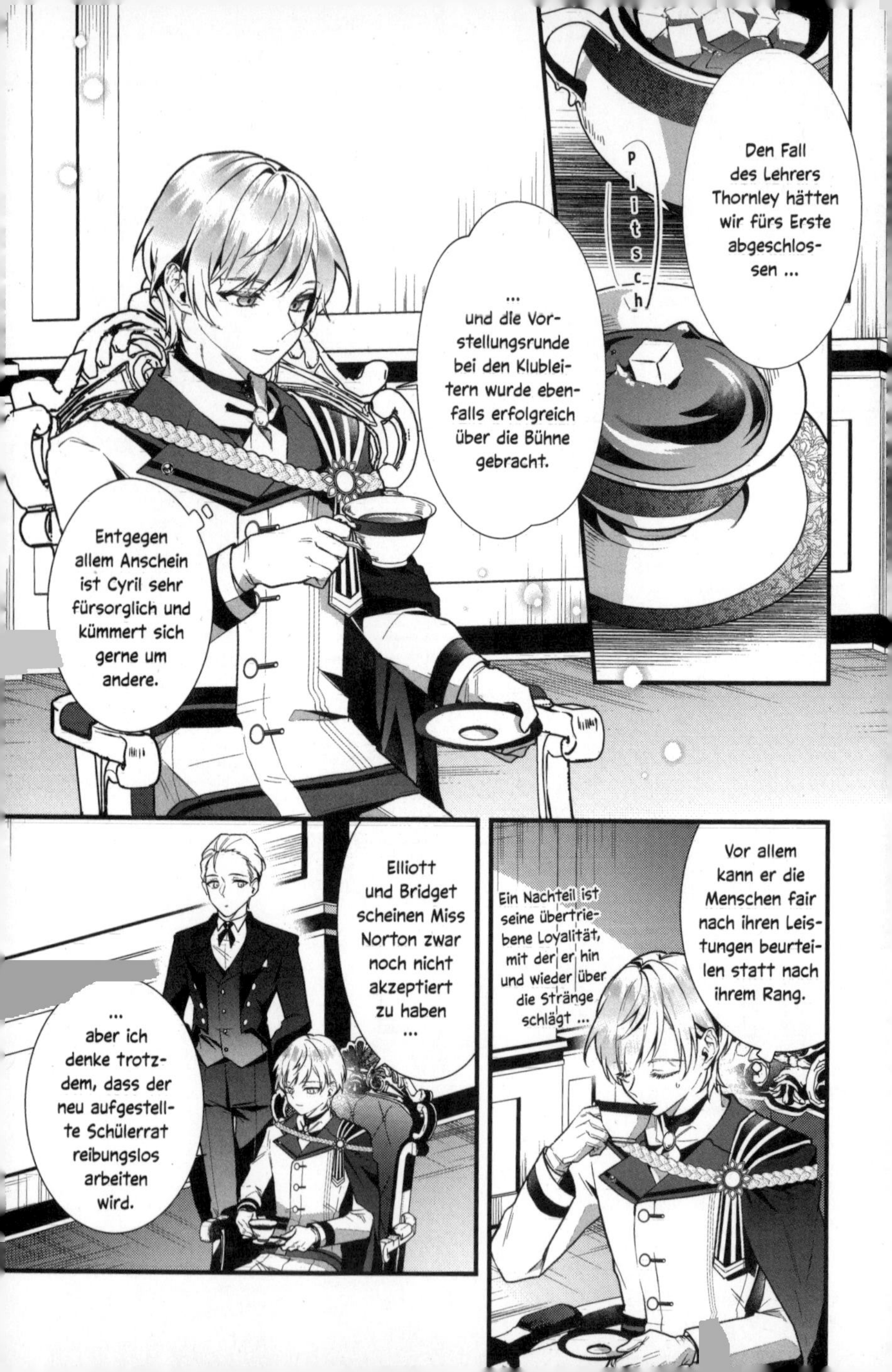
Den Fall des Lehrers Thornley hätten wir fürs Erste abgeschlossen ...
Plitsch
... und die Vorstellungsrunde bei den Klubleitern wurde ebenfalls erfolgreich über die Bühne gebracht.
Entgegen allem Anschein ist Cyril sehr fürsorglich und kümmert sich gerne um andere.
Vor allem kann er die Menschen fair nach ihren Leistungen beurteilen statt nach ihrem Rang.
Ein Nachteil ist seine übertriebene Loyalität, mit der er hin und wieder über die Stränge schlägt ...
Elliott und Bridget scheinen Miss Norton zwar noch nicht akzeptiert zu haben ...
... aber ich denke trotzdem, dass der neu aufgestellte Schülerrat reibungslos arbeiten wird.

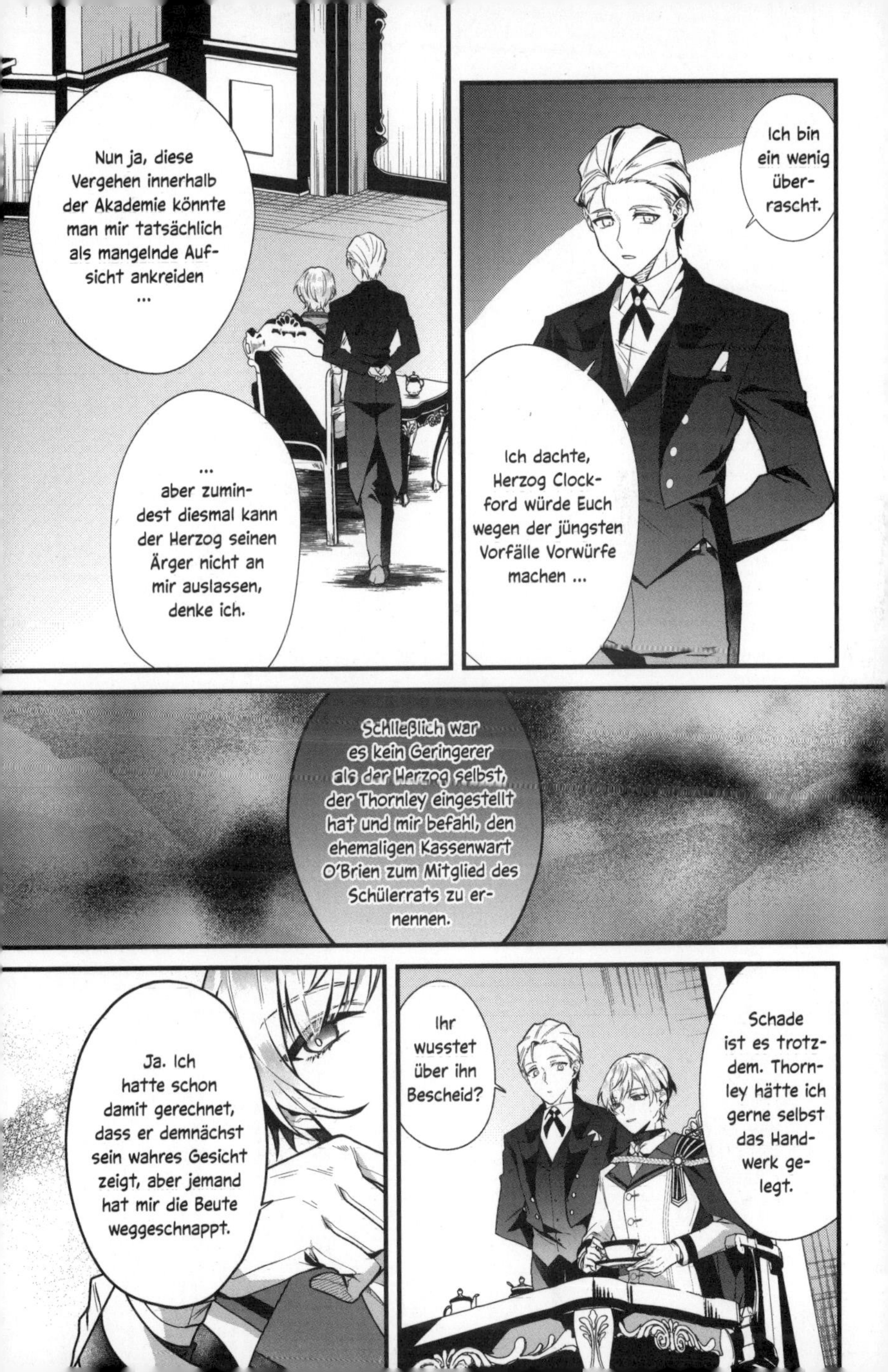
Ich bin ein wenig überrascht.
Ich dachte, Herzog Clockford würde Euch wegen der jüngsten Vorfälle Vorwürfe machen ...
Nun ja, diese Vergehen innerhalb der Akademie könnte man mir tatsächlich als mangelnde Aufsicht ankreiden ...
... aber zumindest diesmal kann der Herzog seinen Ärger nicht an mir auslassen, denke ich.
Schließlich war es kein Geringerer als der Herzog selbst, der Thornley eingestellt hat und mir befahl, den ehemaligen Kassenwart O'Brien zum Mitglied des Schülerrats zu ernennen.
Schade ist es trotzdem. Thornley hätte ich gerne selbst das Handwerk gelegt.
Ihr wusstet über ihn Bescheid?
Ja. Ich hatte schon damit gerechnet, dass er demnächst sein wahres Gesicht zeigt, aber jemand hat mir die Beute weggeschnappt.

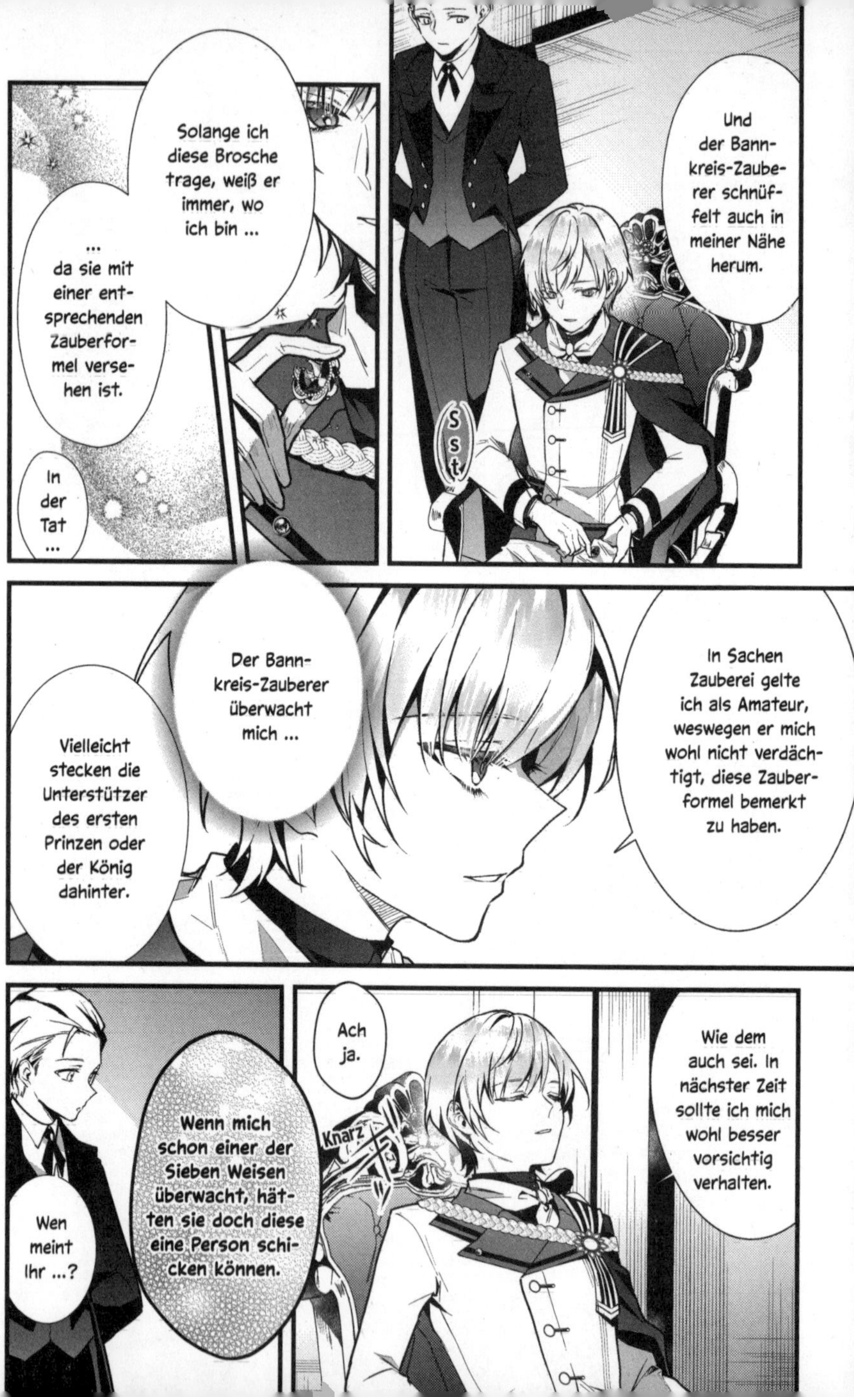
Und der Bannkreis-Zauberer schnüffelt auch in meiner Nähe herum.
Sst
Solange ich diese Brosche trage, weiß er immer, wo ich bin ...
... da sie mit einer entsprechenden Zauberformel versehen ist.
In der Tat ...
In Sachen Zauberei gelte ich als Amateur, weswegen er mich wohl nicht verdächtigt, diese Zauberformel bemerkt zu haben.
Der Bannkreis-Zauberer überwacht mich ...
Vielleicht stecken die Unterstützer des ersten Prinzen oder der König dahinter.
Wie dem auch sei. In nächster Zeit sollte ich mich wohl besser vorsichtig verhalten.
Knarz
Ach ja.
Wenn mich schon einer der Sieben Weisen überwacht, hätten sie doch diese eine Person schicken können.
Wen meint Ihr ...?

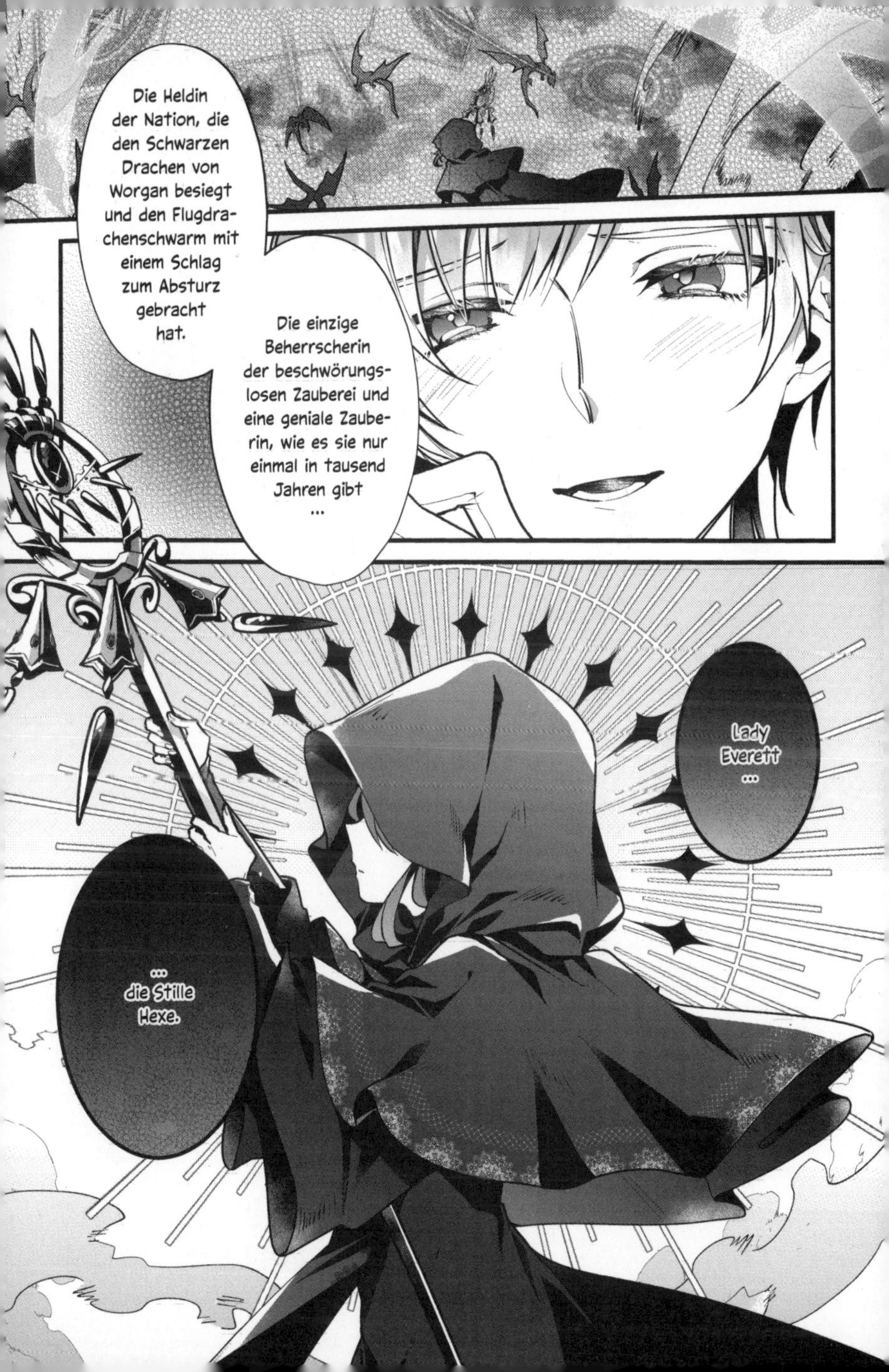
Die Heldin der Nation, die den Schwarzen Drachen von Worgan besiegt und den Flugdrachenschwarm mit einem Schlag zum Absturz gebracht hat.
Die einzige Beherrscherin der beschwörungslosen Zauberei und eine geniale Zauberin, wie es sie nur einmal in tausend Jahren gibt ...
Lady Everett ...
... die Stille Hexe.

Silent Witch

Das Geheimnis der stillen Hexe

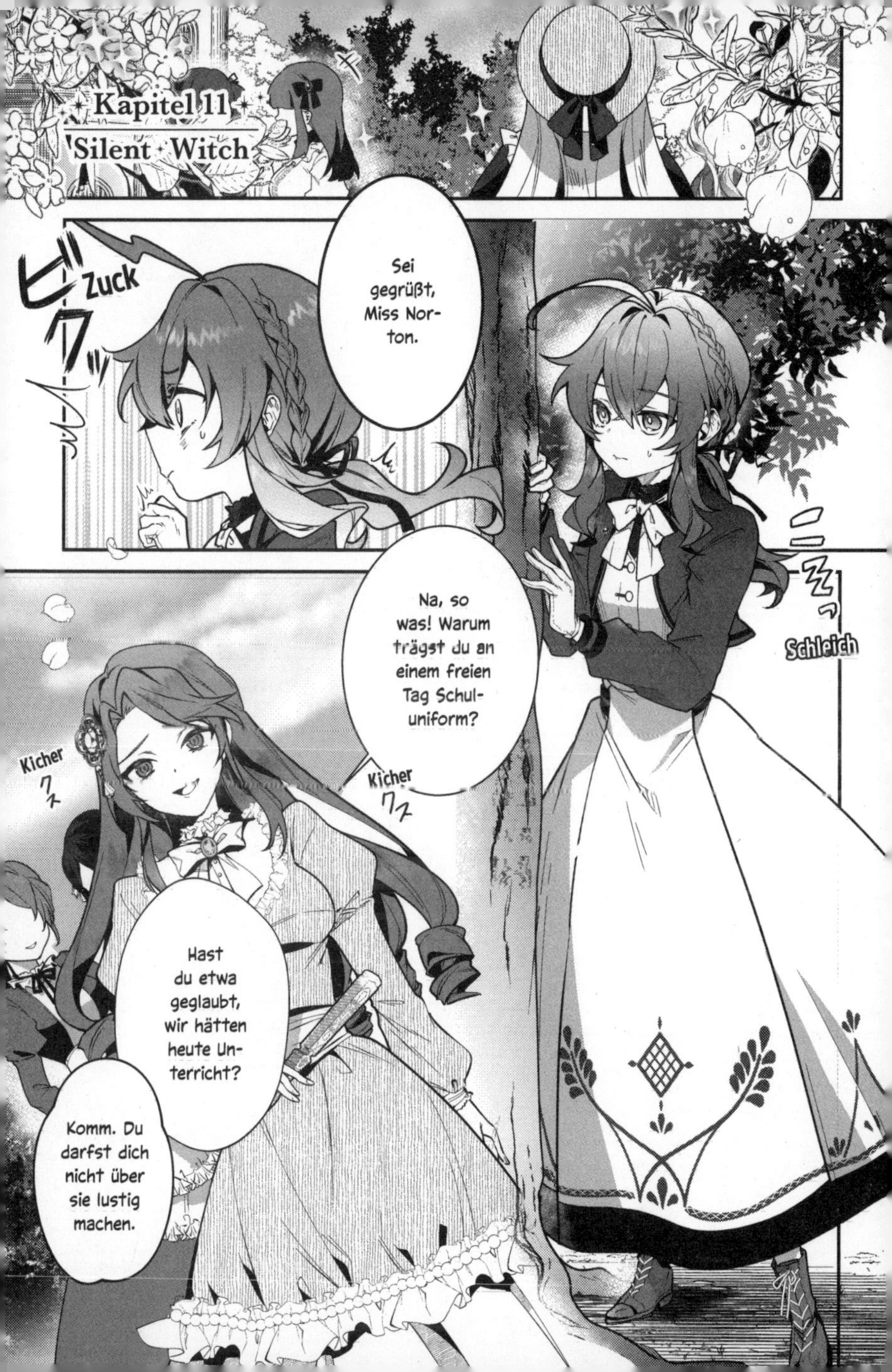
Kapitel 11
Silent Witch
Sei gegrüßt, Miss Norton.
Zuck
Schleich
Na, so was! Warum trägst du an einem freien Tag Schuluniform?
Kicher
Kicher
Hast du etwa geglaubt, wir hätten heute Unterricht?
Komm. Du darfst dich nicht über sie lustig machen.

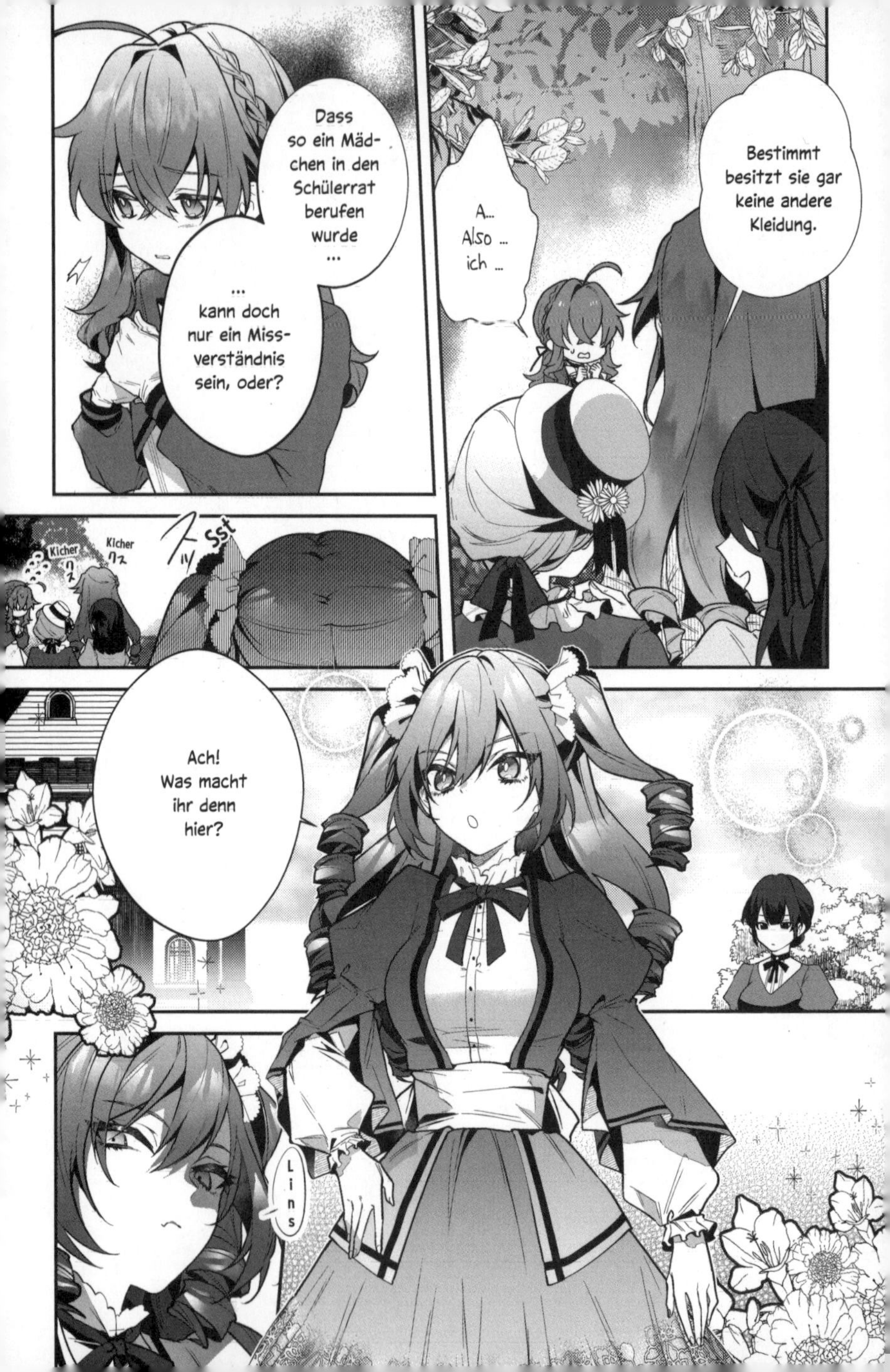
Bestimmt besitzt sie gar keine andere Kleidung.
A... Also ... ich ...
Dass so ein Mädchen in den Schülerrat berufen wurde ...
... kann doch nur ein Missverständnis sein, oder?
Sst
Kicher
Kicher
Ach! Was macht ihr denn hier?
Lins

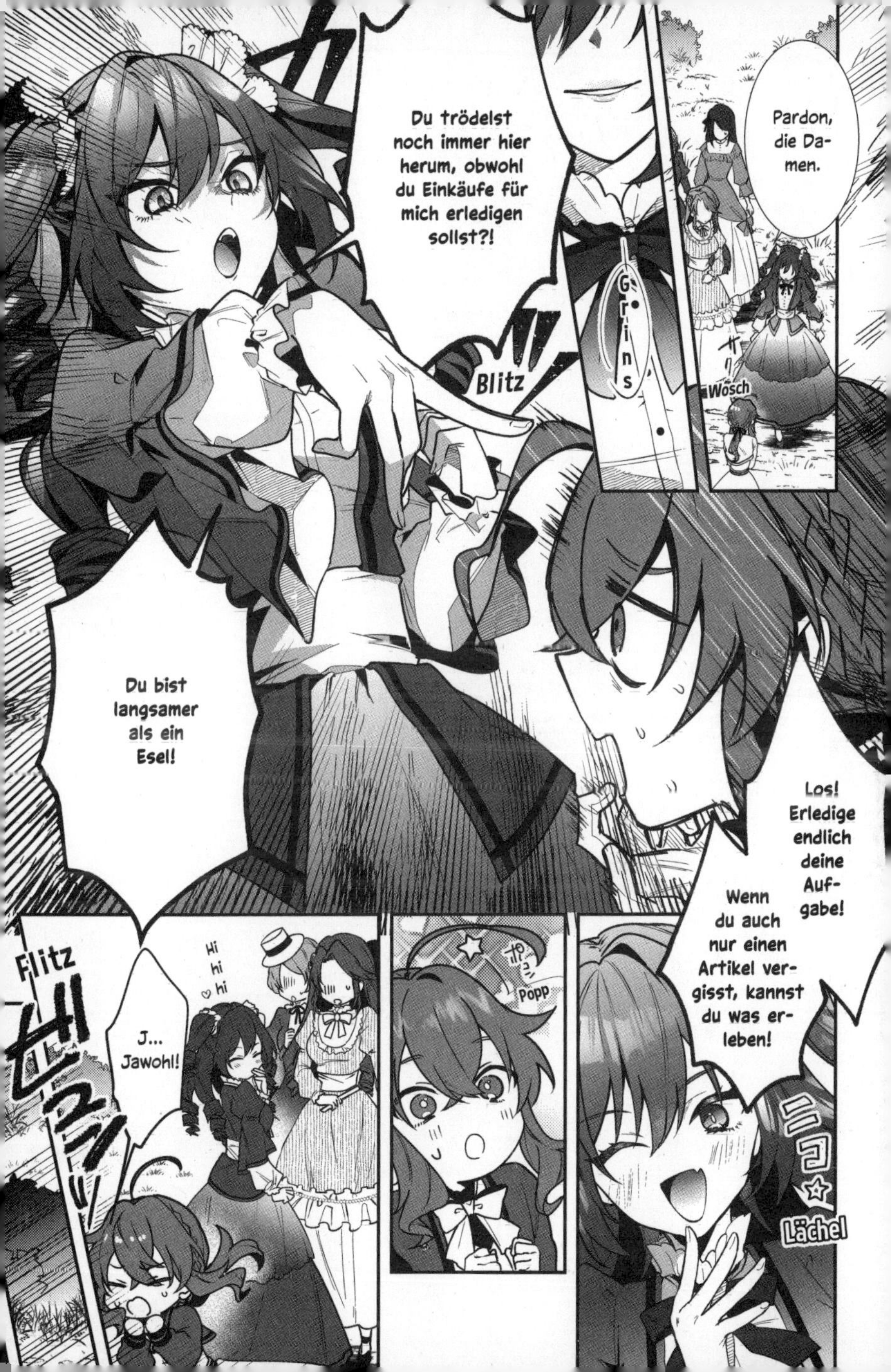
Pardon, die Damen.
Wosch
Grins
Du trödelst noch immer hier herum, obwohl du Einkäufe für mich erledigen sollst?!
Blitz
Du bist langsamer als ein Esel!
Los! Erledige endlich deine Aufgabe!
Wenn du auch nur einen Artikel vergisst, kannst du was erleben!
Lächel
Popp
J... Jawohl!
Hi hi hi
Flitz

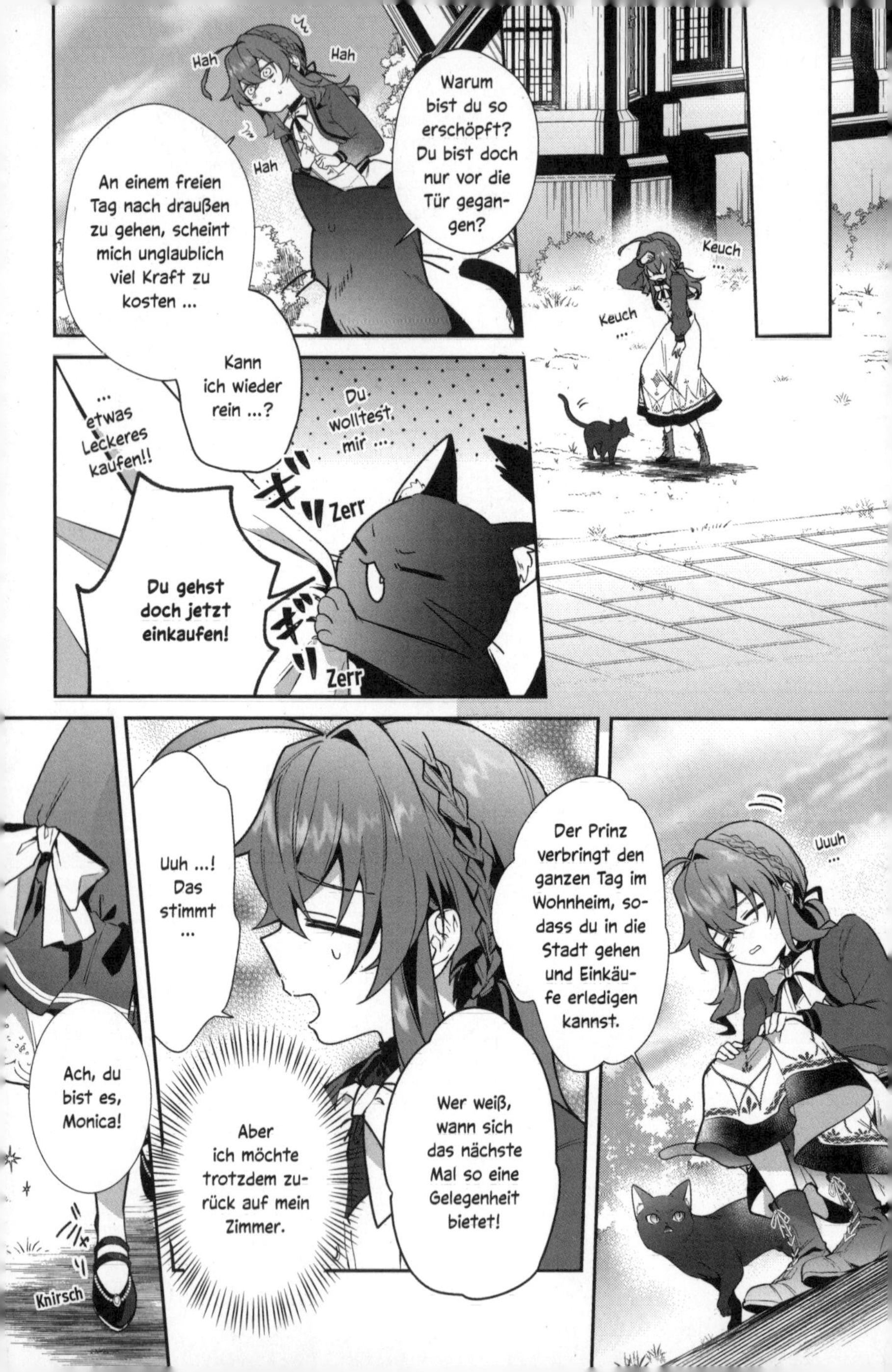
Keuch ...
Keuch ...
Hah
Hah
Hah
Warum bist du so erschöpft? Du bist doch nur vor die Tür gegangen?
An einem freien Tag nach draußen zu gehen, scheint mich unglaublich viel Kraft zu kosten ...
Kann ich wieder rein ...?
Du wolltest mir ...
... etwas Leckeres kaufen!!
Zerr
Du gehst doch jetzt einkaufen!
Zerr
Uuuh ...
Der Prinz verbringt den ganzen Tag im Wohnheim, sodass du in die Stadt gehen und Einkäufe erledigen kannst.
Wer weiß, wann sich das nächste Mal so eine Gelegenheit bietet!
Uuh ...! Das stimmt ...
Aber ich möchte trotzdem zurück auf mein Zimmer.
Ach, du bist es, Monica!
Knirsch

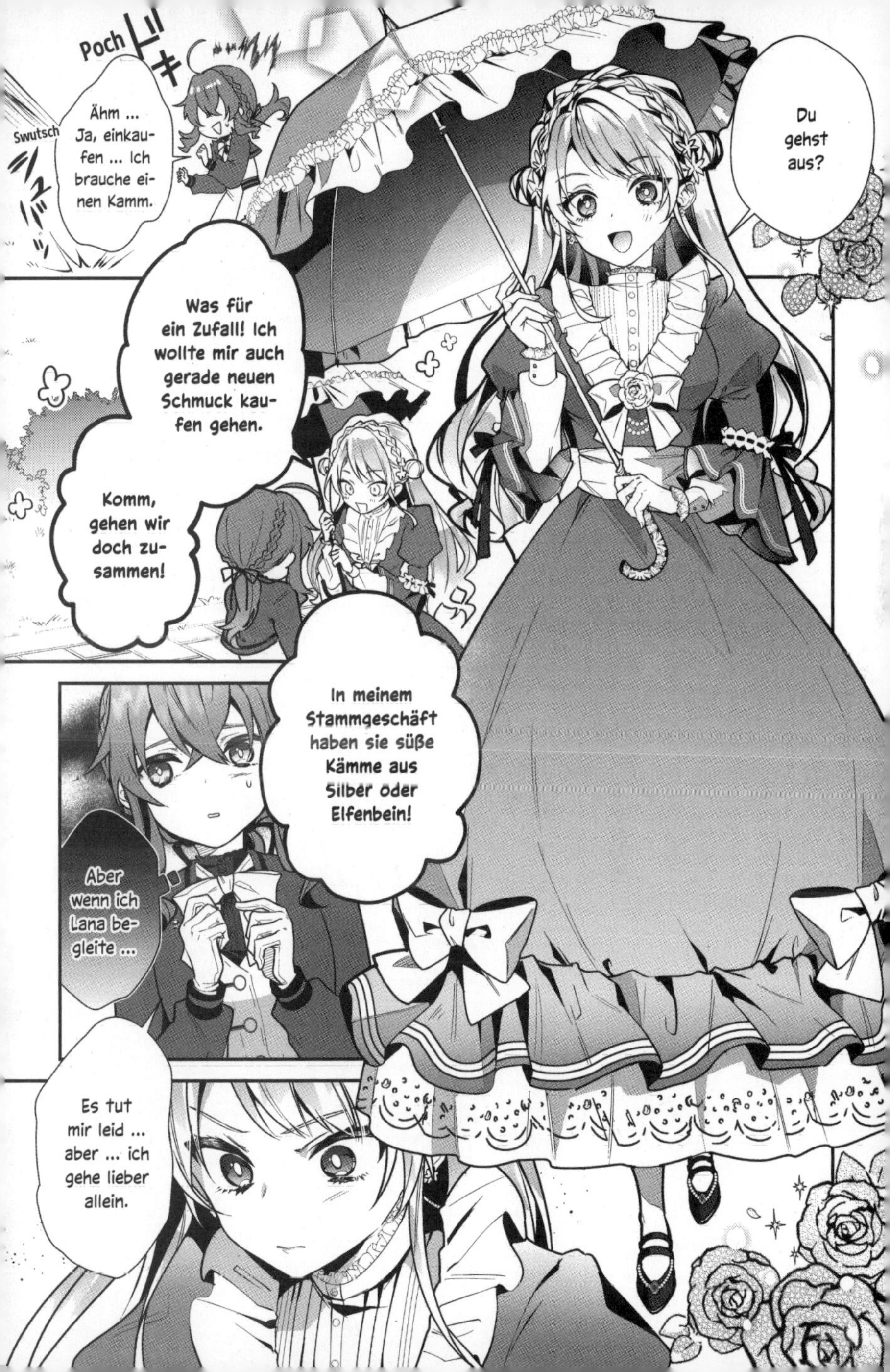
Du gehst aus?
Poch
Swutsch
Ähm ... Ja, einkaufen ... Ich brauche einen Kamm.
Was für ein Zufall! Ich wollte mir auch gerade neuen Schmuck kaufen gehen.
Komm, gehen wir doch zusammen!
In meinem Stammgeschäft haben sie süße Kämme aus Silber oder Elfenbein!
Aber wenn ich Lana begleite ...
Es tut mir leid ... aber ... ich gehe lieber allein.

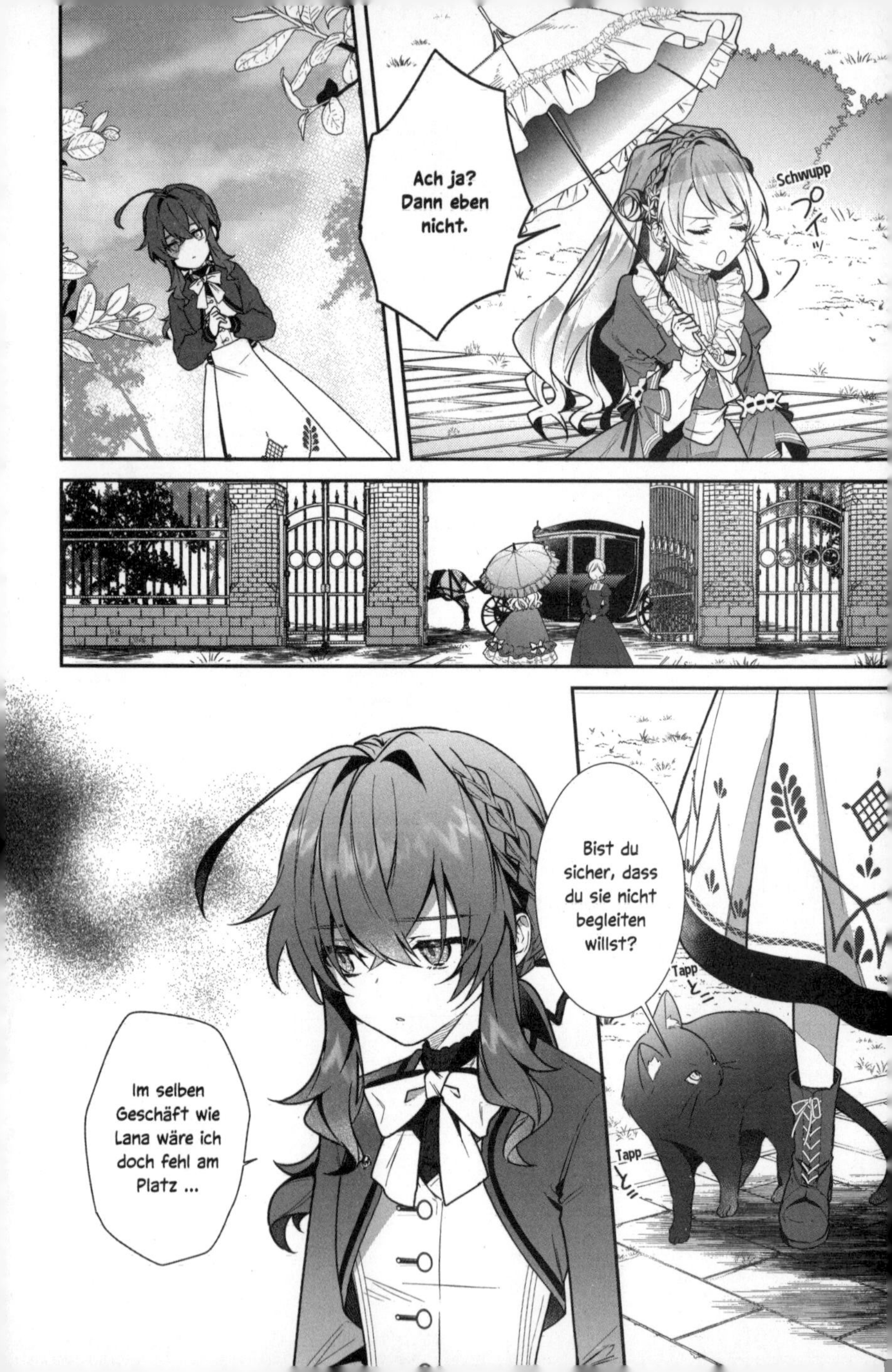
Ach ja? Dann eben nicht.
Schwupp
Bist du sicher, dass du sie nicht begleiten willst?
Tapp
Tapp
Im selben Geschäft wie Lana wäre ich doch fehl am Platz ...

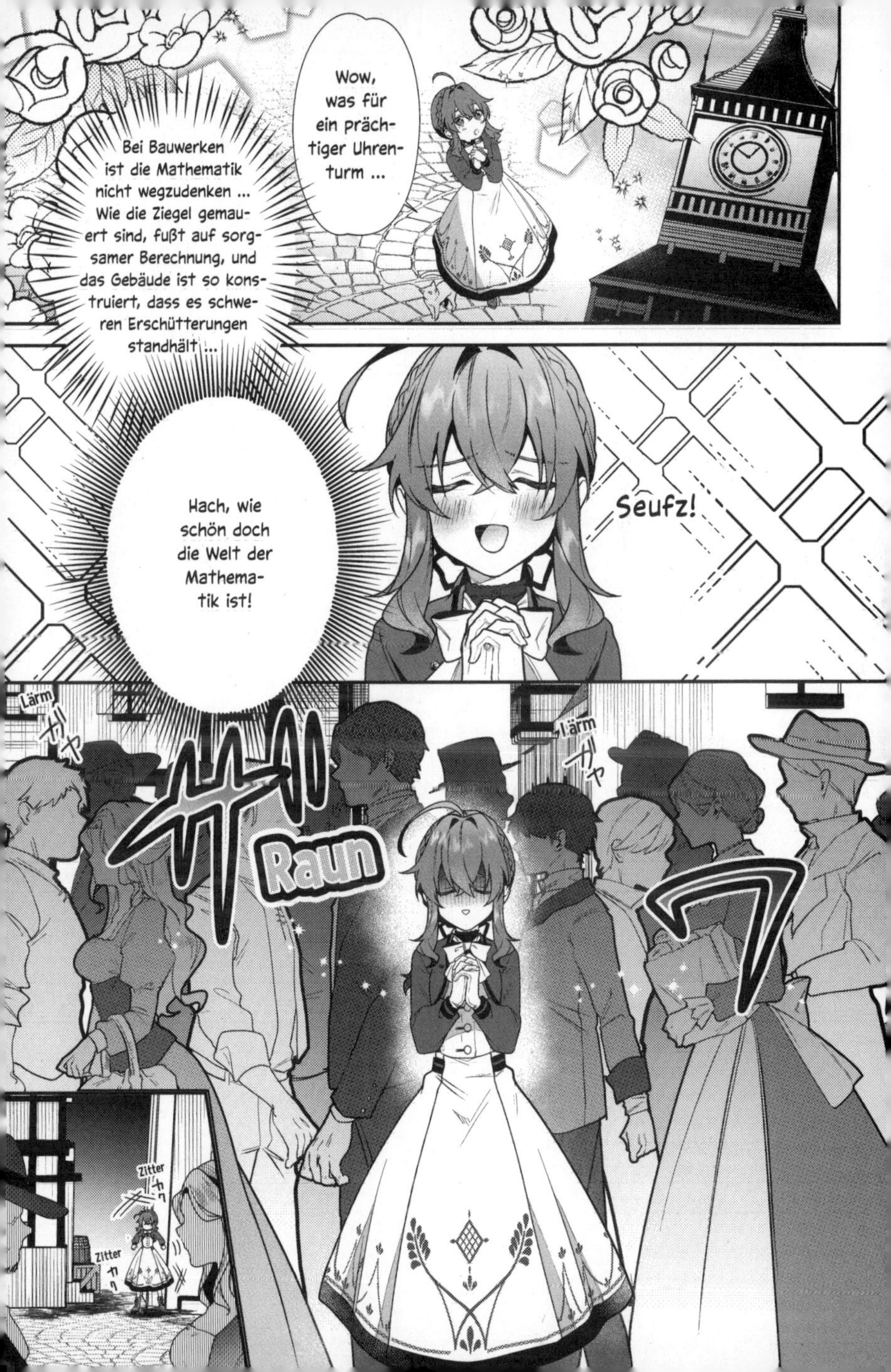
Wow, was für ein prächtiger Uhrenturm ...
Bei Bauwerken ist die Mathematik nicht wegzudenken ... Wie die Ziegel gemauert sind, fußt auf sorgsamer Berechnung, und das Gebäude ist so konstruiert, dass es schweren Erschütterungen standhält ...
Seufz!
Hach, wie schön doch die Welt der Mathematik ist!
Lärm
Lärm
Raun
Zitter
Zitter

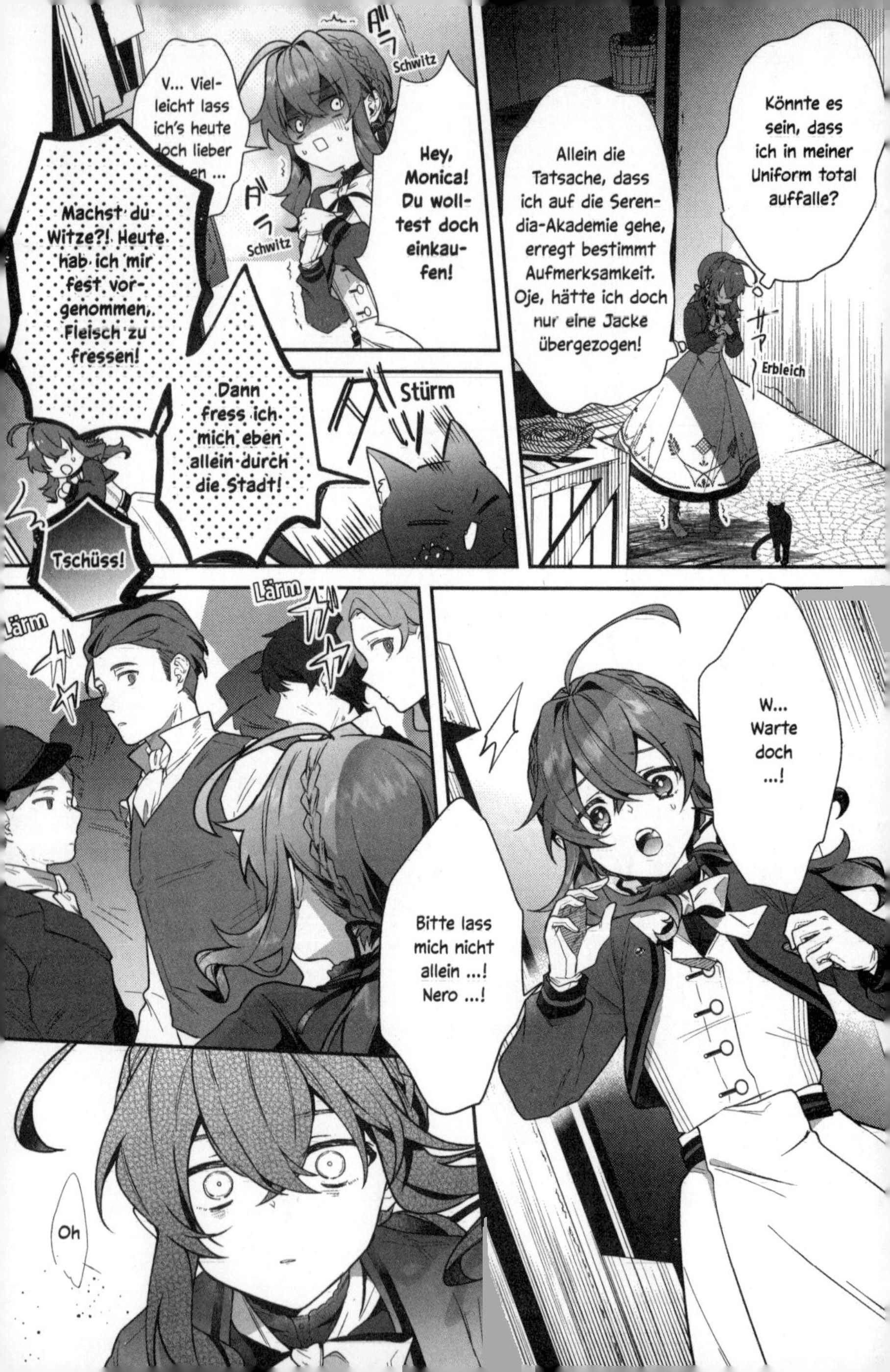

Könnte es sein, dass ich in meiner Uniform total auffalle?
Allein die Tatsache, dass ich auf die Serendia-Akademie gehe, erregt bestimmt Aufmerksamkeit. Oje, hätte ich doch nur eine Jacke übergezogen!
Erbleich
Hey, Monica! Du wolltest doch einkaufen!
Schwitz
V... Vielleicht lass ich's heute doch lieber
ben ...
Schwitz
Machst du Witze?! Heute hab ich mir fest vorgenommen, Fleisch zu fressen!
Stürm
Dann fress ich mich eben allein durch die Stadt!
Tschüss!
W... Warte doch ...!
Bitte lass mich nicht allein ...! Nero ...!
Lärm
Lärm
Oh

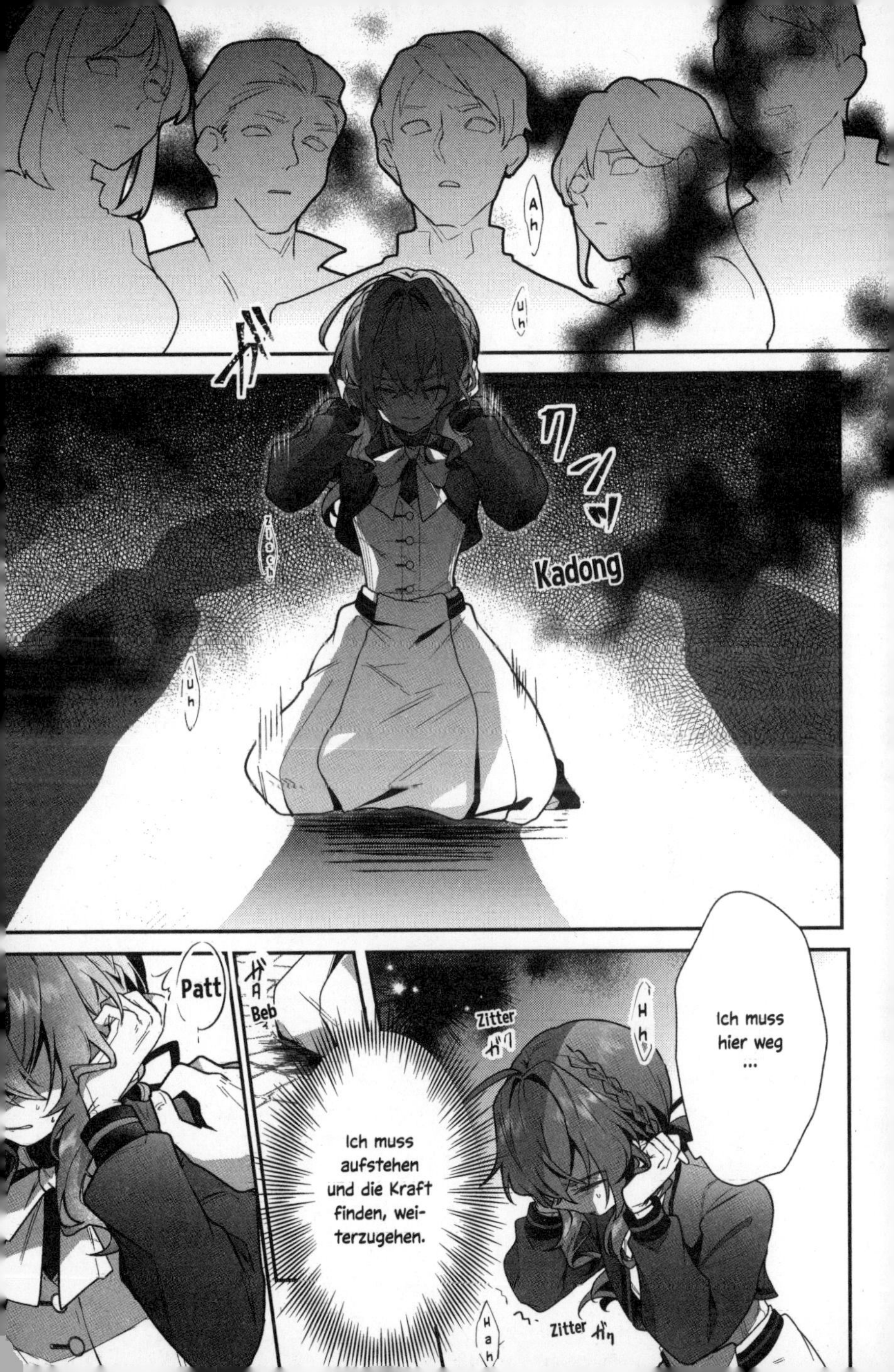

Ah
Uh
Kadong
Zisch
Uh
Ich muss hier weg ...
Hh
Zitter
Beb
Patt
Ich muss aufstehen und die Kraft finden, weiterzugehen.
Zitter
Hah

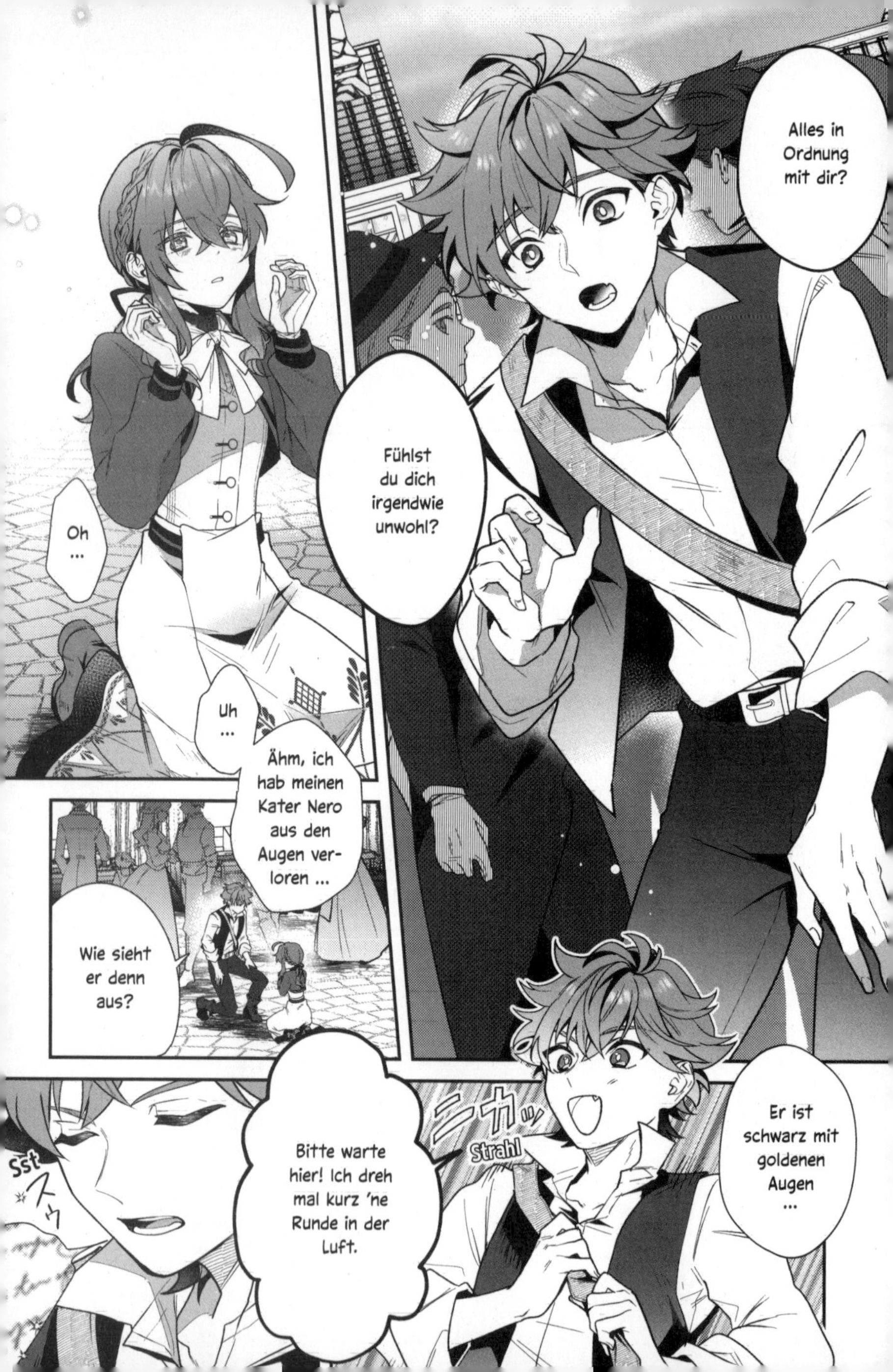

Alles in Ordnung mit dir?
Fühlst du dich irgendwie unwohl?
Oh ...
Uh ...
Ähm, ich hab meinen Kater Nero aus den Augen verloren ...
Wie sieht er denn aus?
Er ist schwarz mit goldenen Augen ...
ニカッ
Strahl
Bitte warte hier! Ich dreh mal kurz 'ne Runde in der Luft.
Sst

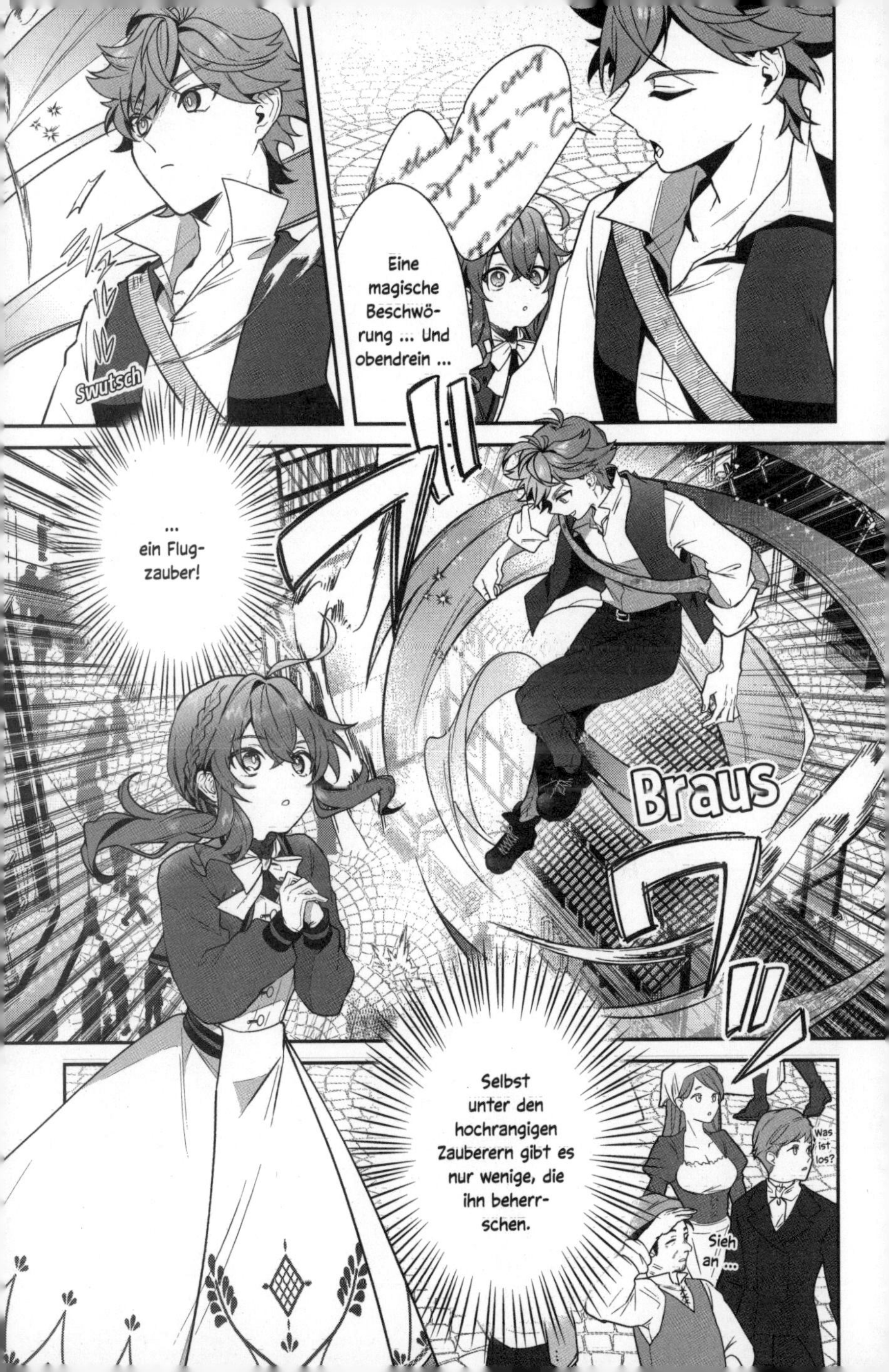
Eine magische Beschwö-rung ... Und obendrein ...
Swutsch
... ein Flug-zauber!
Braus
Was ist los?
Selbst unter den hochrangigen Zauberern gibt es nur wenige, die ihn beherr-schen.
Sieh an ...

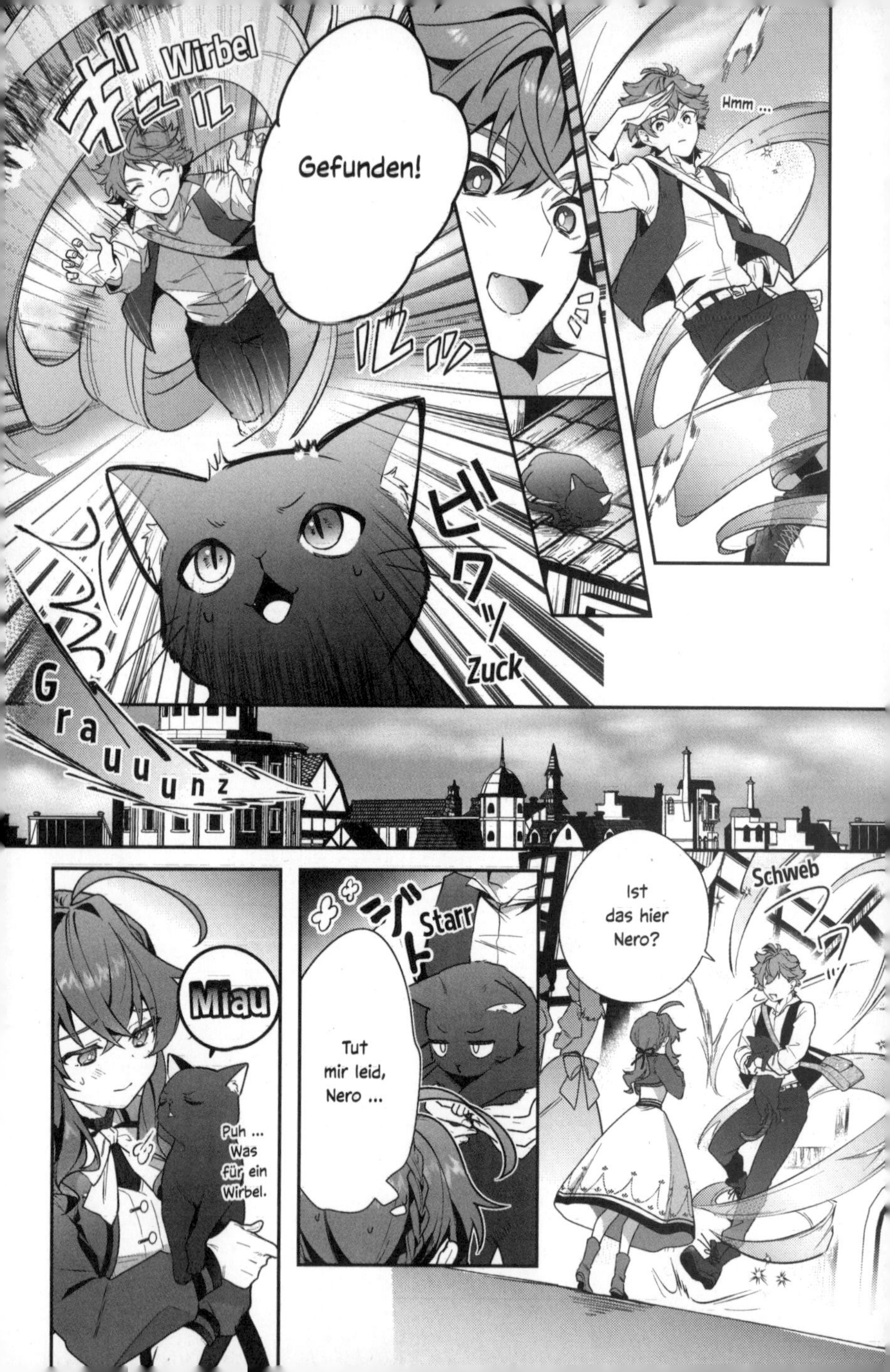
Hmm ...
Gefunden!
Wirbel
Zuck
Grauuuunz
Schweb
Ist das hier Nero?
Starr
Tut mir leid, Nero ...
Miau
Puh ... Was für ein Wirbel.

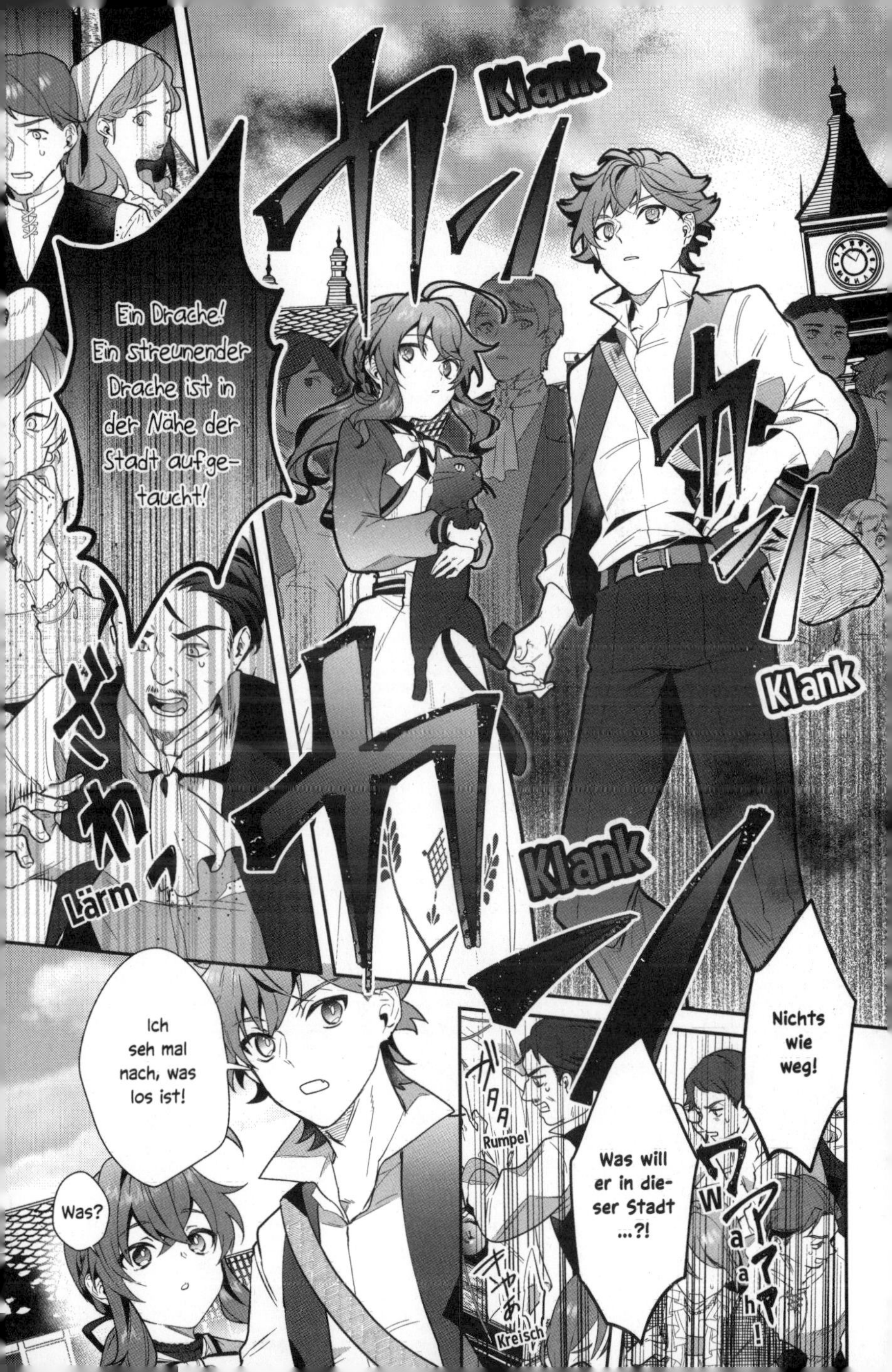
Klank
Ein Drache! Ein streunender Drache ist in der Nähe der Stadt aufgetaucht!
Klank
Klank
Lärm
Nichts wie weg!
Was will er in dieser Stadt ...?!
Waaah!
Rumpel
Kreisch
Ich seh mal nach, was los ist!
Was?

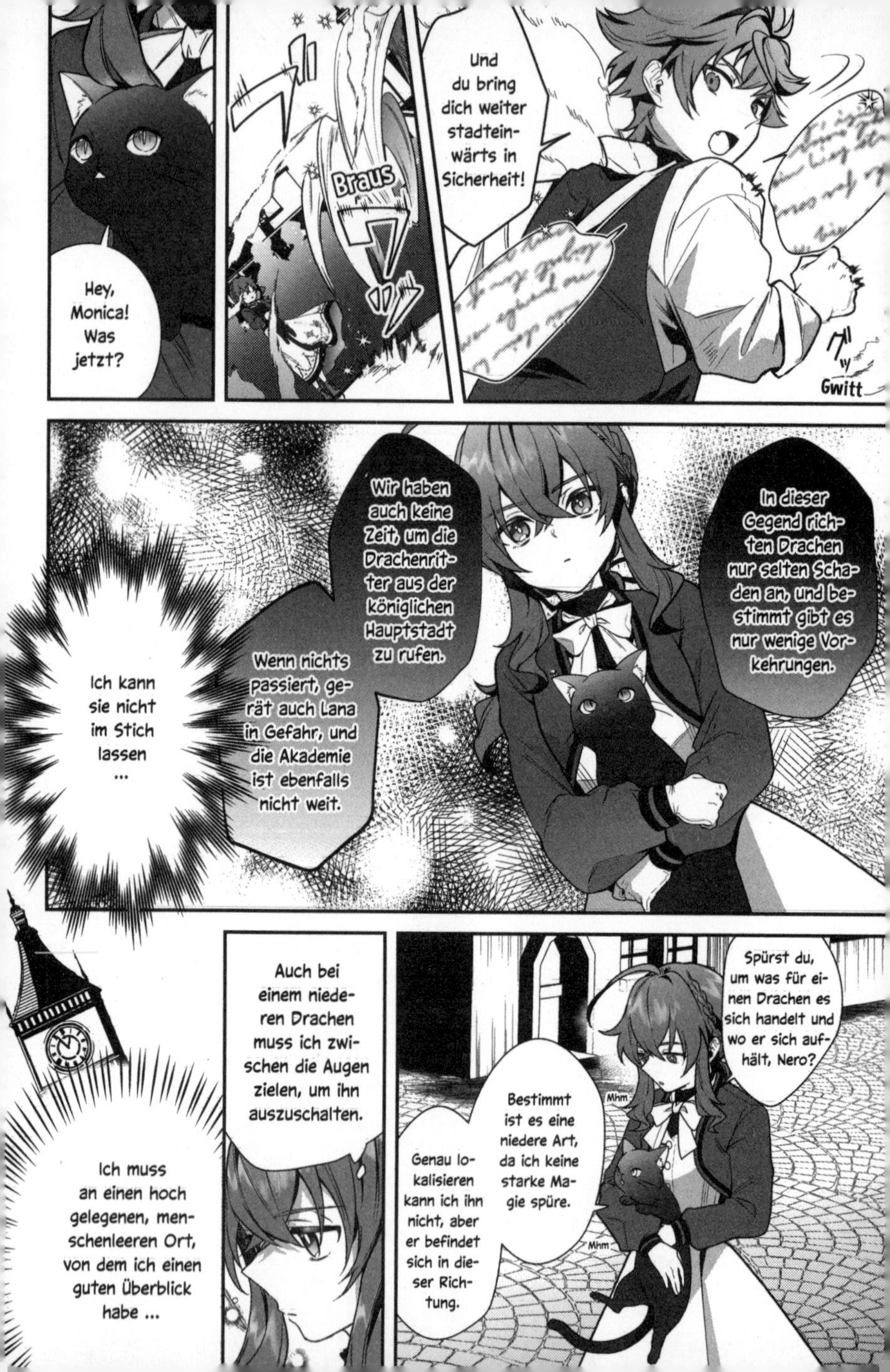
Hey, Monica! Was jetzt?
Braus
Und du bring dich weiter stadteinwärts in Sicherheit!
Gwitt
Wir haben auch keine Zeit, um die Drachenritter aus der königlichen Hauptstadt zu rufen.
In dieser Gegend richten Drachen nur selten Schaden an, und bestimmt gibt es nur wenige Vorkehrungen.
Wenn nichts passiert, gerät auch Lana in Gefahr, und die Akademie ist ebenfalls nicht weit.
Ich kann sie nicht im Stich lassen ...
Auch bei einem niederen Drachen muss ich zwischen die Augen zielen, um ihn auszuschalten.
Spürst du, um was für einen Drachen es sich handelt und wo er sich aufhält, Nero?
Mhm
Bestimmt ist es eine niedere Art, da ich keine starke Magie spüre.
Genau lokalisieren kann ich ihn nicht, aber er befindet sich in dieser Richtung.
Mhm
Ich muss an einen hoch gelegenen, menschenleeren Ort, von dem ich einen guten Überblick habe ...

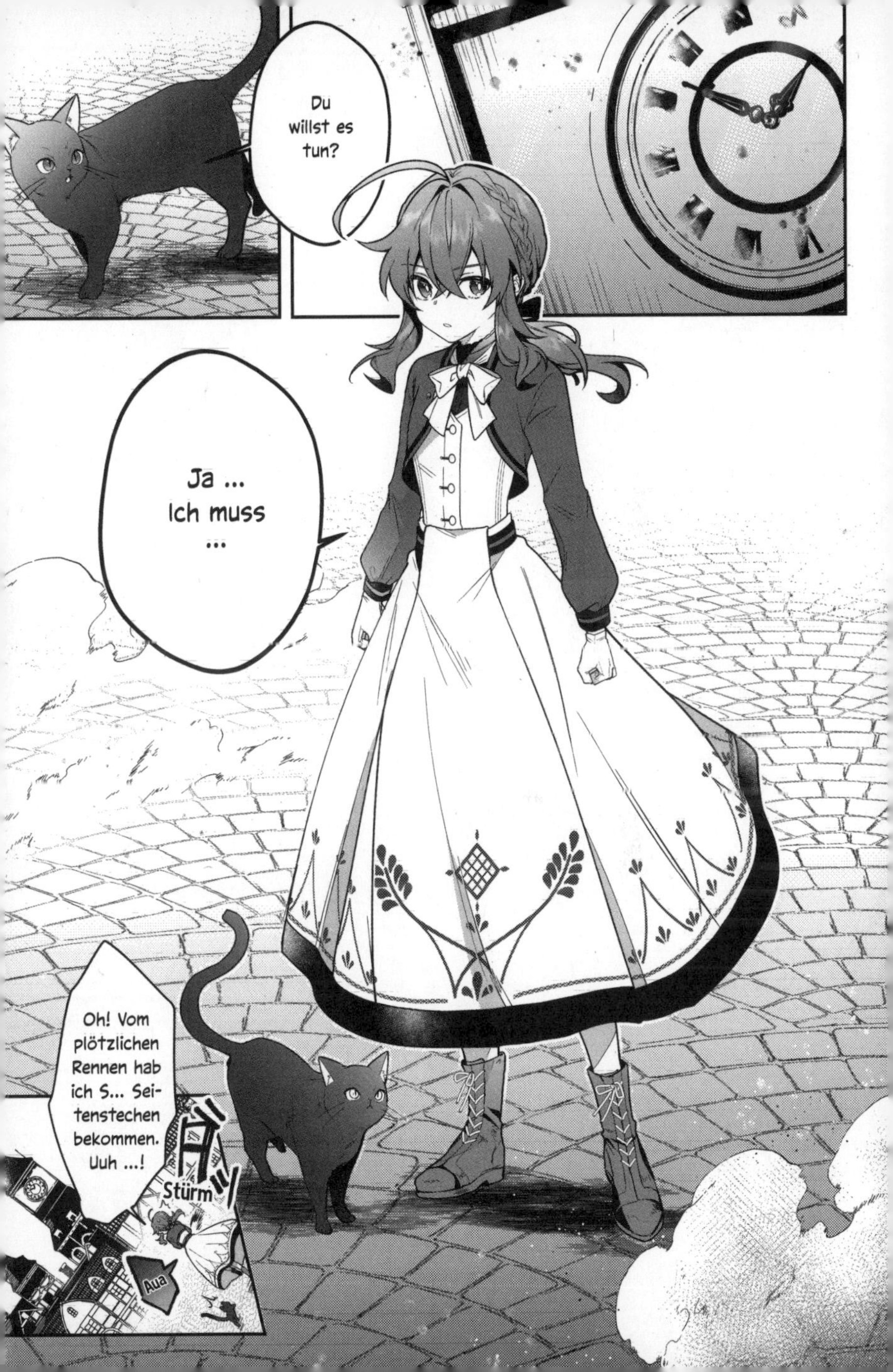
Du willst es tun?
Ja ... Ich muss ...
Oh! Vom plötzlichen Rennen hab ich S... Seitenstechen bekommen. Uuh ...!
Stürm
Aua

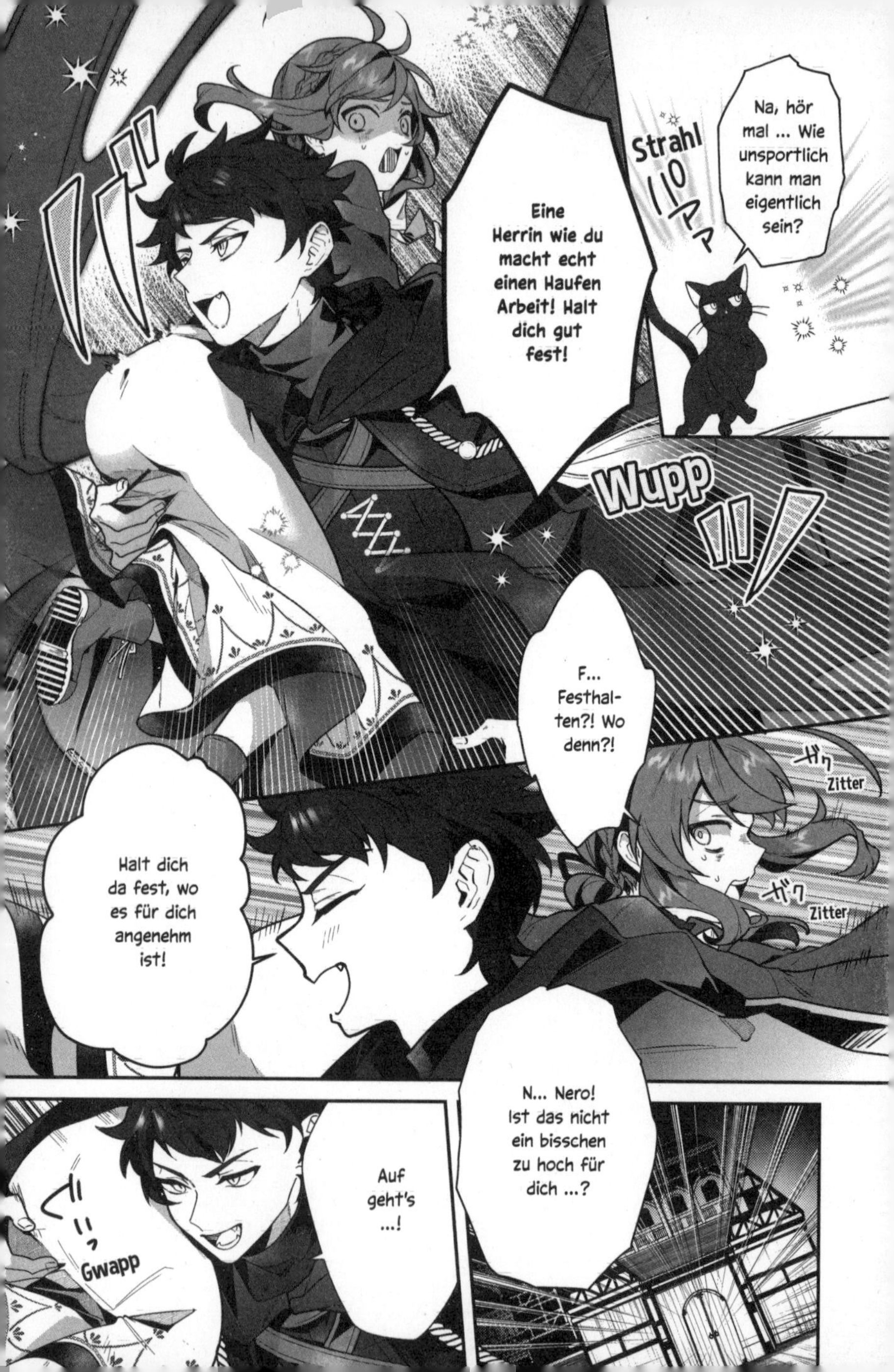
Na, hör mal ... Wie unsportlich kann man eigentlich sein?
Strahl
Eine Herrin wie du macht echt einen Haufen Arbeit! Halt dich gut fest!
Wupp
F... Festhal-ten?! Wo denn?!
Zitter
Zitter
Halt dich da fest, wo es für dich angenehm ist!
N... Nero! Ist das nicht ein bisschen zu hoch für dich ...?
Auf geht's ...!
Gwapp

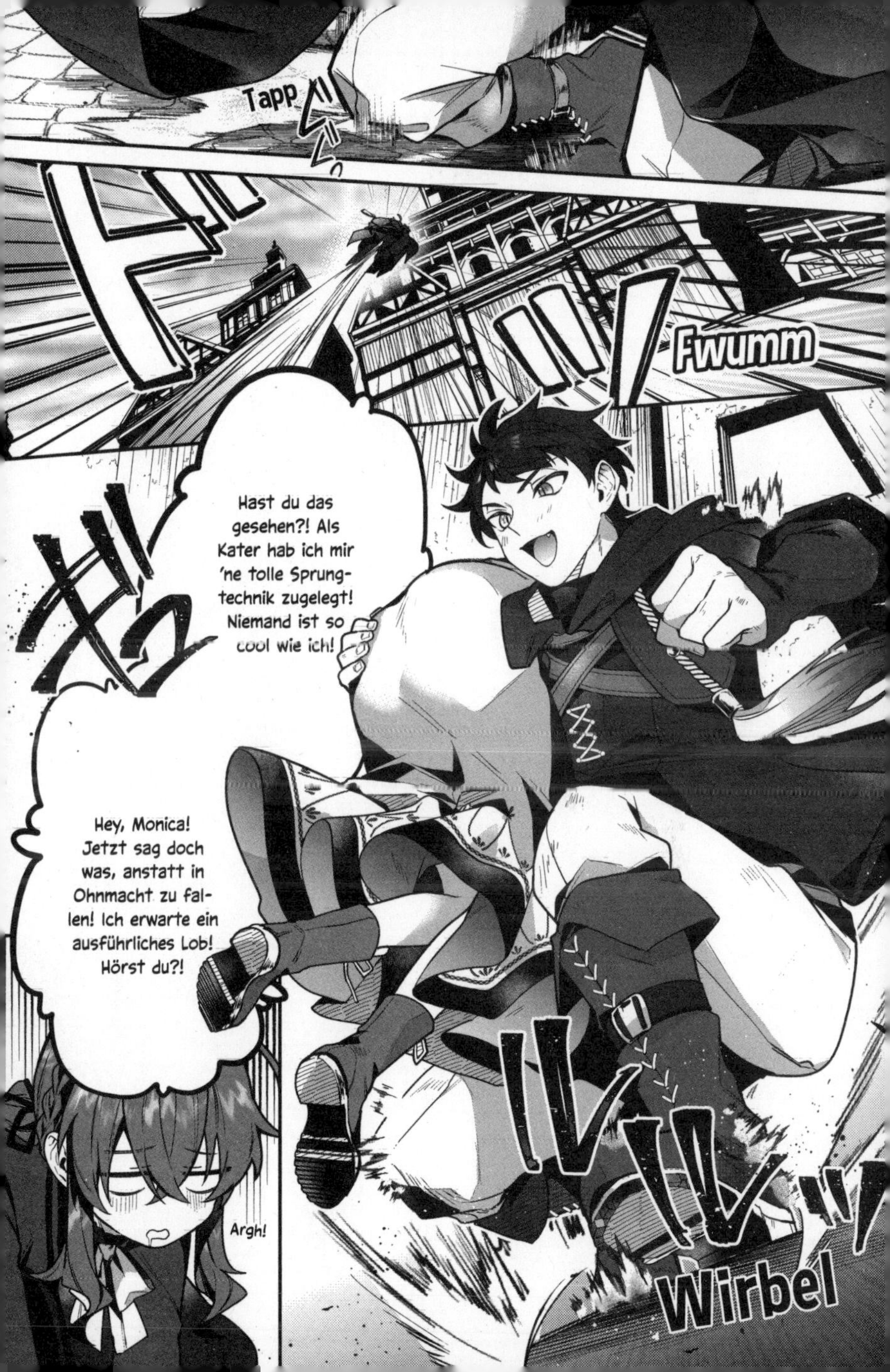

Tapp
Fwumm
Hast du das gesehen?! Als Kater hab ich mir 'ne tolle Sprungtechnik zugelegt! Niemand ist so cool wie ich!
Hey, Monica! Jetzt sag doch was, anstatt in Ohnmacht zu fallen! Ich erwarte ein ausführliches Lob! Hörst du?!
Argh!
Wirbel

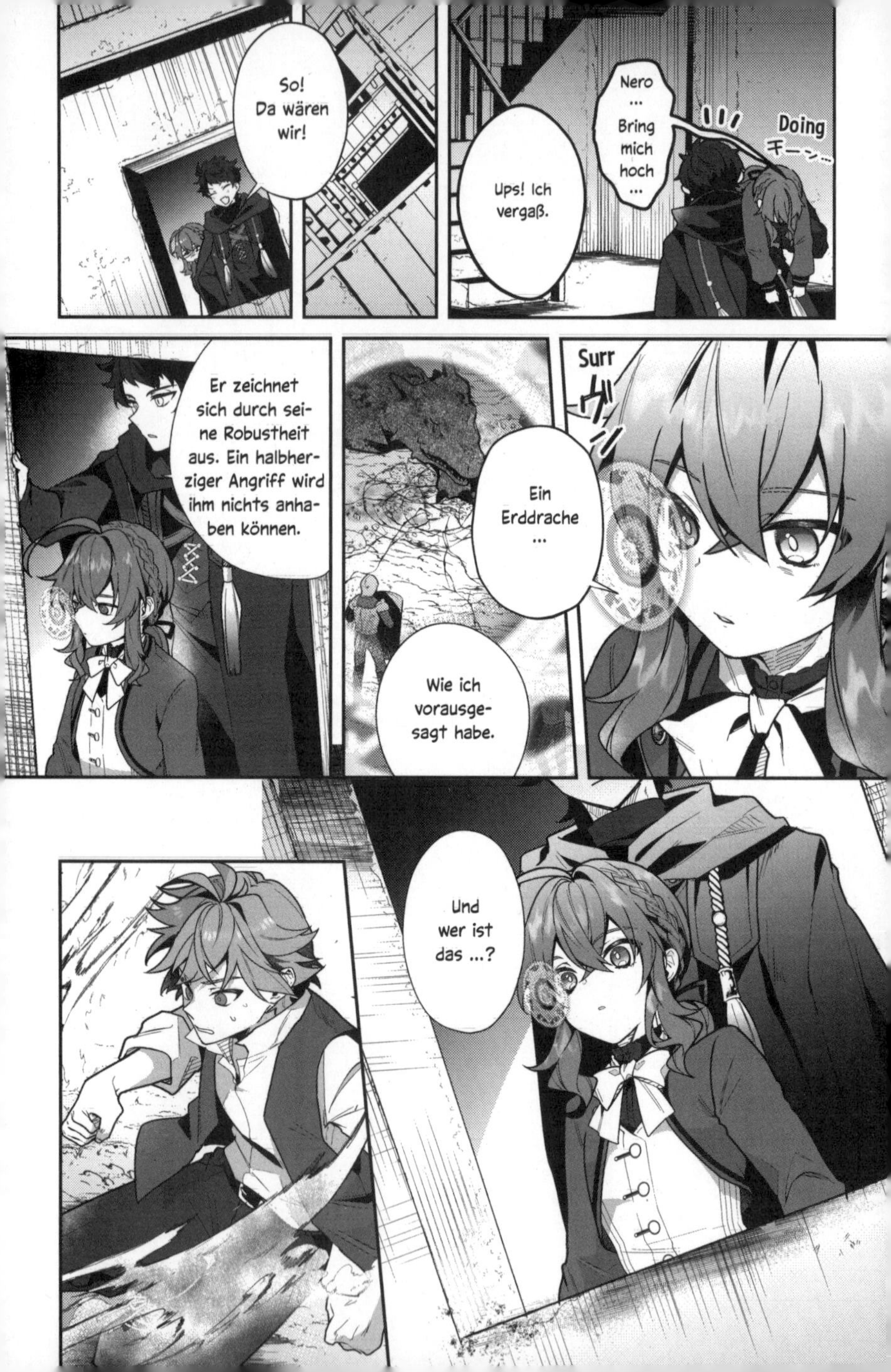
Nero ... Bring mich hoch ...
Doing
チーン...
Ups! Ich vergaß.
So! Da wären wir!
Surr
ヴン
Ein Erddrache ...
Wie ich vorausgesagt habe.
Er zeichnet sich durch seine Robustheit aus. Ein halbherziger Angriff wird ihm nichts anhaben können.
Und wer ist das ...?

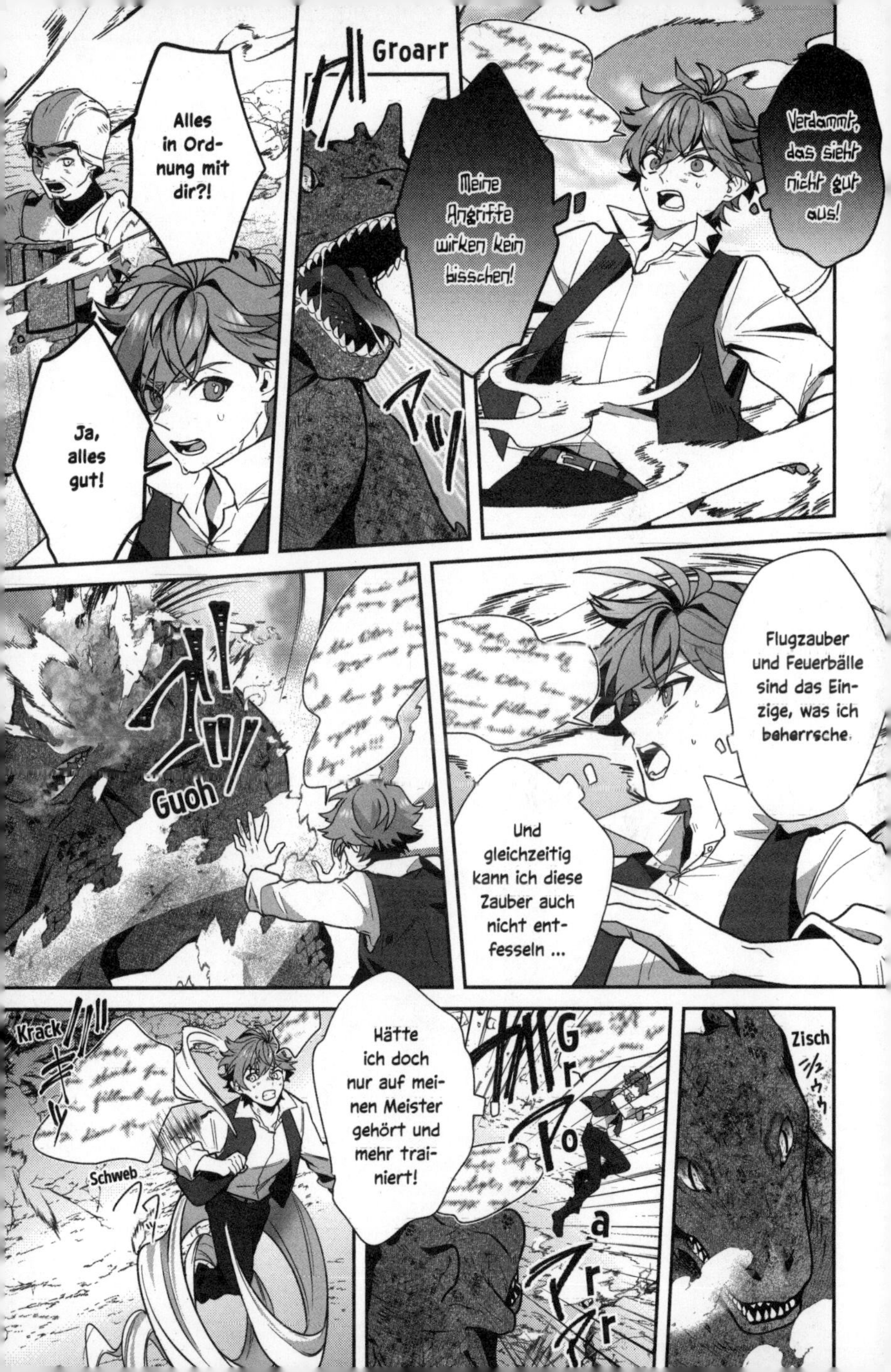
Verdammt, das sieht nicht gut aus!
Groarr
Meine Angriffe wirken kein bisschen!
Alles in Ordnung mit dir?!
Ja, alles gut!
Flugzauber und Feuerbälle sind das Einzige, was ich beherrsche.
Und gleichzeitig kann ich diese Zauber auch nicht entfesseln ...
Guoh
Zisch
Groaarrr
Hätte ich doch nur auf meinen Meister gehört und mehr trainiert!
Krack
Schweb

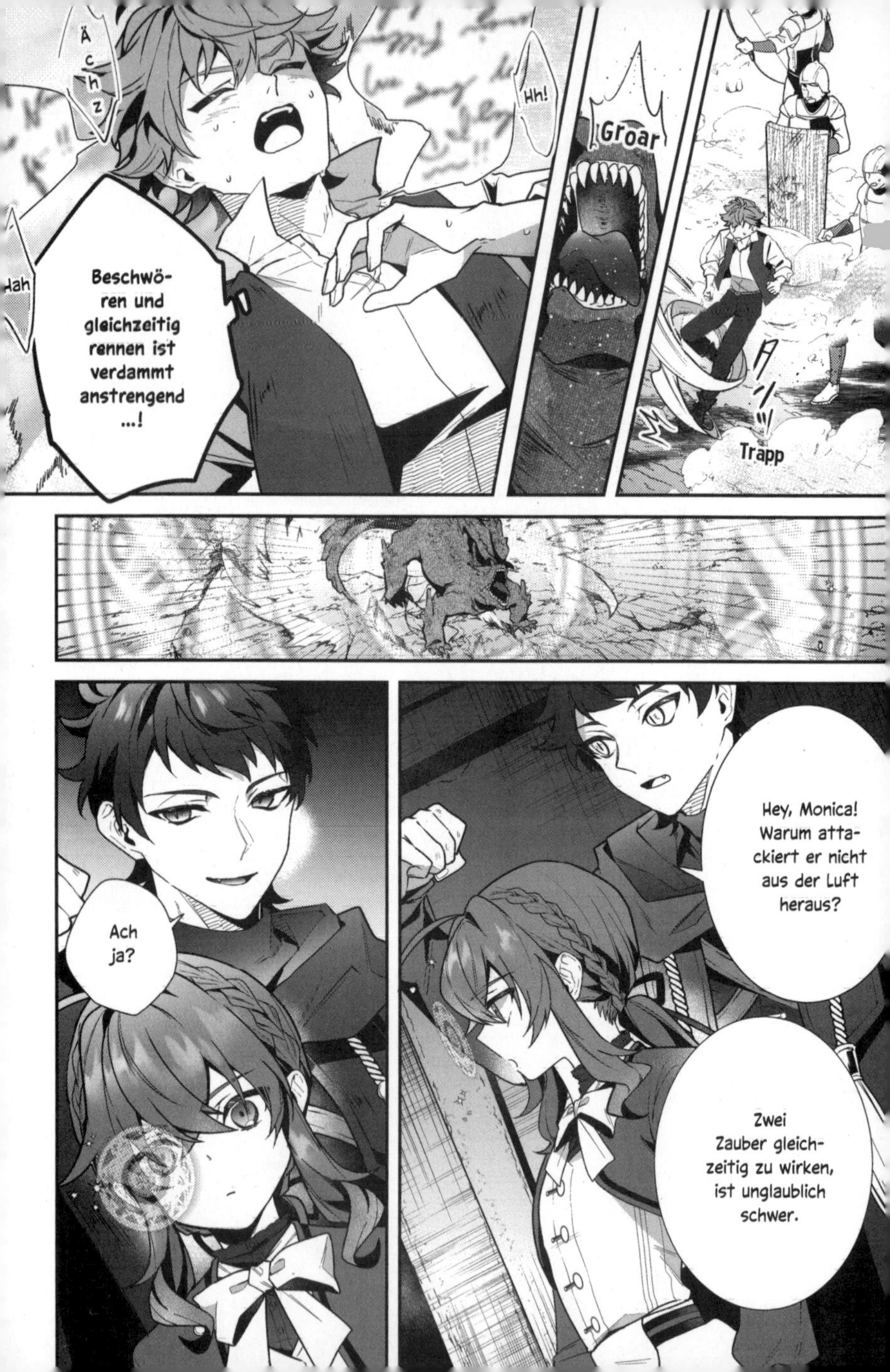

Hh!
Ächz
Groar
Hah
Beschwö-ren und gleichzeitig rennen ist verdammt anstrengend ...!
Trapp
Hey, Monica! Warum atta-ckiert er nicht aus der Luft heraus?
Zwei Zauber gleich-zeitig zu wirken, ist unglaublich schwer.
Ach ja?

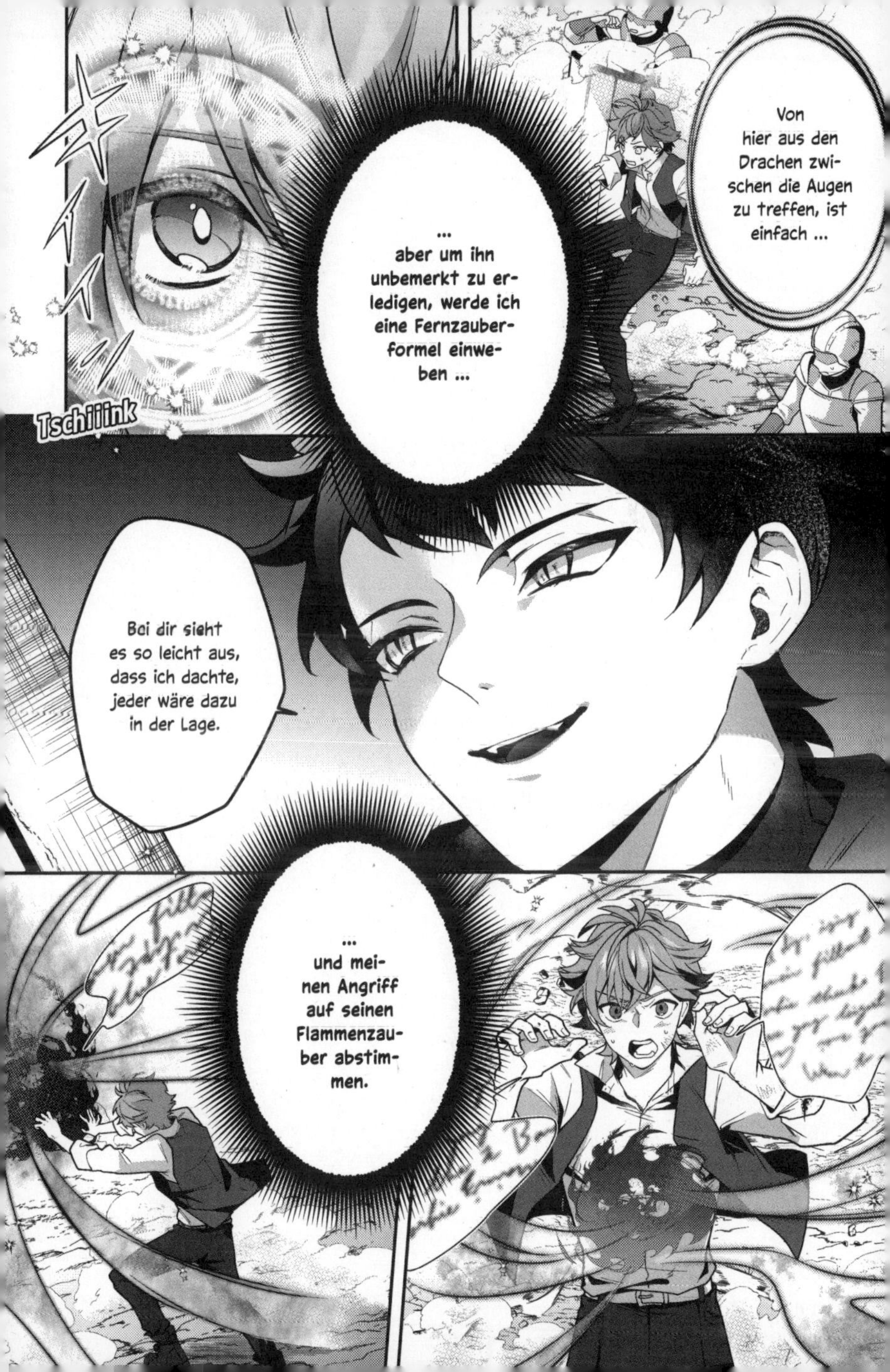
Von hier aus den Drachen zwischen die Augen zu treffen, ist einfach ...
... aber um ihn unbemerkt zu erledigen, werde ich eine Fernzauberformel einweben ...
Tschiiink
Bei dir sieht es so leicht aus, dass ich dachte, jeder wäre dazu in der Lage.
... und meinen Angriff auf seinen Flammenzauber abstimmen.

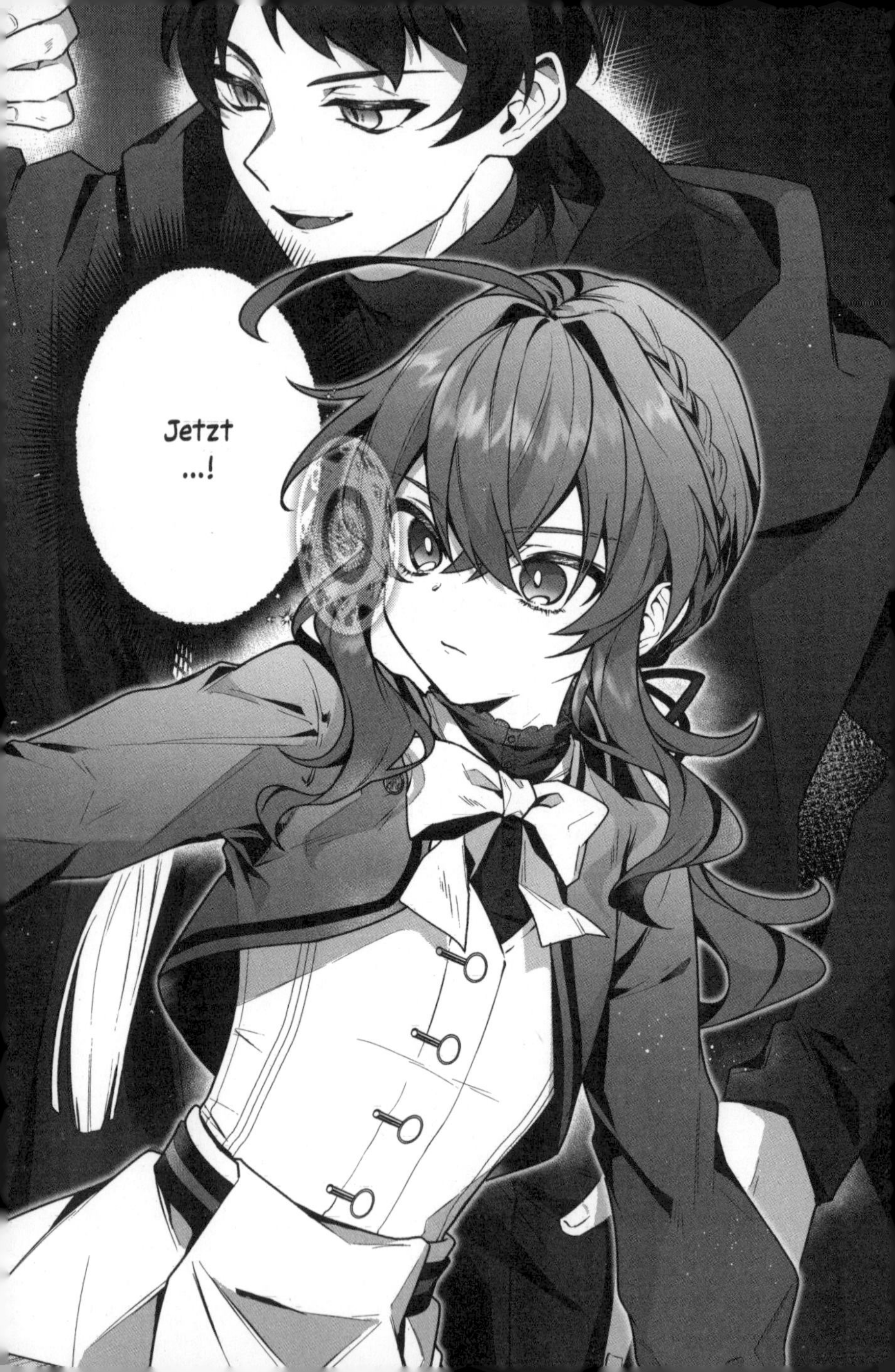
Jetzt ...!

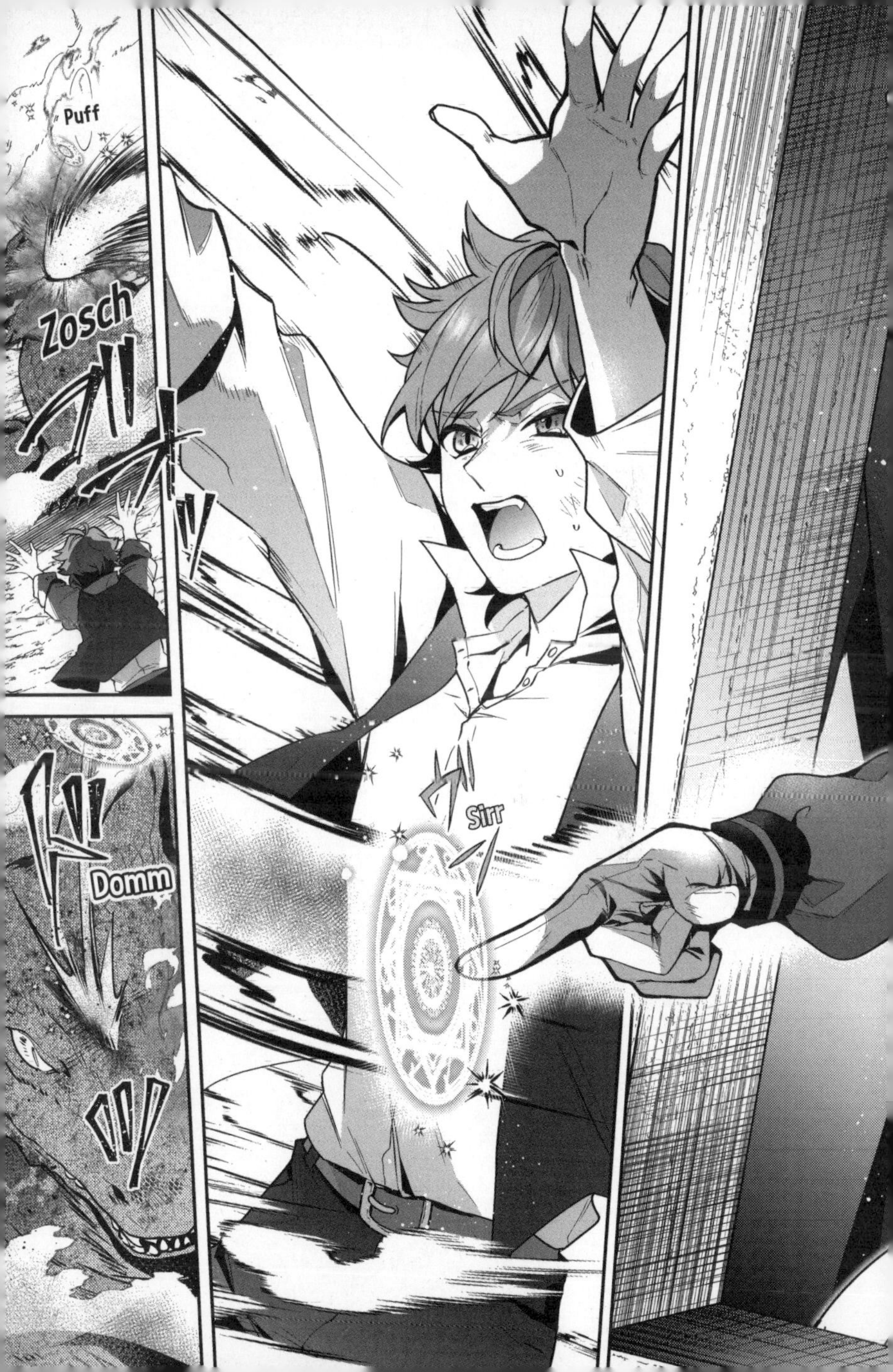
Puff
Zosch
Domm
Sirr

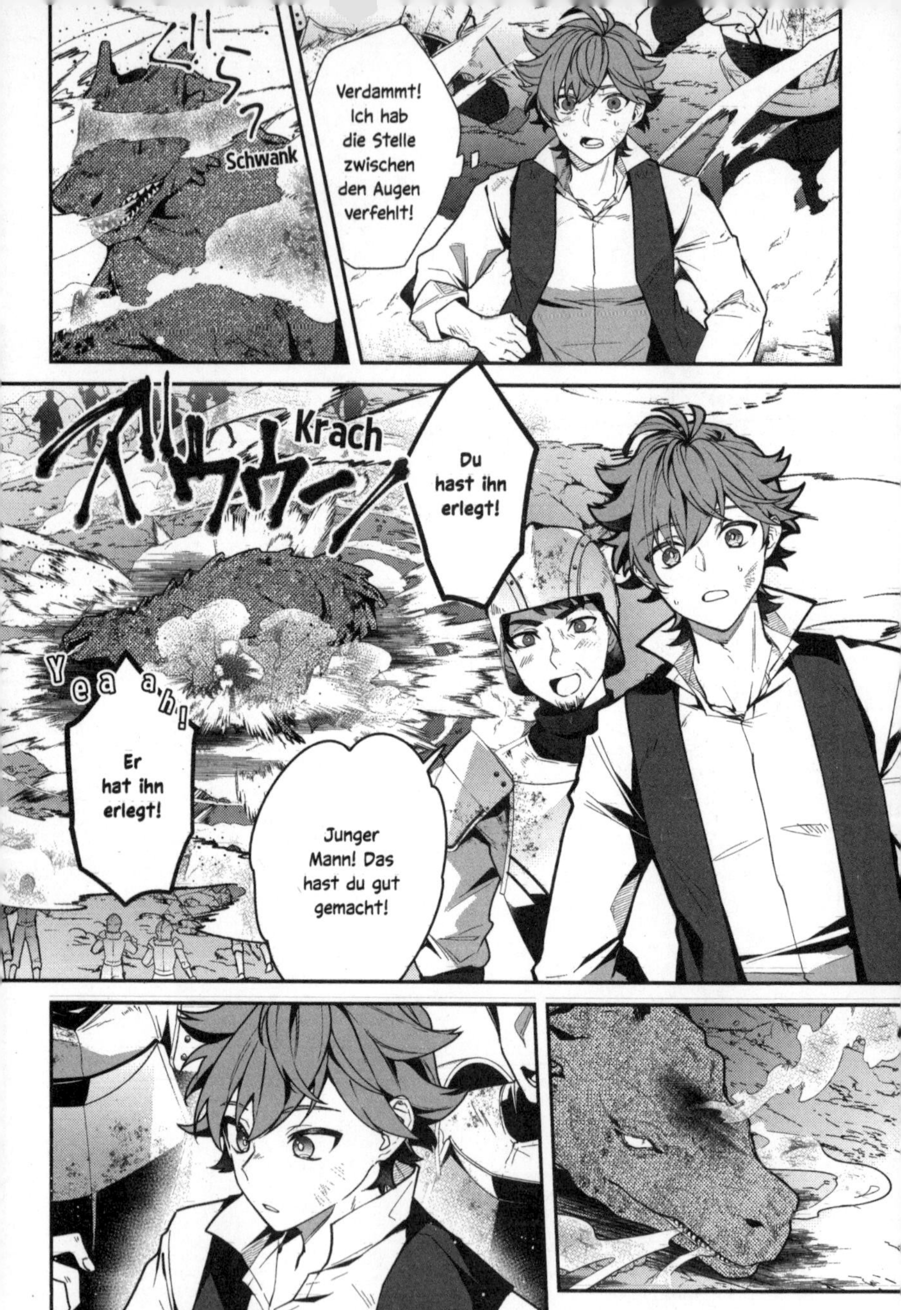
Verdammt! Ich hab die Stelle zwischen den Augen verfehlt!
Schwank
Du hast ihn erlegt!
Krach
Junger Mann! Das hast du gut gemacht!
Yeaah!
Er hat ihn erlegt!

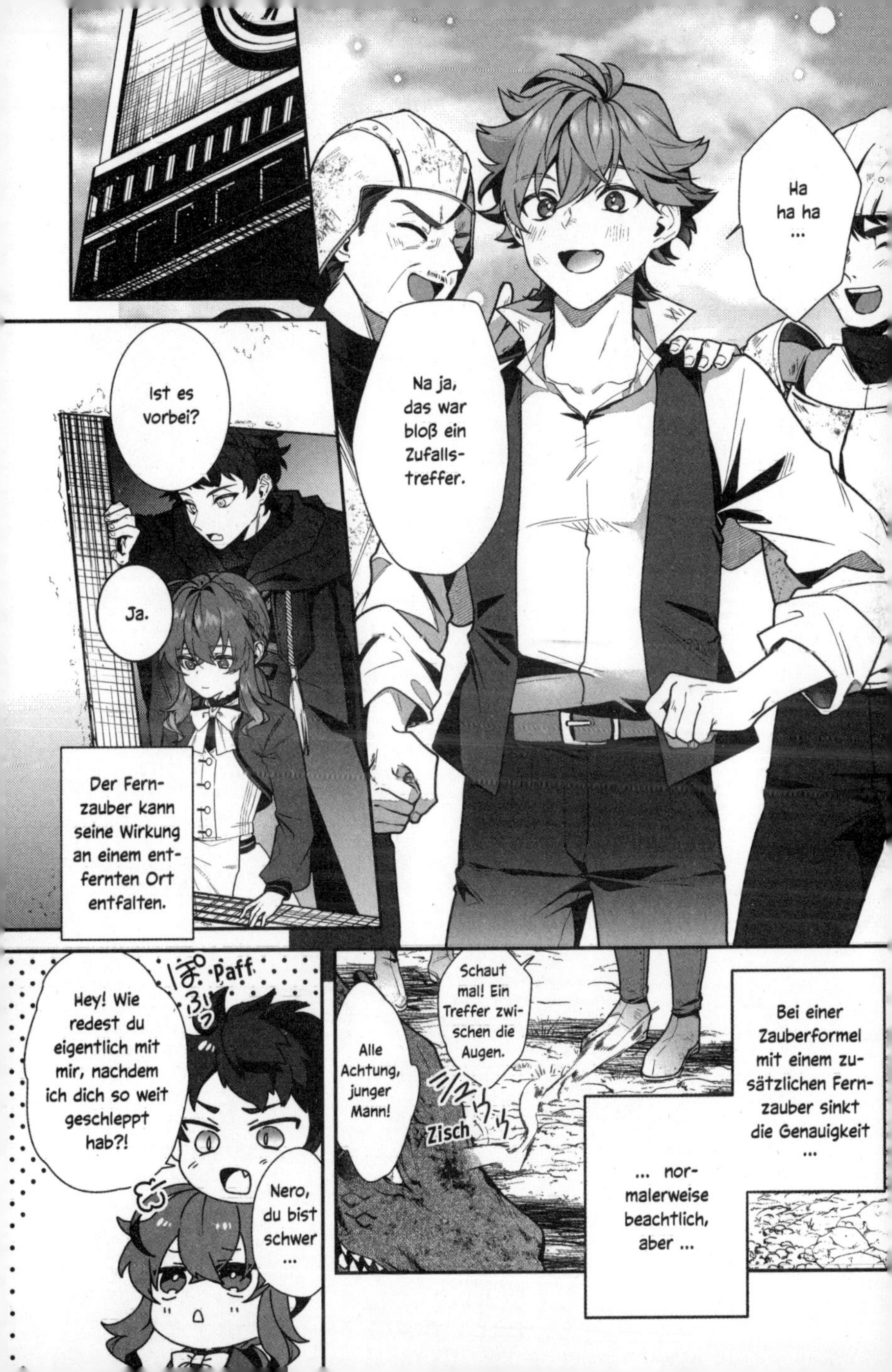
Ha ha ha ...
Na ja, das war bloß ein Zufallstreffer.
Ist es vorbei?
Ja.
Der Fernzauber kann seine Wirkung an einem entfernten Ort entfalten.
Bei einer Zauberformel mit einem zusätzlichen Fernzauber sinkt die Genauigkeit ...
... normalerweise beachtlich, aber ...
Schaut mal! Ein Treffer zwischen die Augen.
Alle Achtung, junger Mann!
Zisch
Paff
Hey! Wie redest du eigentlich mit mir, nachdem ich dich so weit geschleppt hab?!
Nero, du bist schwer ...

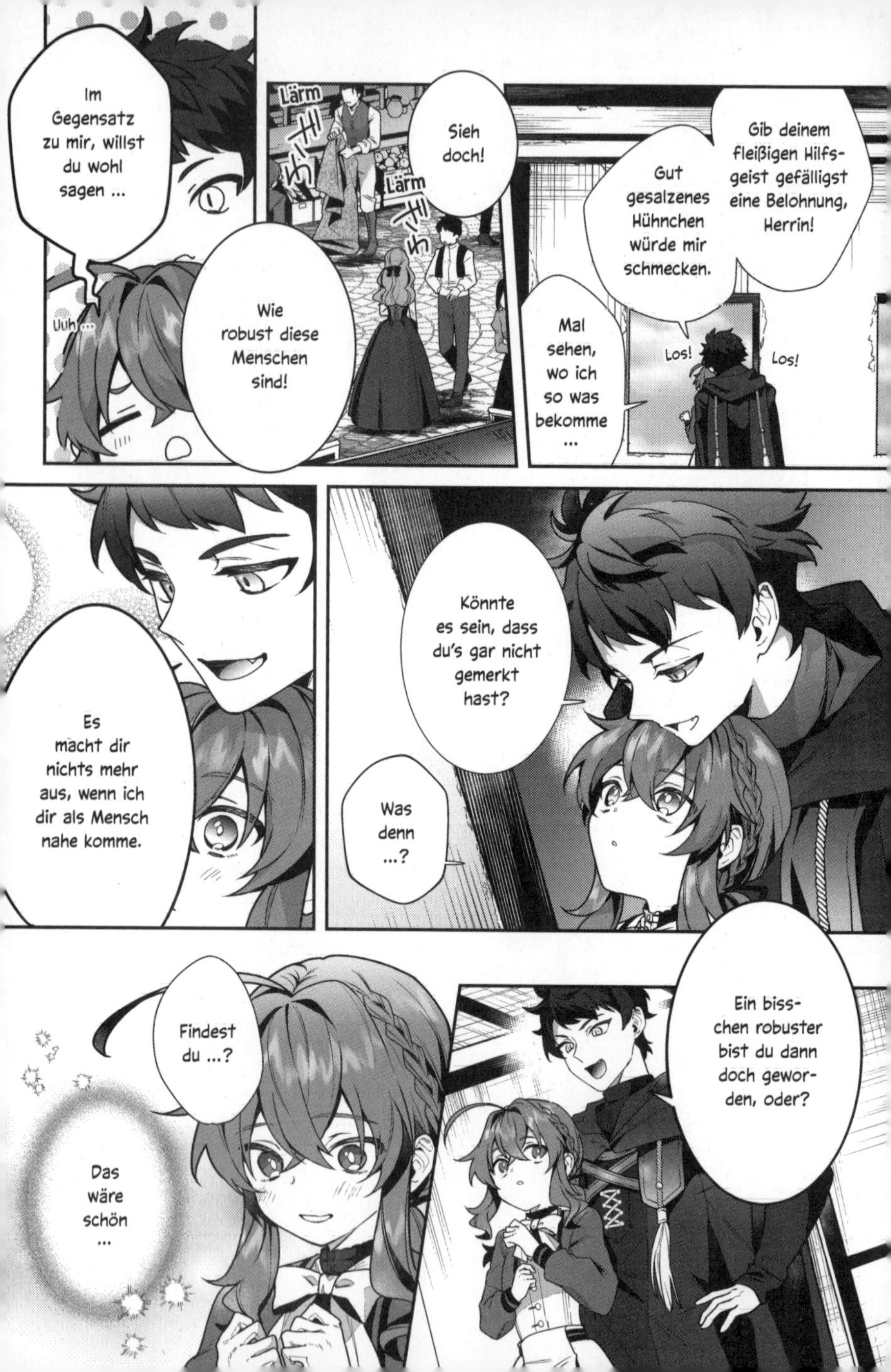
Gib deinem fleißigen Hilfsgeist gefälligst eine Belohnung, Herrin!
Gut gesalzenes Hühnchen würde mir schmecken.
Los!
Los!
Mal sehen, wo ich so was bekomme ...
Sieh doch!
Lärm
Lärm
Wie robust diese Menschen sind!
Im Gegensatz zu mir, willst du wohl sagen ...
Uuh ...
Könnte es sein, dass du's gar nicht gemerkt hast?
Was denn ...?
Es macht dir nichts mehr aus, wenn ich dir als Mensch nahe komme.
Ein bisschen robuster bist du dann doch geworden, oder?
Findest du ...?
Das wäre schön ...

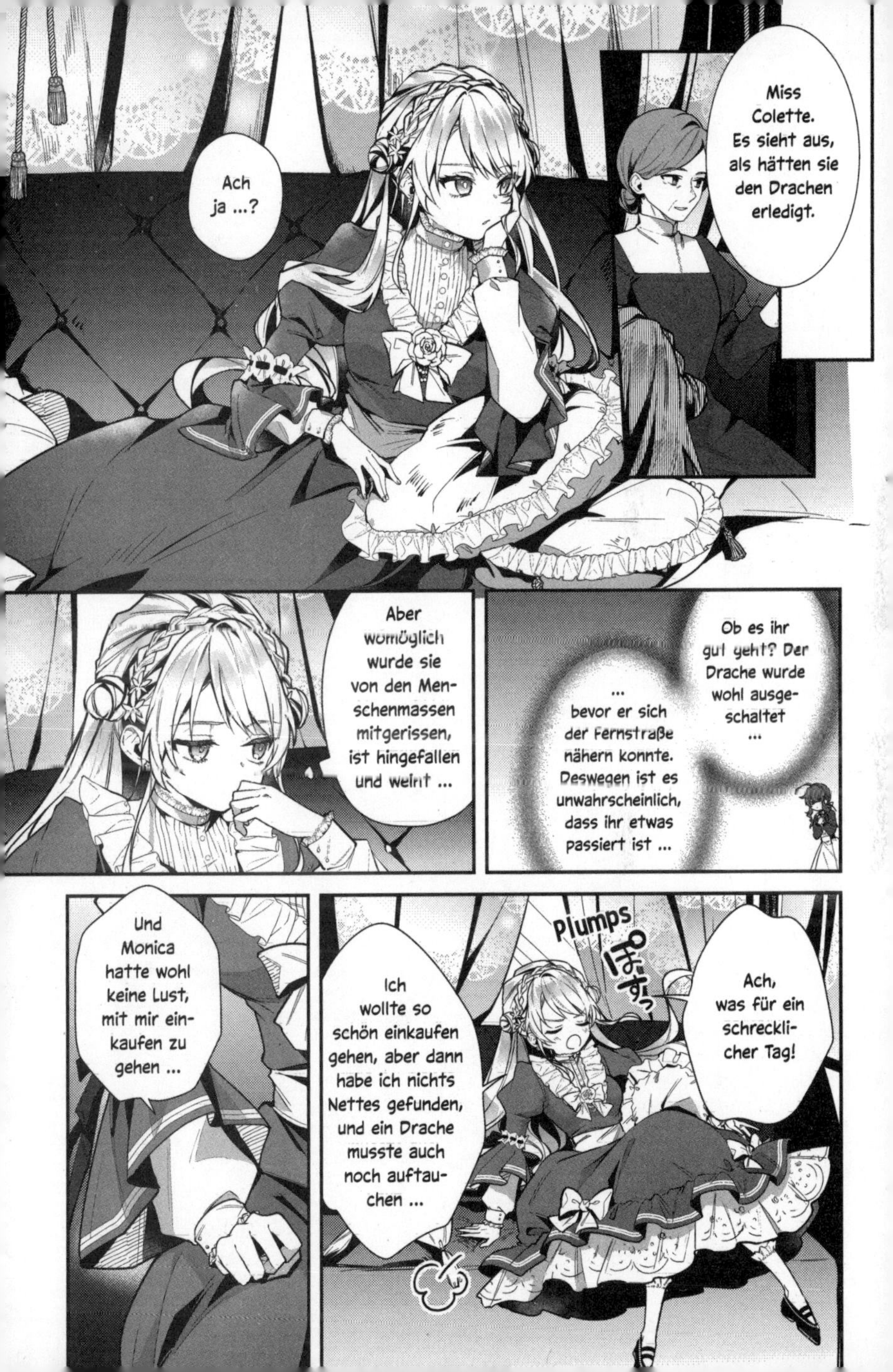
Miss Colette. Es sieht aus, als hätten sie den Drachen erledigt.
Ach ja ...?
Ob es ihr gut geht? Der Drache wurde wohl ausgeschaltet ...
... bevor er sich der Fernstraße nähern konnte. Deswegen ist es unwahrscheinlich, dass ihr etwas passiert ist ...
Aber womöglich wurde sie von den Menschenmassen mitgerissen, ist hingefallen und weint ...
Plumps
ぽすっ
Ach, was für ein schrecklicher Tag!
Ich wollte so schön einkaufen gehen, aber dann habe ich nichts Nettes gefunden, und ein Drache musste auch noch auftauchen ...
Und Monica hatte wohl keine Lust, mit mir einkaufen zu gehen ...

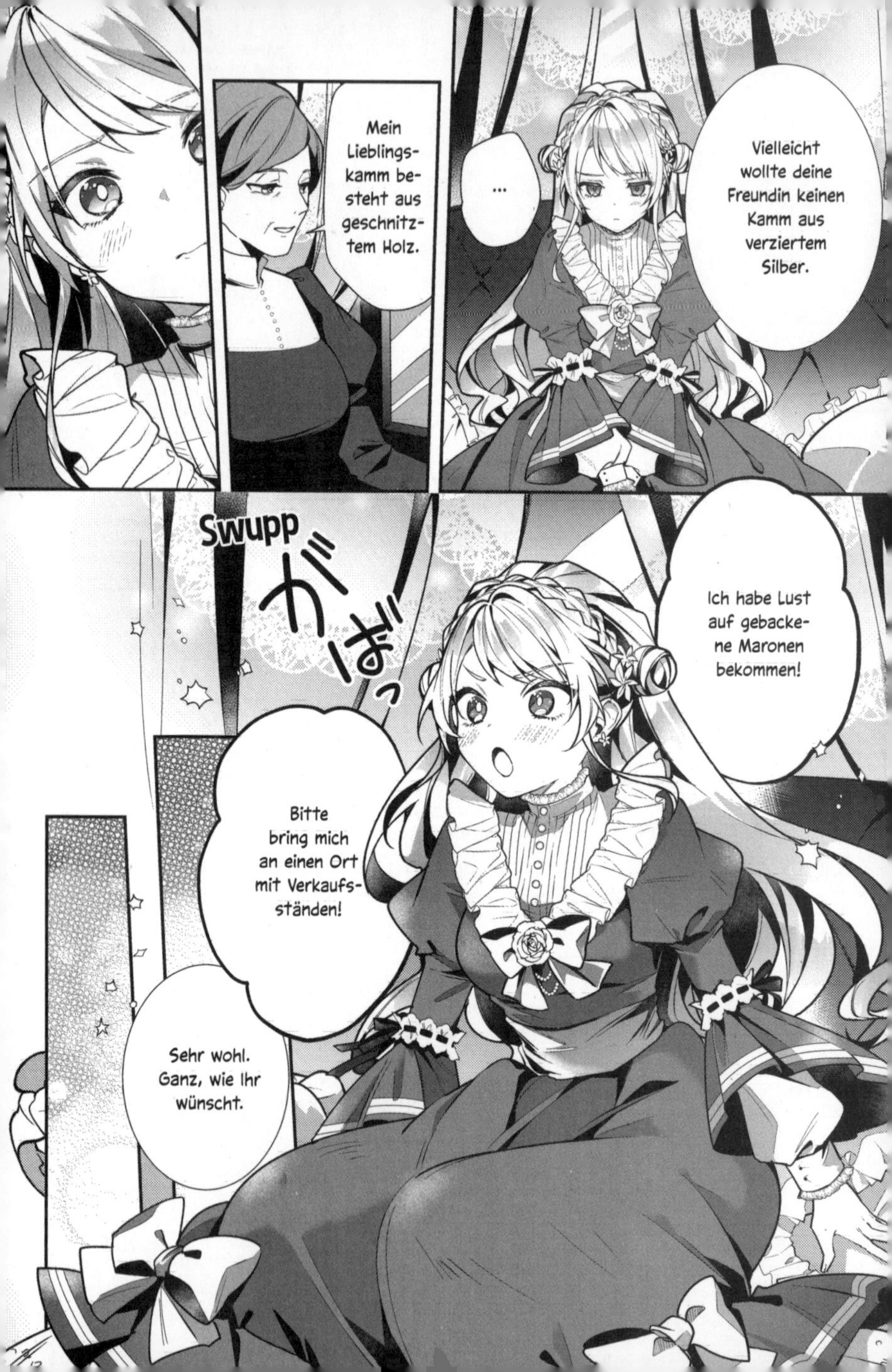
Vielleicht wollte deine Freundin keinen Kamm aus verziertem Silber.
...
Mein Lieblingskamm besteht aus geschnitztem Holz.
Swupp
がばっ
Ich habe Lust auf gebackene Maronen bekommen!
Bitte bring mich an einen Ort mit Verkaufsständen!
Sehr wohl. Ganz, wie Ihr wünscht.

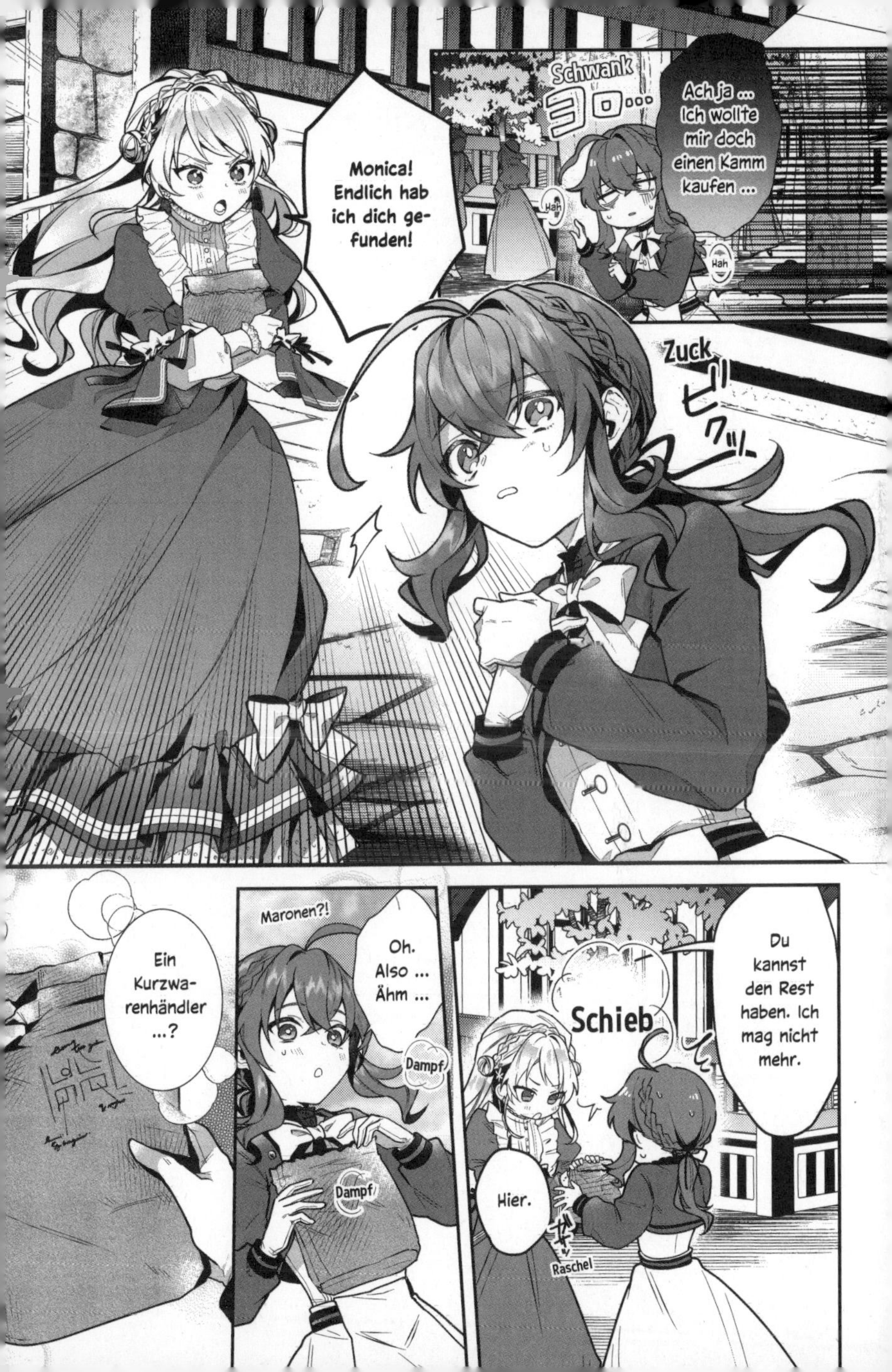
Schwank
Ach ja ... Ich wollte mir doch einen Kamm kaufen ...
Hah
Hah
Monica! Endlich hab ich dich gefunden!
Zuck
Du kannst den Rest haben. Ich mag nicht mehr.
Schieb
Hier.
Raschel
Maronen?!
Oh. Also ... Ähm ...
Dampf
Dampf
Ein Kurzwarenhändler ...?

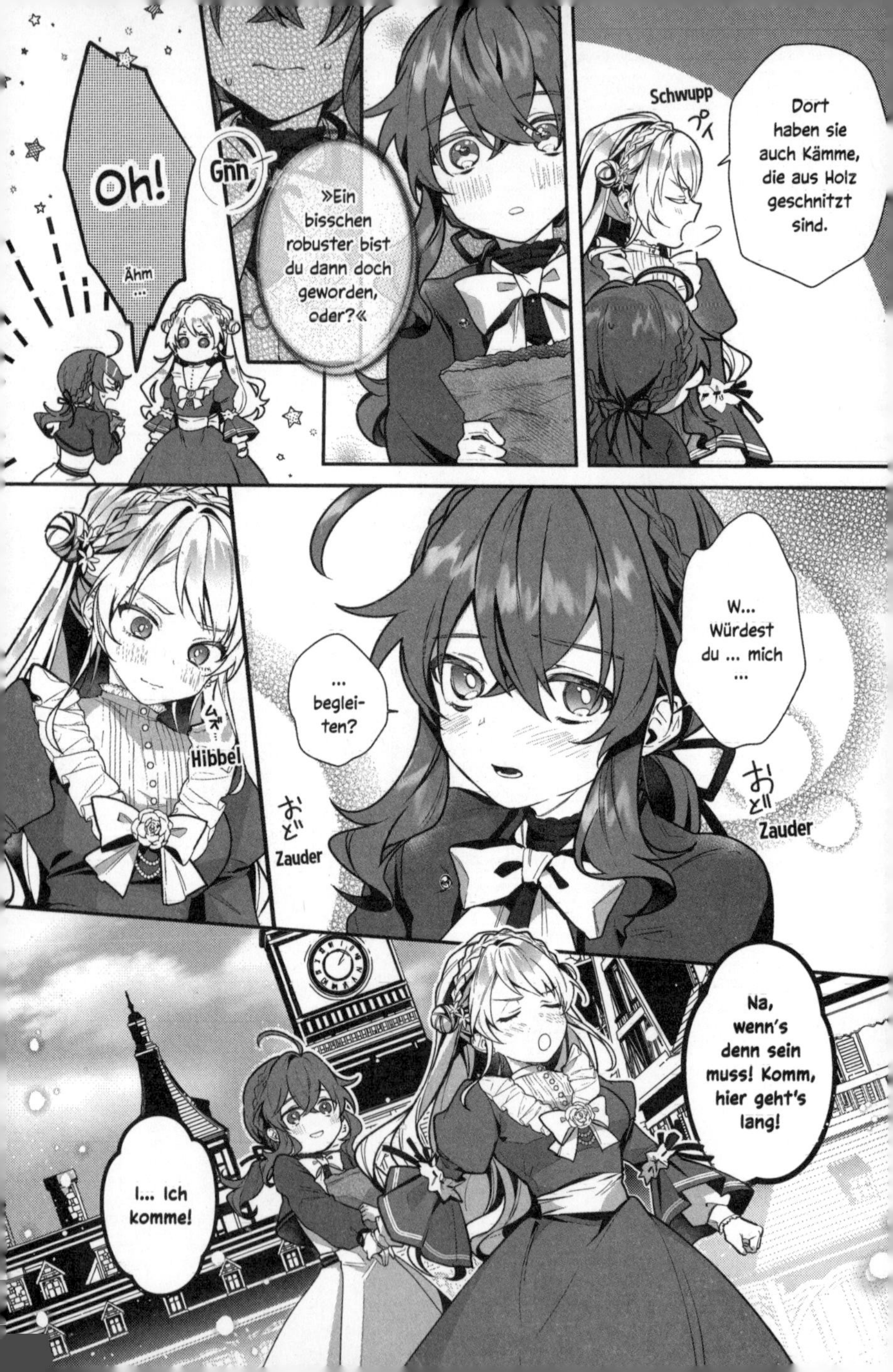
Dort haben sie auch Kämme, die aus Holz geschnitzt sind.
Schwupp
»Ein bisschen robuster bist du dann doch geworden, oder?«
Gnn
Oh!
Ähm …
W… Würdest du … mich …
… beglei-ten?
Zauder
Zauder
Hibbel
Na, wenn's denn sein muss! Komm, hier geht's lang!
I… Ich komme!

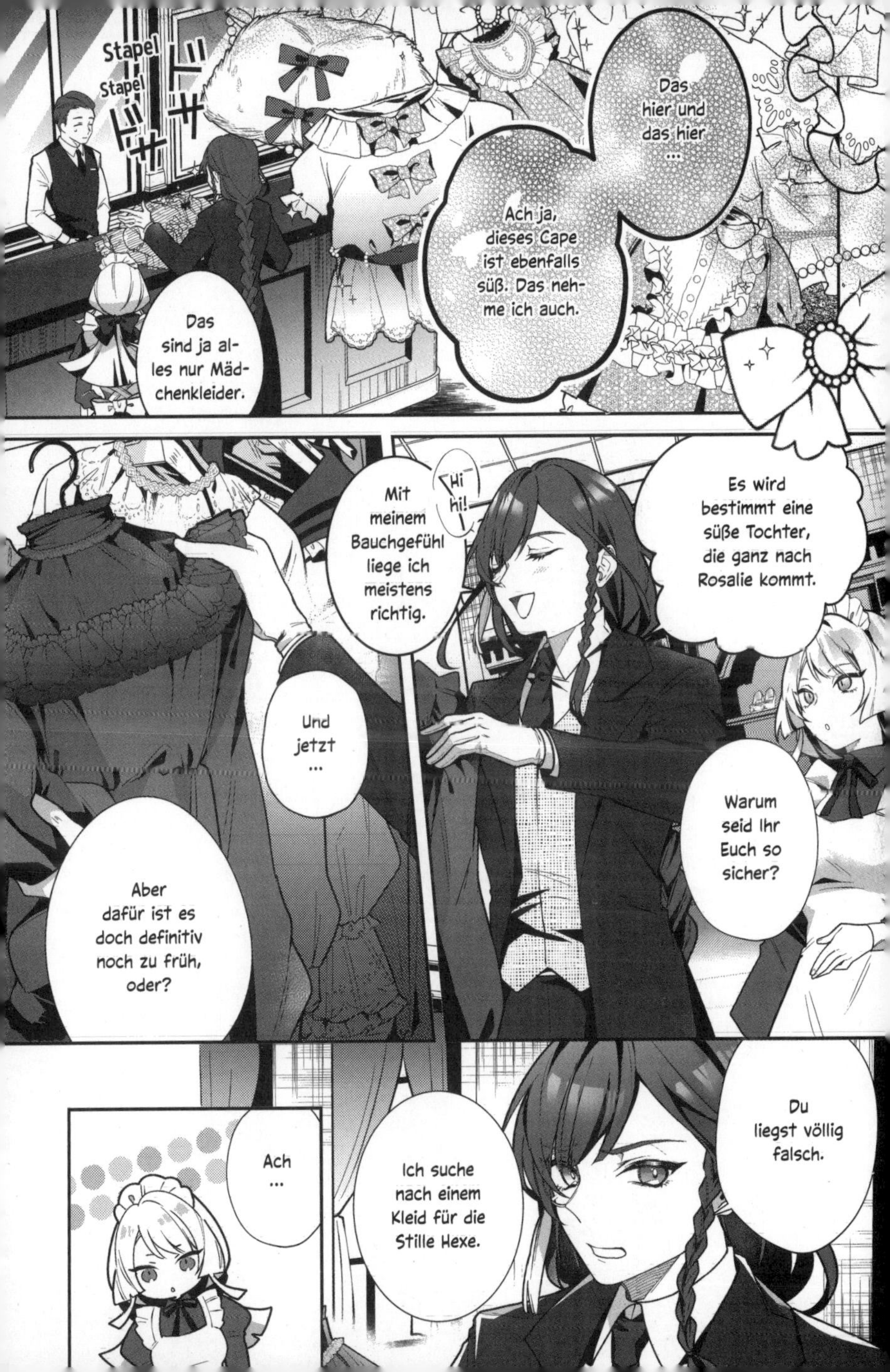
Das hier und das hier ...
Ach ja, dieses Cape ist ebenfalls süß. Das nehme ich auch.
Stapel Stapel
Das sind ja alles nur Mädchenkleider.
Es wird bestimmt eine süße Tochter, die ganz nach Rosalie kommt.
Hi hi!
Mit meinem Bauchgefühl liege ich meistens richtig.
Warum seid Ihr Euch so sicher?
Und jetzt ...
Aber dafür ist es doch definitiv noch zu früh, oder?
Du liegst völlig falsch.
Ich suche nach einem Kleid für die Stille Hexe.
Ach ...

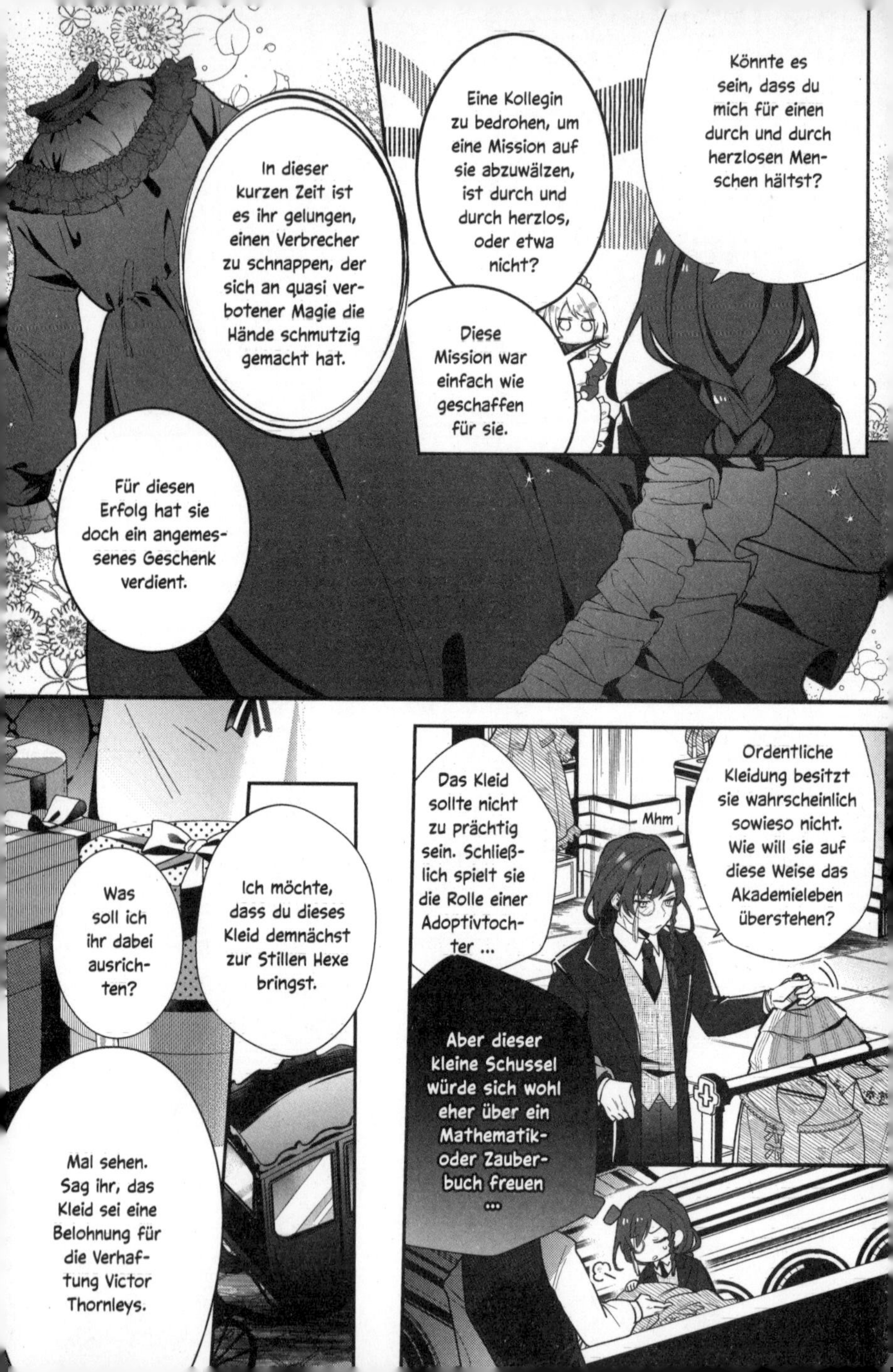

Könnte es sein, dass du mich für einen durch und durch herzlosen Menschen hältst?
Eine Kollegin zu bedrohen, um eine Mission auf sie abzuwälzen, ist durch und durch herzlos, oder etwa nicht?
Diese Mission war einfach wie geschaffen für sie.
In dieser kurzen Zeit ist es ihr gelungen, einen Verbrecher zu schnappen, der sich an quasi verbotener Magie die Hände schmutzig gemacht hat.
Für diesen Erfolg hat sie doch ein angemessenes Geschenk verdient.
Ordentliche Kleidung besitzt sie wahrscheinlich sowieso nicht. Wie will sie auf diese Weise das Akademieleben überstehen?
Mhm
Das Kleid sollte nicht zu prächtig sein. Schließlich spielt sie die Rolle einer Adoptivtochter ...
Aber dieser kleine Schussel würde sich wohl eher über ein Mathematik- oder Zauberbuch freuen ...
Ich möchte, dass du dieses Kleid demnächst zur Stillen Hexe bringst.
Was soll ich ihr dabei ausrichten?
Mal sehen. Sag ihr, das Kleid sei eine Belohnung für die Verhaftung Victor Thornleys.

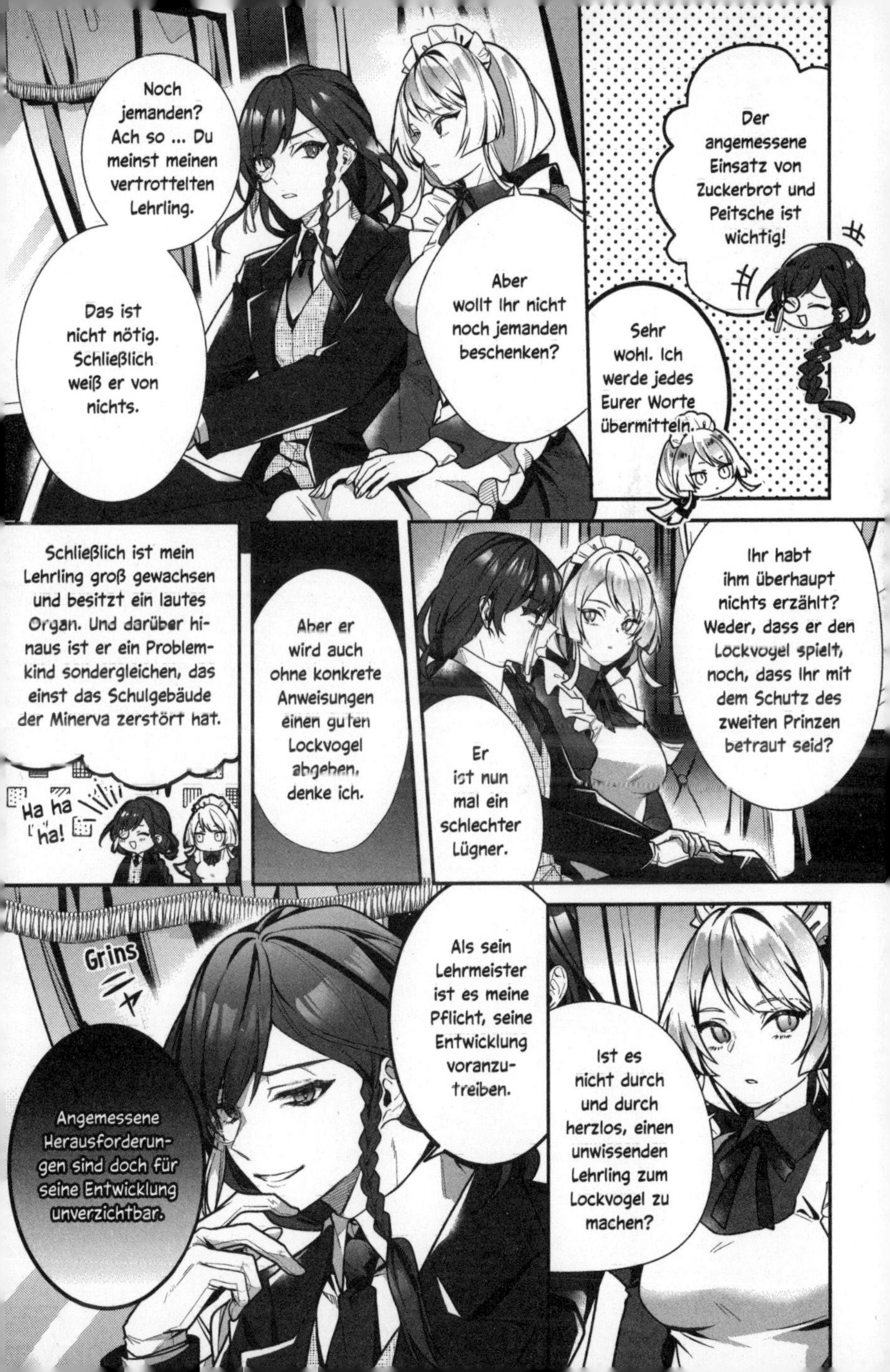
Der angemessene Einsatz von Zuckerbrot und Peitsche ist wichtig!
Sehr wohl. Ich werde jedes Eurer Worte übermitteln.
Aber wollt Ihr nicht noch jemanden beschenken?
Noch jemanden? Ach so ... Du meinst meinen vertrottelten Lehrling.
Das ist nicht nötig. Schließlich weiß er von nichts.
Ihr habt ihm überhaupt nichts erzählt? Weder, dass er den Lockvogel spielt, noch, dass Ihr mit dem Schutz des zweiten Prinzen betraut seid?
Er ist nun mal ein schlechter Lügner.
Aber er wird auch ohne konkrete Anweisungen einen guten Lockvogel abgeben, denke ich.
Schließlich ist mein Lehrling groß gewachsen und besitzt ein lautes Organ. Und darüber hinaus ist er ein Problemkind sondergleichen, das einst das Schulgebäude der Minerva zerstört hat.
Ha ha ha!
Ist es nicht durch und durch herzlos, einen unwissenden Lehrling zum Lockvogel zu machen?
Als sein Lehrmeister ist es meine Pflicht, seine Entwicklung voranzutreiben.
Grins
Angemessene Herausforderungen sind doch für seine Entwicklung unverzichtbar.

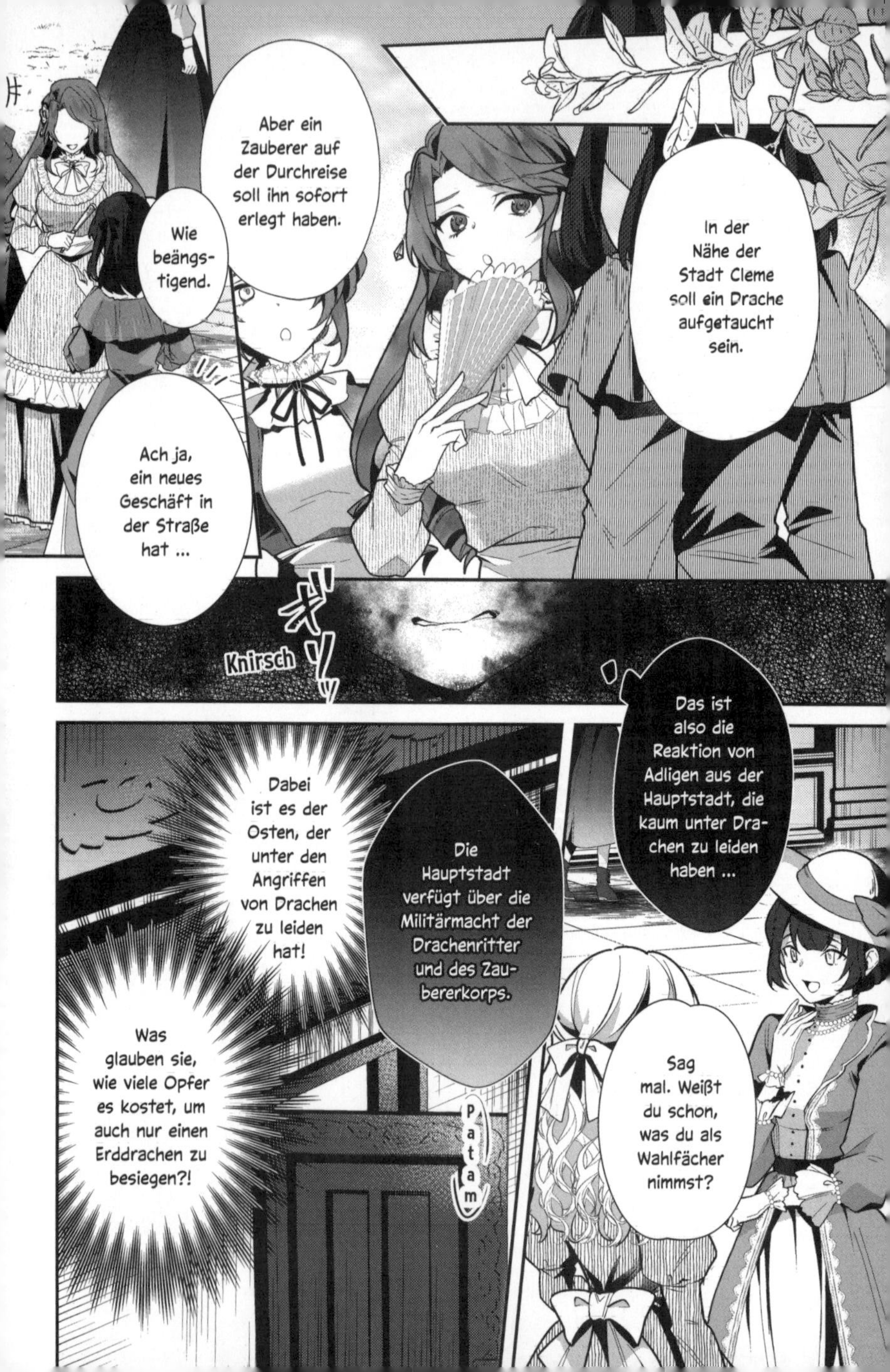

In der Nähe der Stadt Cleme soll ein Drache aufgetaucht sein.
Aber ein Zauberer auf der Durchreise soll ihn sofort erlegt haben.
Wie beängstigend.
Ach ja, ein neues Geschäft in der Straße hat ...
Knirsch
Das ist also die Reaktion von Adligen aus der Hauptstadt, die kaum unter Drachen zu leiden haben ...
Die Hauptstadt verfügt über die Militärmacht der Drachenritter und des Zaubererkorps.
Dabei ist es der Osten, der unter den Angriffen von Drachen zu leiden hat!
Was glauben sie, wie viele Opfer es kostet, um auch nur einen Erddrachen zu besiegen?!
Patam
Sag mal. Weißt du schon, was du als Wahlfächer nimmst?

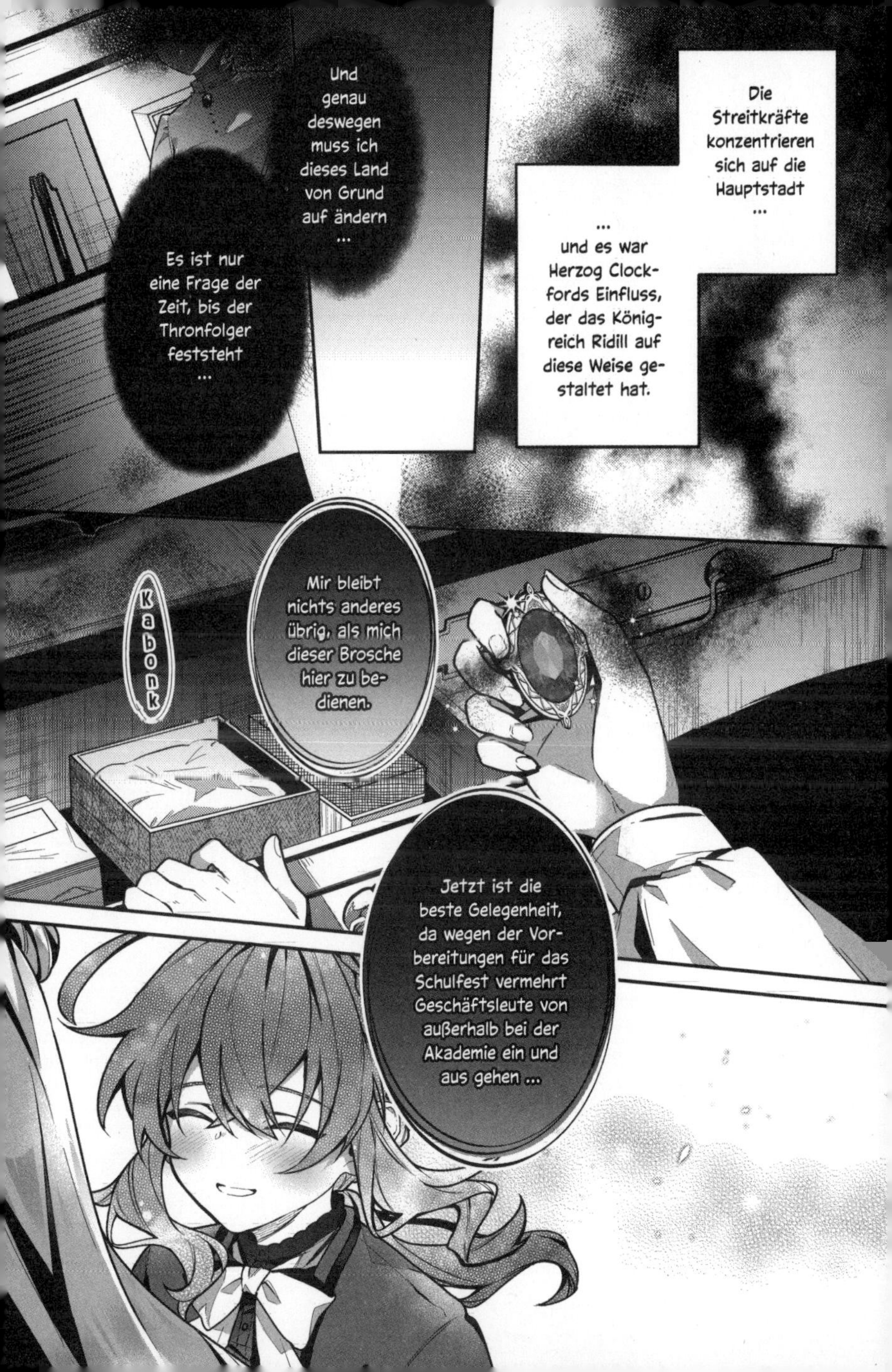
Die Streitkräfte konzentrieren sich auf die Hauptstadt ...
... und es war Herzog Clockfords Einfluss, der das Königreich Ridill auf diese Weise gestaltet hat.
Und genau deswegen muss ich dieses Land von Grund auf ändern ...
Es ist nur eine Frage der Zeit, bis der Thronfolger feststeht ...
Mir bleibt nichts anderes übrig, als mich dieser Brosche hier zu bedienen.
Kabonk
Jetzt ist die beste Gelegenheit, da wegen der Vorbereitungen für das Schulfest vermehrt Geschäftsleute von außerhalb bei der Akademie ein und aus gehen ...

Silent Witch

Das Geheimnis der stillen Hexe

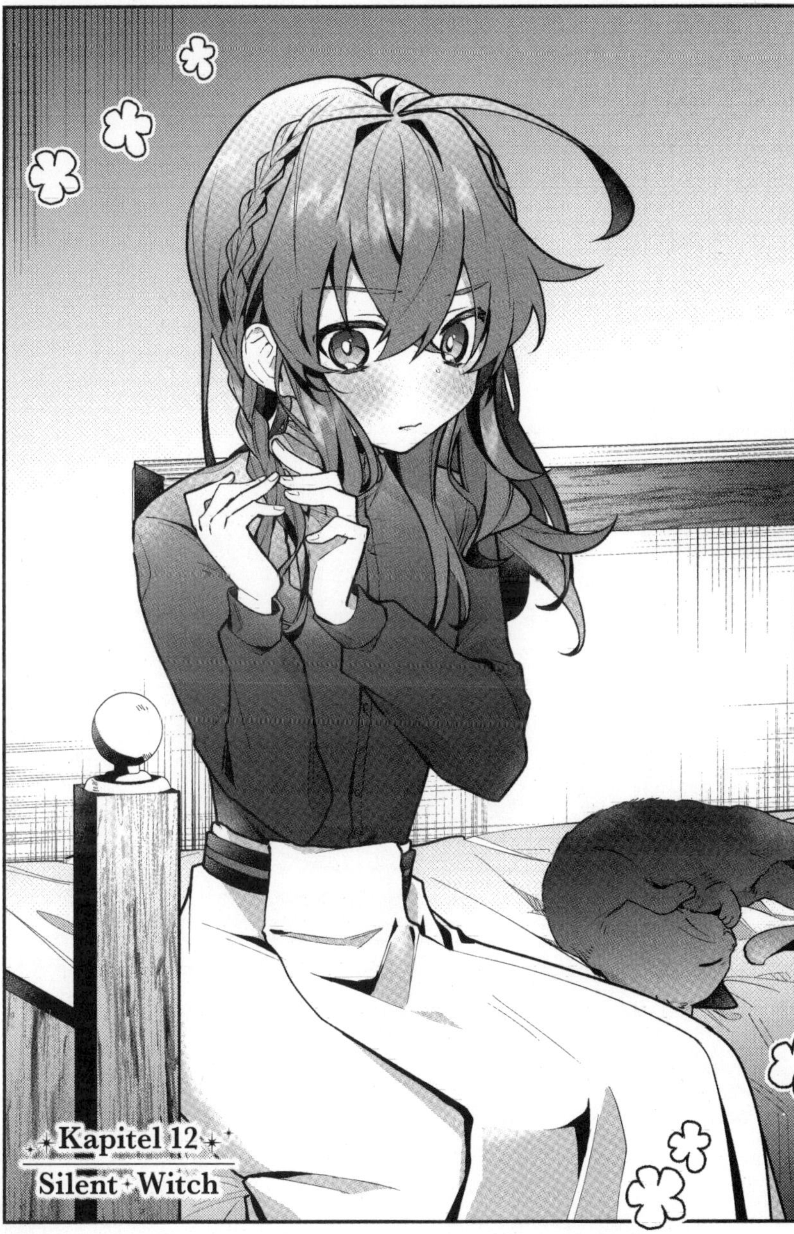
Kapitel 12
Silent Witch

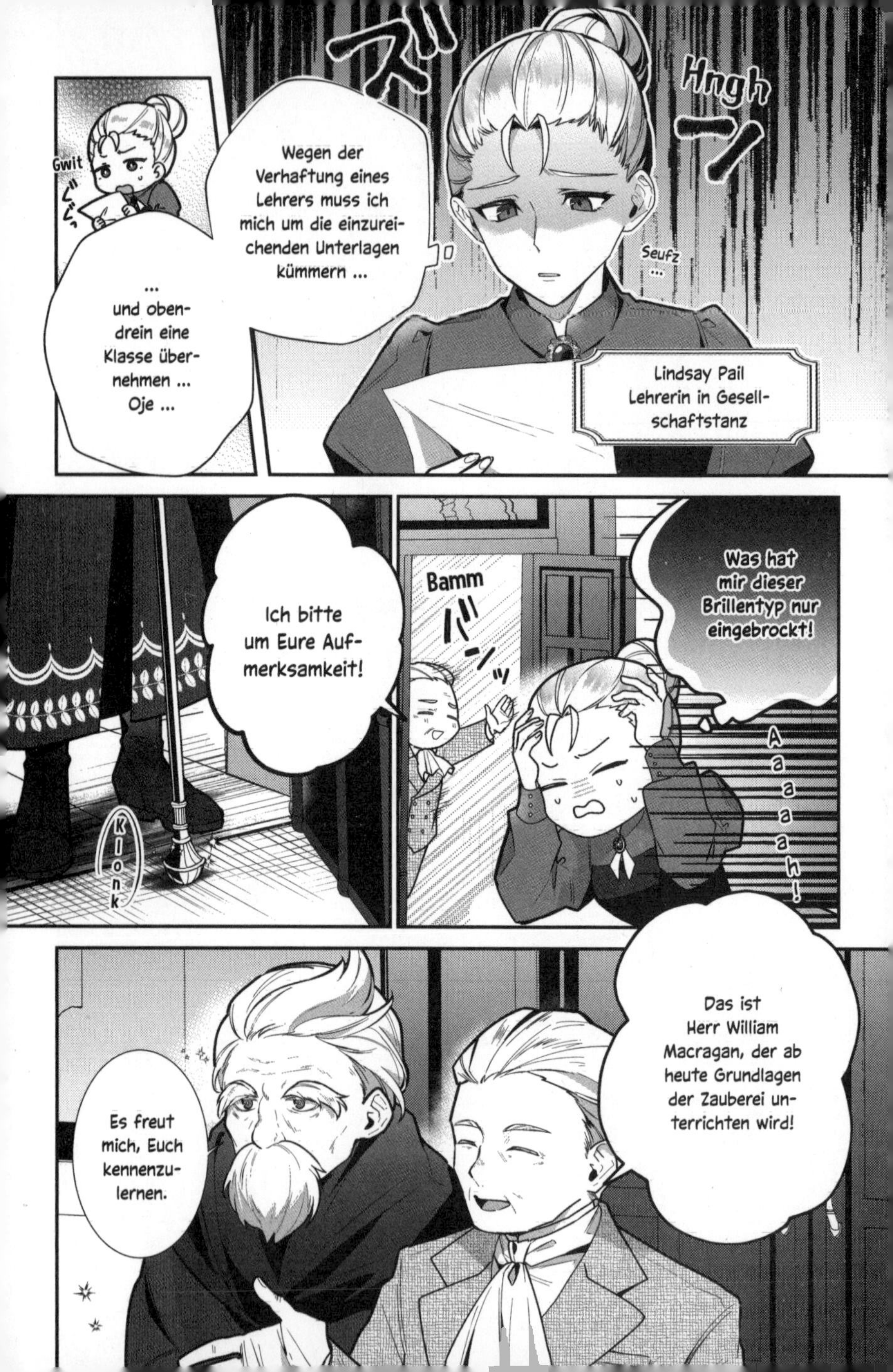
Hngh
Seufz ...
Lindsay Pail
Lehrerin in Gesellschaftstanz
Wegen der Verhaftung eines Lehrers muss ich mich um die einzureichenden Unterlagen kümmern ...
Gwit
... und obendrein eine Klasse übernehmen ... Oje ...
Was hat mir dieser Brillentyp nur eingebrockt!
Aaaaaah!
Bamm
Ich bitte um Eure Aufmerksamkeit!
Klonk
Das ist Herr William Macragan, der ab heute Grundlagen der Zauberei unterrichten wird!
Es freut mich, Euch kennenzulernen.

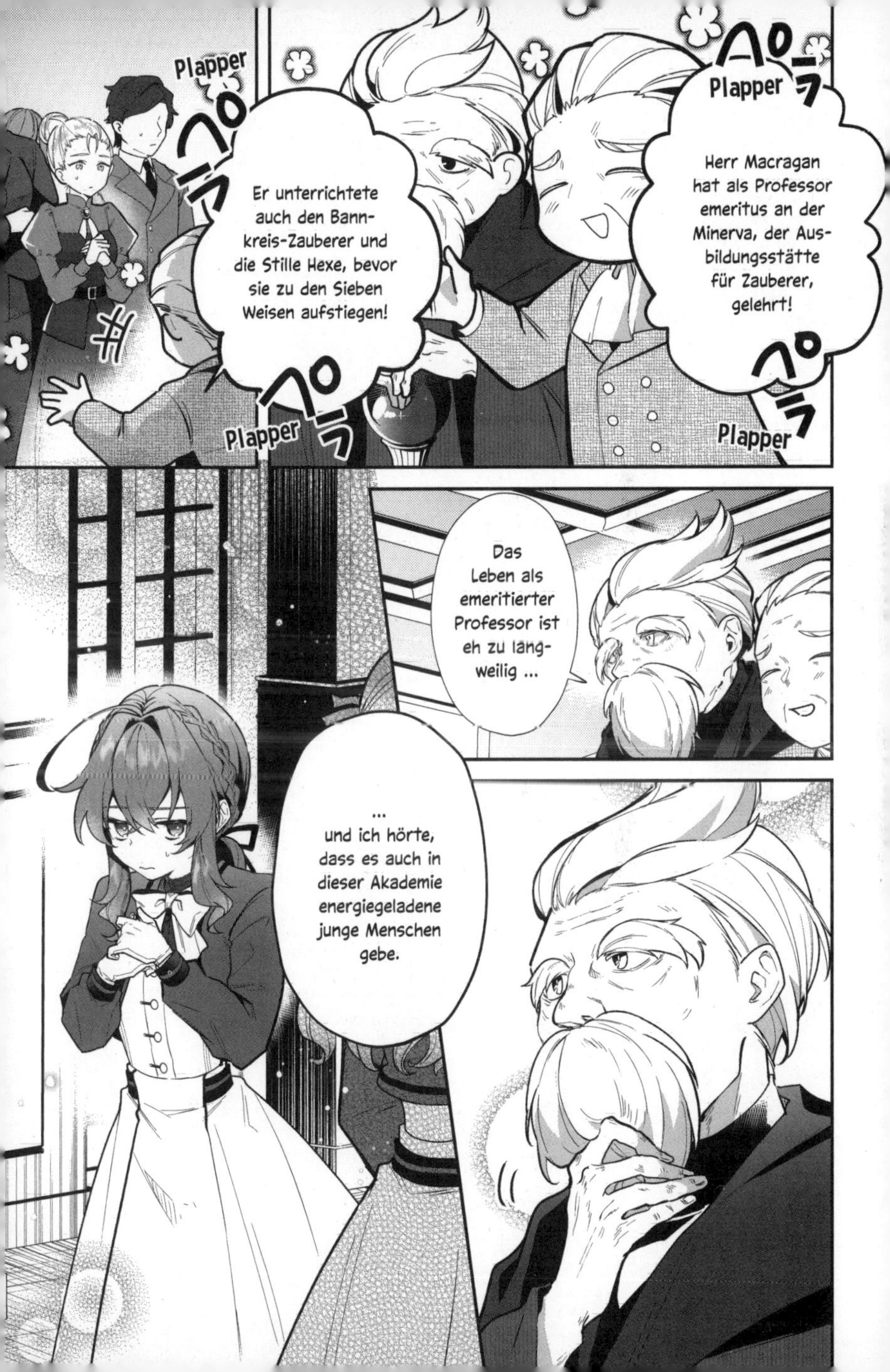
Herr Macragan hat als Professor emeritus an der Minerva, der Ausbildungsstätte für Zauberer, gelehrt!
Plapper
Plapper
Er unterrichtete auch den Bannkreis-Zauberer und die Stille Hexe, bevor sie zu den Sieben Weisen aufstiegen!
Plapper
Plapper
Das Leben als emeritierter Professor ist eh zu langweilig ...
... und ich hörte, dass es auch in dieser Akademie energiegeladene junge Menschen gebe.

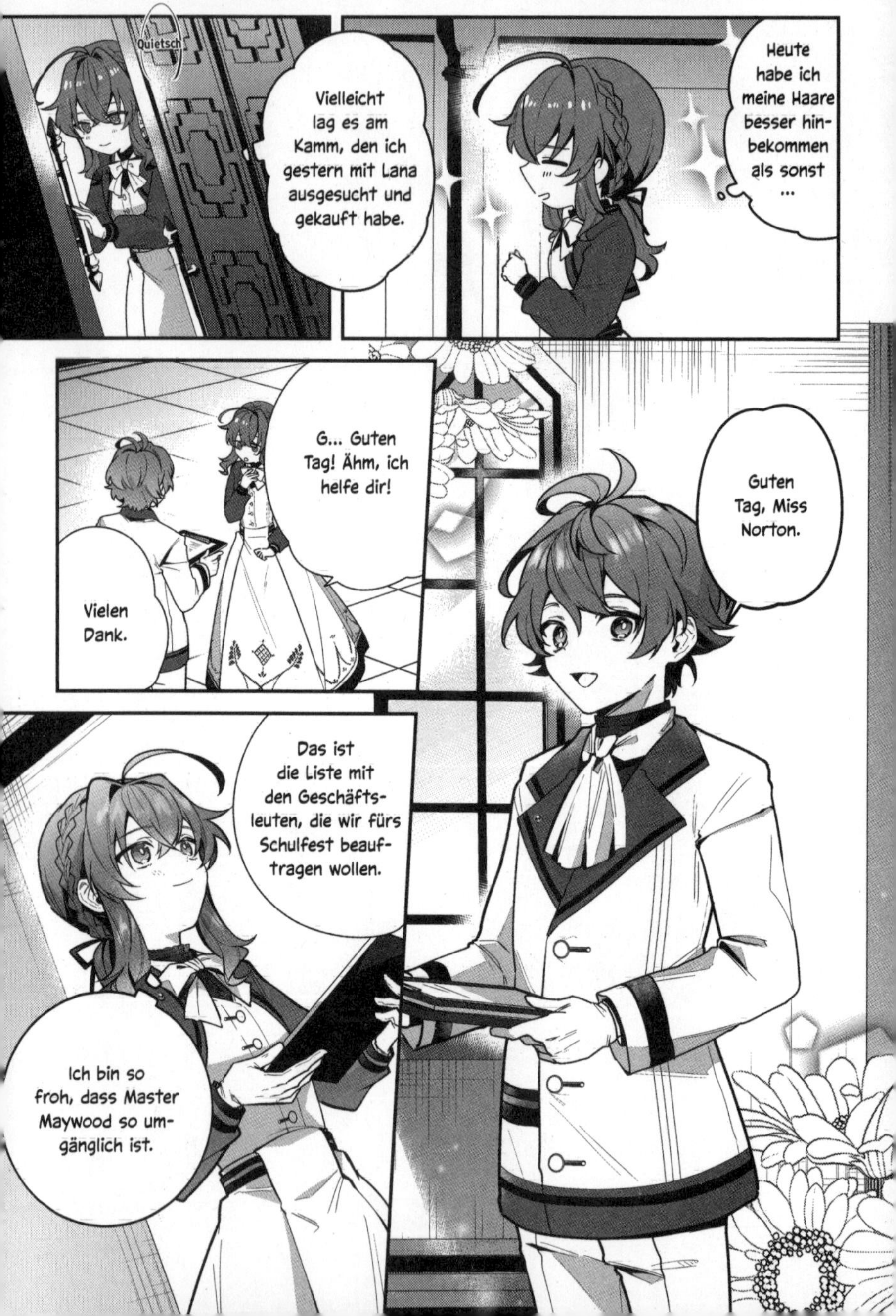
Heute habe ich meine Haare besser hin-bekommen als sonst ...
Quietsch
Vielleicht lag es am Kamm, den ich gestern mit Lana ausgesucht und gekauft habe.
Guten Tag, Miss Norton.
G... Guten Tag! Ähm, ich helfe dir!
Vielen Dank.
Das ist die Liste mit den Geschäfts-leuten, die wir fürs Schulfest beauf-tragen wollen.
Ich bin so froh, dass Master Maywood so um-gänglich ist.

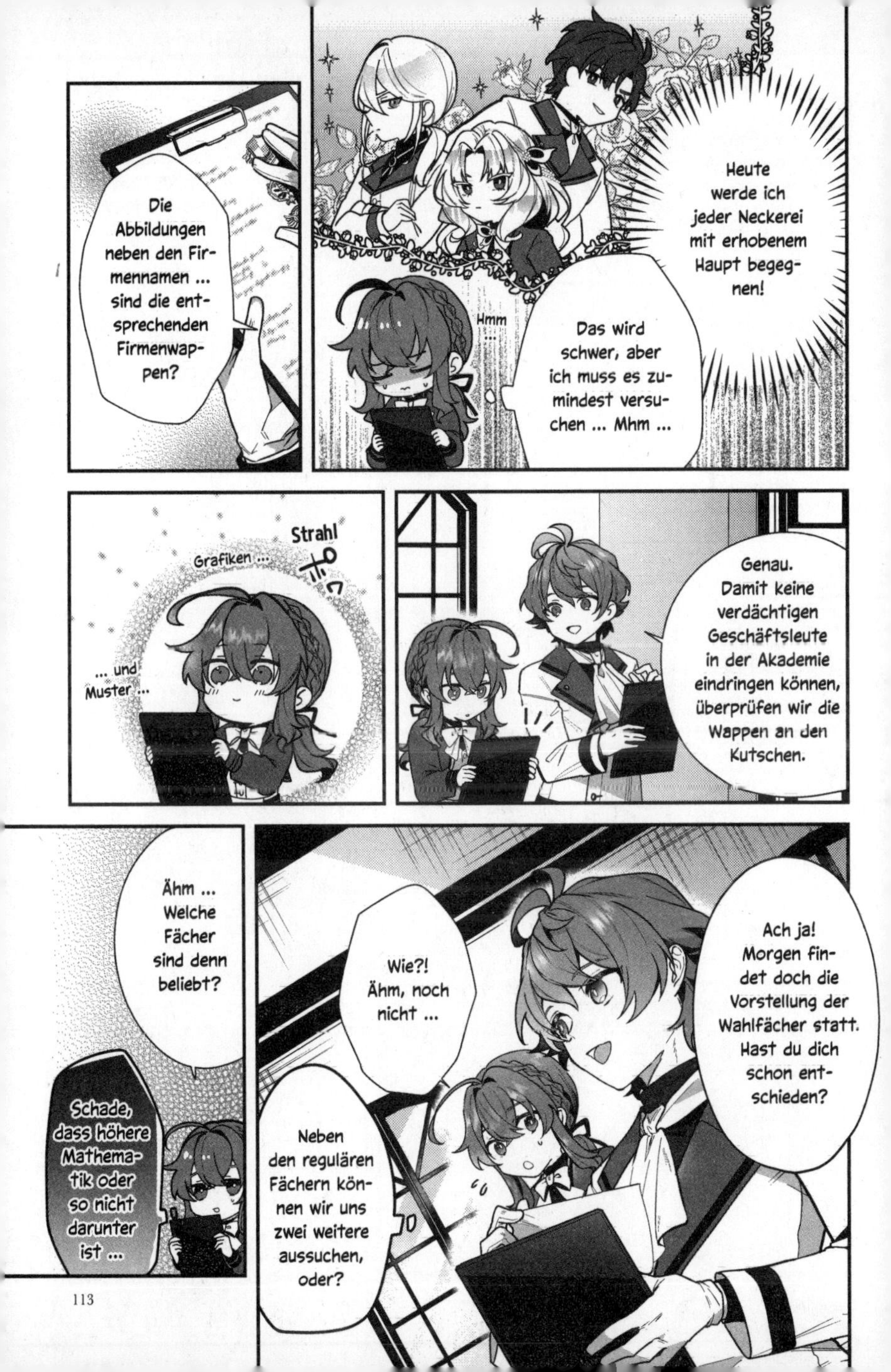
Heute werde ich jeder Neckerei mit erhobenem Haupt begegnen!
Das wird schwer, aber ich muss es zumindest versuchen ... Mhm ...
Hmm ...
Die Abbildungen neben den Firmennamen ... sind die entsprechenden Firmenwappen?
Genau. Damit keine verdächtigen Geschäftsleute in der Akademie eindringen können, überprüfen wir die Wappen an den Kutschen.
Strahl
Grafiken ...
... und Muster ...
Ach ja! Morgen findet doch die Vorstellung der Wahlfächer statt. Hast du dich schon entschieden?
Wie?! Ähm, noch nicht ...
Neben den regulären Fächern können wir uns zwei weitere aussuchen, oder?
Ähm ... Welche Fächer sind denn beliebt?
Schade, dass höhere Mathematik oder so nicht darunter ist ...

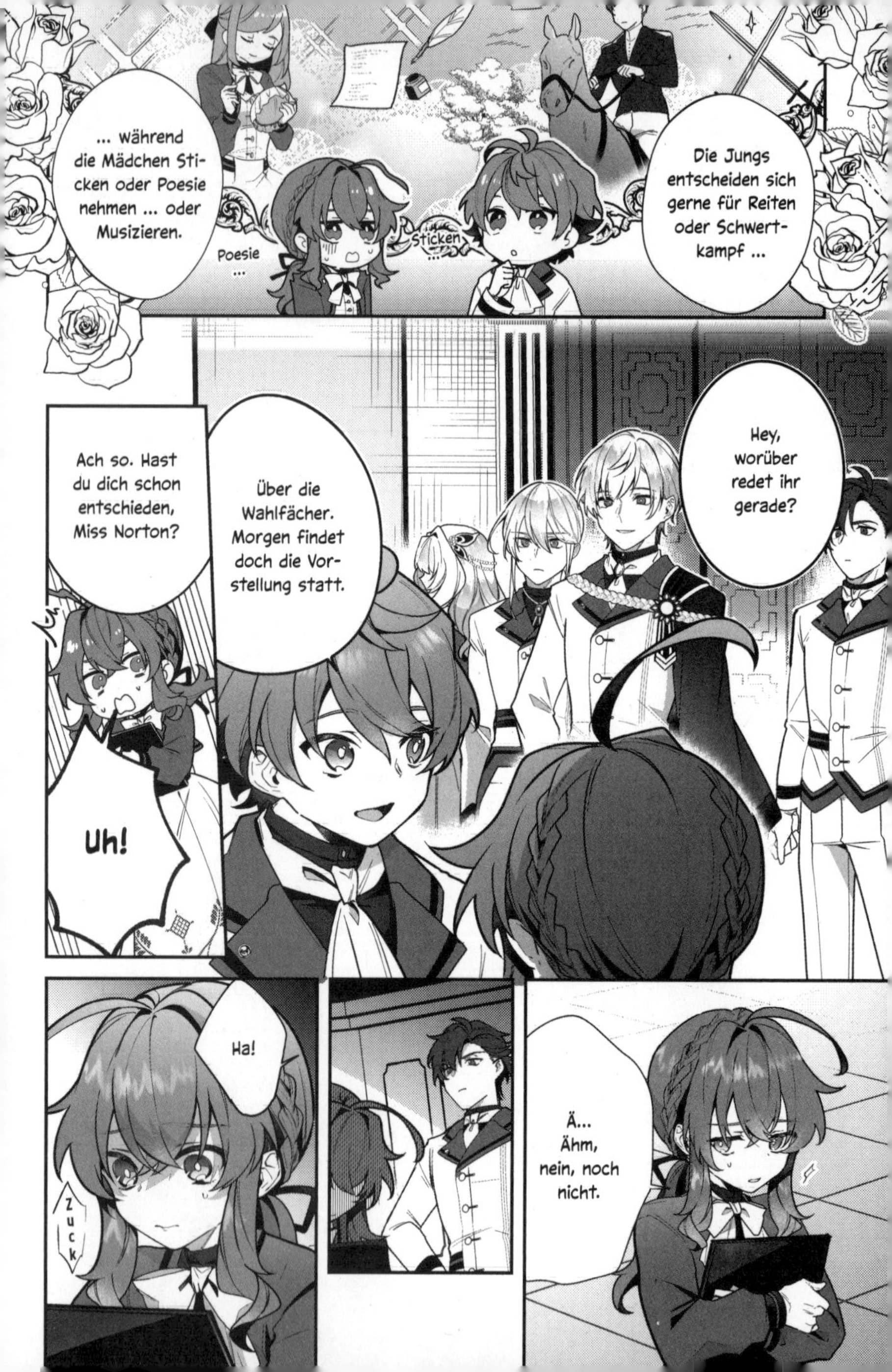

Die Jungs entscheiden sich gerne für Reiten oder Schwertkampf ...
... während die Mädchen Sticken oder Poesie nehmen ... oder Musizieren.
Sticken ...
Poesie ...
Hey, worüber redet ihr gerade?
Über die Wahlfächer. Morgen findet doch die Vorstellung statt.
Ach so. Hast du dich schon entschieden, Miss Norton?
Uh!
Ha!
Zuck
Ä... Ähm, nein, noch nicht.

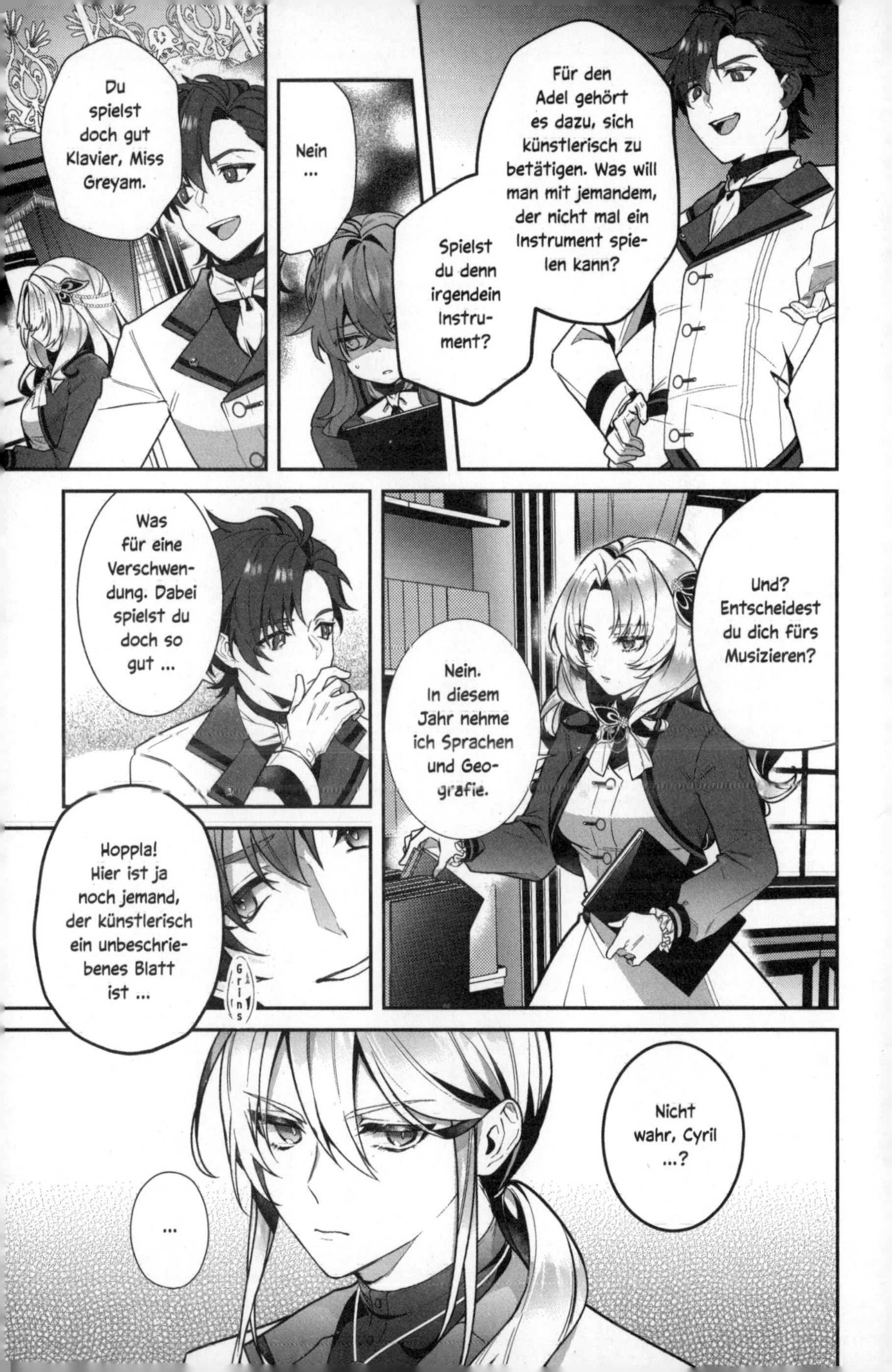

Für den Adel gehört es dazu, sich künstlerisch zu betätigen. Was will man mit jemandem, der nicht mal ein Instrument spielen kann?
Spielst du denn irgendein Instrument?
Nein ...
Du spielst doch gut Klavier, Miss Greyam.
Und? Entscheidest du dich fürs Musizieren?
Nein. In diesem Jahr nehme ich Sprachen und Geografie.
Was für eine Verschwendung. Dabei spielst du doch so gut ...
Hoppla! Hier ist ja noch jemand, der künstlerisch ein unbeschriebenes Blatt ist ...
Grins
Nicht wahr, Cyril ...?
...

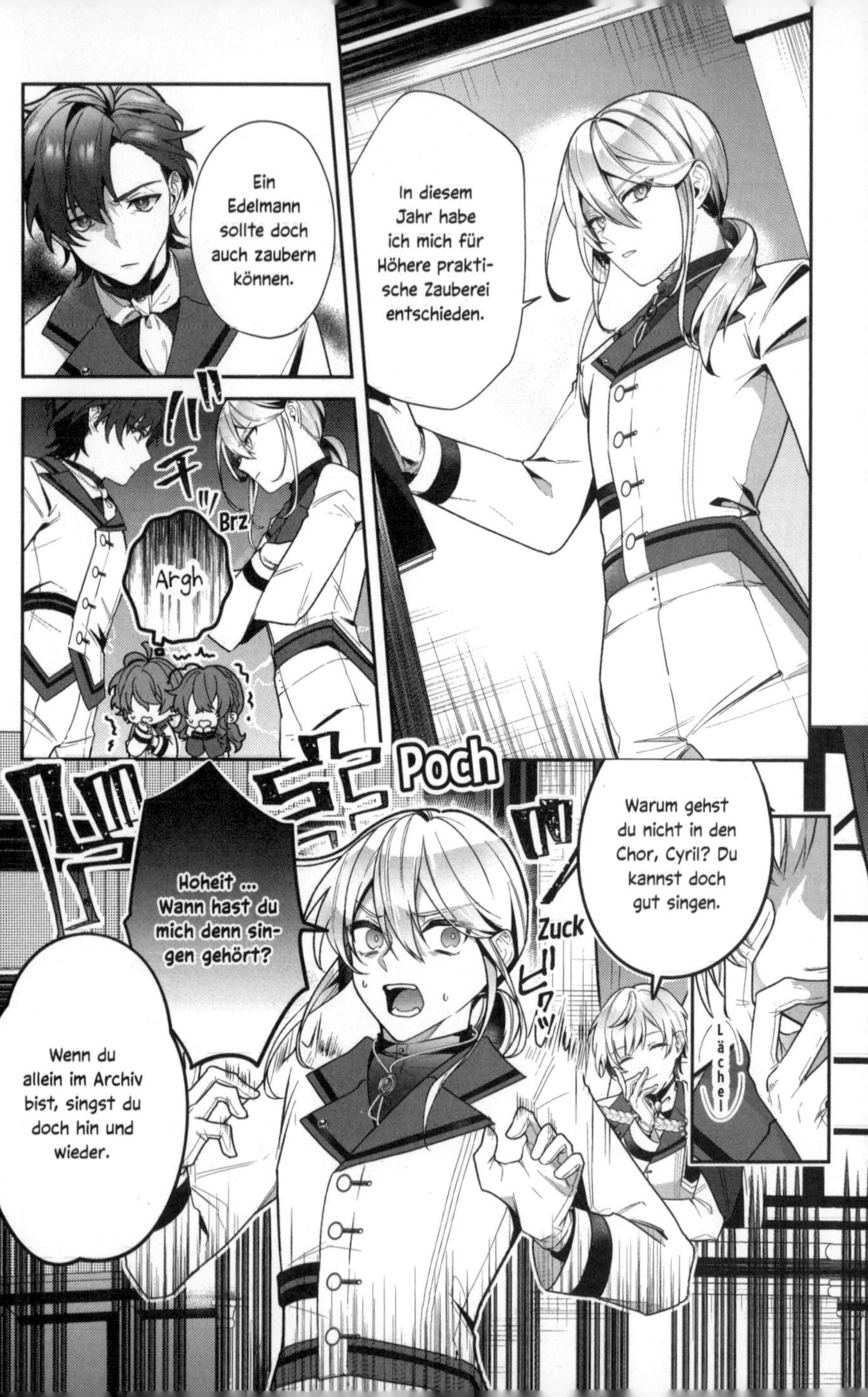
In diesem Jahr habe ich mich für Höhere prakti-sche Zauberei entschieden.
Ein Edelmann sollte doch auch zaubern können.
Brz
Argh
Poch
Warum gehst du nicht in den Chor, Cyril? Du kannst doch gut singen.
Zuck
Lächel
Hoheit ... Wann hast du mich denn sin-gen gehört?
Wenn du allein im Archiv bist, singst du doch hin und wieder.

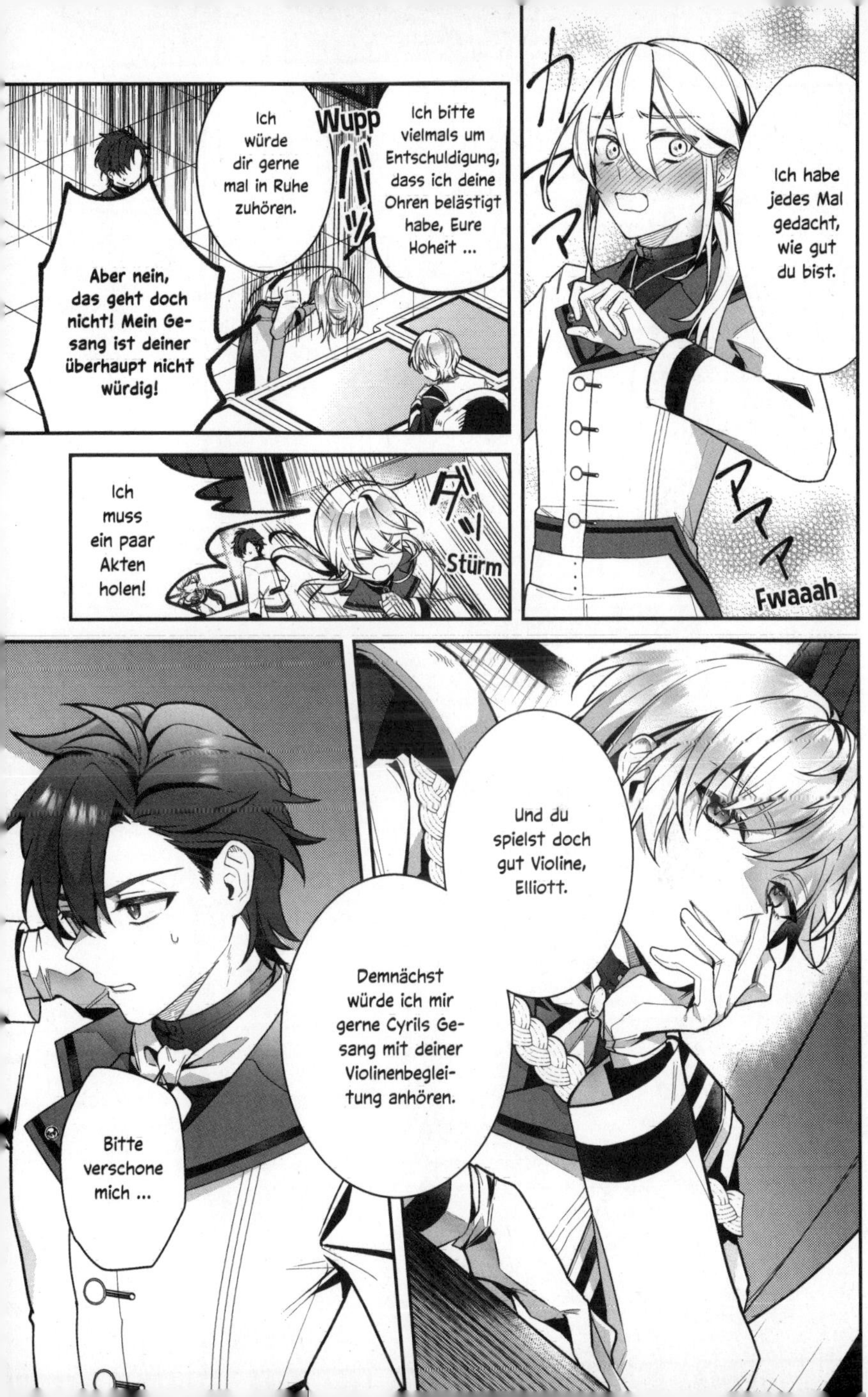
Ich habe jedes Mal gedacht, wie gut du bist.
Fwaaah
Ich bitte vielmals um Entschuldigung, dass ich deine Ohren belästigt habe, Eure Hoheit ...
Wupp
Ich würde dir gerne mal in Ruhe zuhören.
Aber nein, das geht doch nicht! Mein Gesang ist deiner überhaupt nicht würdig!
Stürm
Ich muss ein paar Akten holen!
Und du spielst doch gut Violine, Elliott.
Demnächst würde ich mir gerne Cyrils Gesang mit deiner Violinenbegleitung anhören.
Bitte verschone mich ...

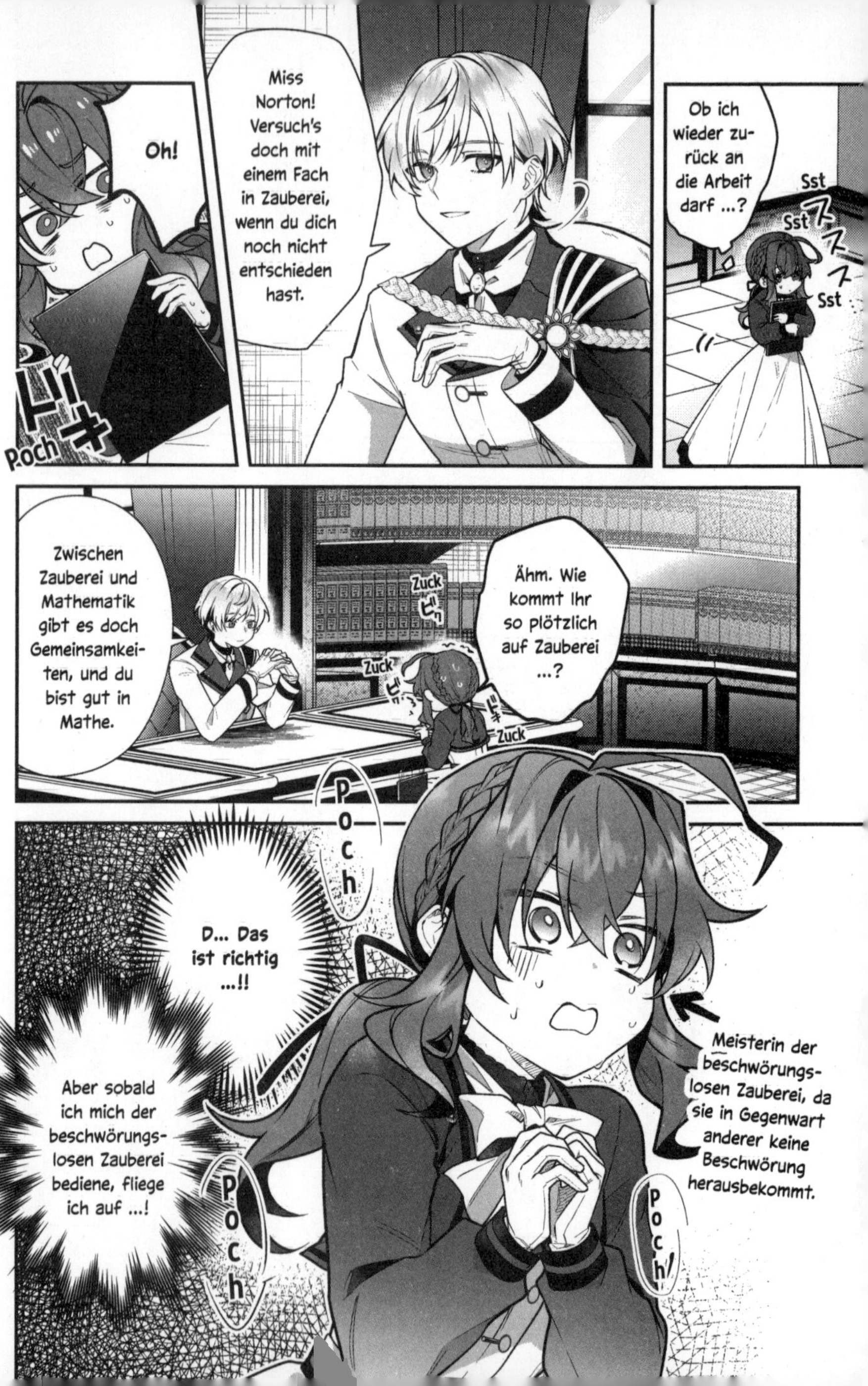
Ob ich
wieder zu-
rück an
die Arbeit
darf ...?
Sst
Sst
Sst
Miss
Norton!
Versuch's
doch mit
einem Fach
in Zauberei,
wenn du dich
noch nicht
entschieden
hast.
Oh!
Poch
Ähm. Wie
kommt Ihr
so plötzlich
auf Zauberei
...?
Zuck
Zuck
Zuck
Zwischen
Zauberei und
Mathematik
gibt es doch
Gemeinsamkei-
ten, und du
bist gut in
Mathe.
Poch
D... Das
ist richtig
...!!
Meisterin der
beschwörungs-
losen Zauberei, da
sie in Gegenwart
anderer keine
Beschwörung
herausbekommt.
Poch!
Aber sobald
ich mich der
beschwörungs-
losen Zauberei
bediene, fliege
ich auf ...!
Poch

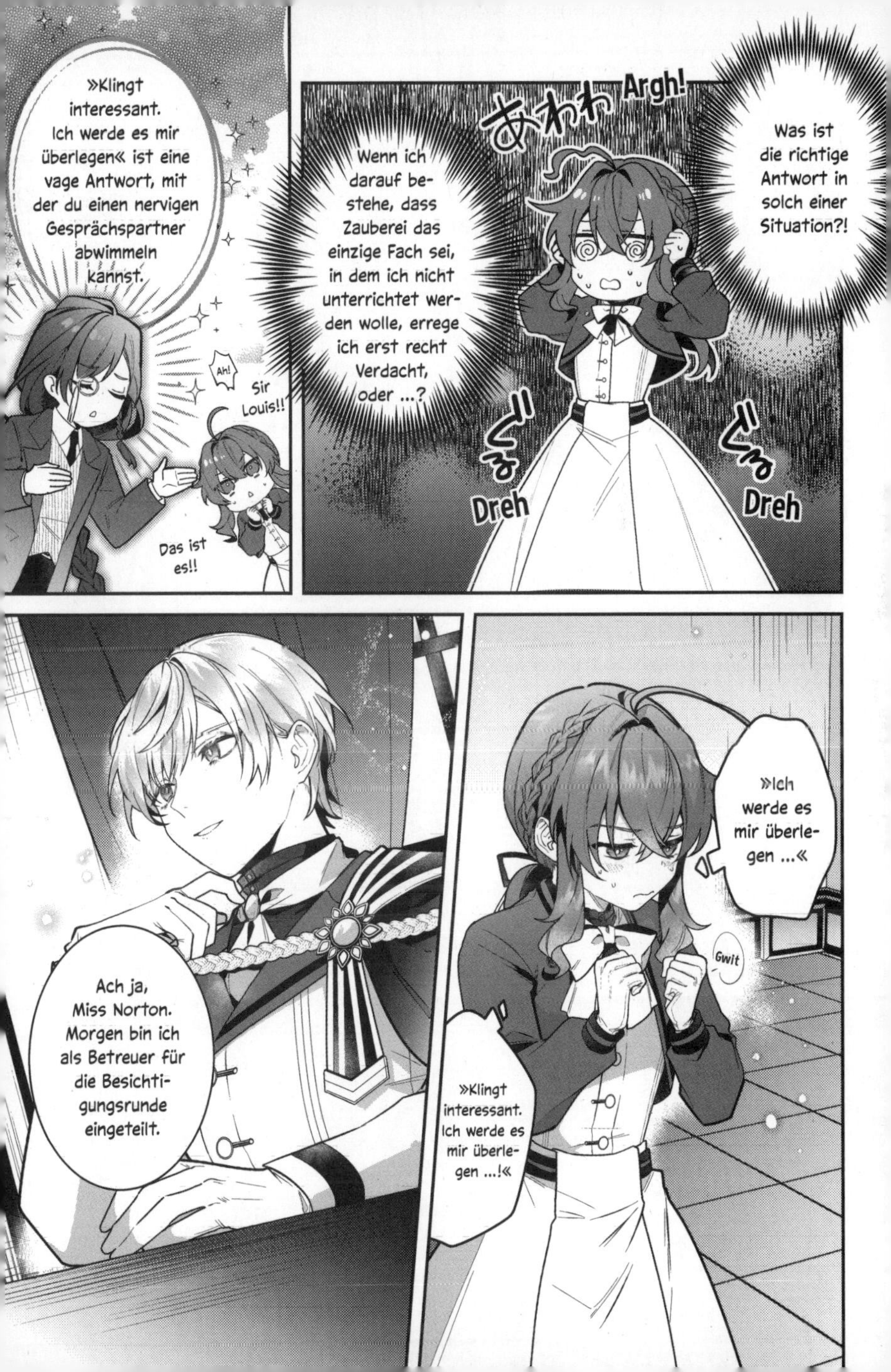
Was ist die richtige Antwort in solch einer Situation?!
あわわ Argh!
Wenn ich darauf bestehe, dass Zauberei das einzige Fach sei, in dem ich nicht unterrichtet werden wolle, errege ich erst recht Verdacht, oder ...?
ぐるぐる Dreh
ぐるぐる Dreh
»Klingt interessant. Ich werde es mir überlegen« ist eine vage Antwort, mit der du einen nervigen Gesprächspartner abwimmeln kannst.
Ah!
Sir Louis!!
Das ist es!!
»Ich werde es mir überlegen ...«
Gwit
»Klingt interessant. Ich werde es mir überlegen ...!«
Ach ja, Miss Norton. Morgen bin ich als Betreuer für die Besichtigungsrunde eingeteilt.

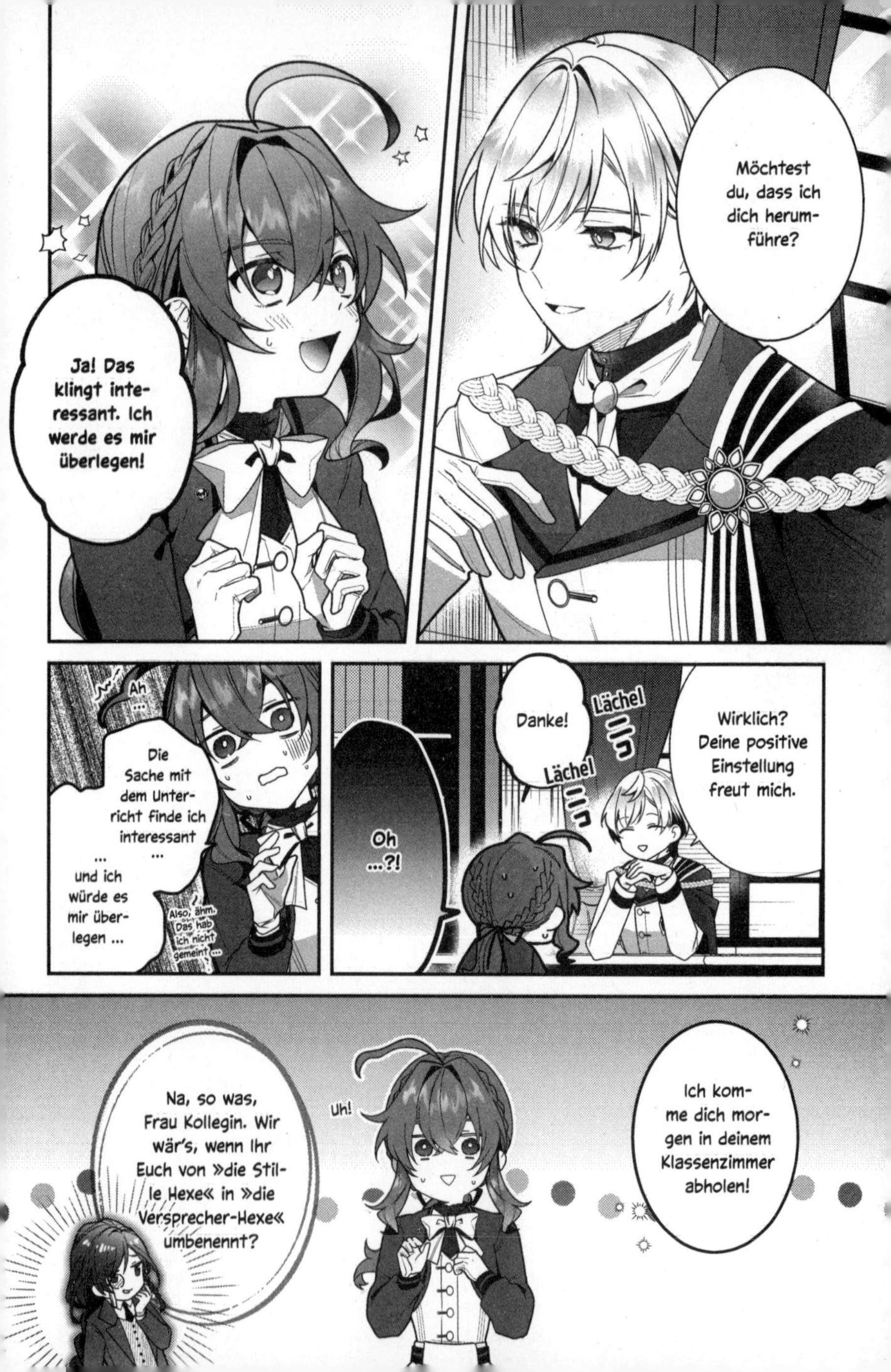

Möchtest du, dass ich dich herumführe?
Ja! Das klingt interessant. Ich werde es mir überlegen!
Wirklich? Deine positive Einstellung freut mich.
Lächel
Lächel
Danke!
Oh ...?!
Ah ...
Die Sache mit dem Unterricht finde ich interessant ... und ich würde es mir überlegen ...
Also, ähm. Das hab ich nicht gemeint ...
Ich komme dich morgen in deinem Klassenzimmer abholen!
Uh!
Na, so was, Frau Kollegin. Wir wär's, wenn Ihr Euch von »die Stille Hexe« in »die Versprecher-Hexe« umbenennt?

Silent Witch

Das Geheimnis der stillen Hexe

Silent Witch

Das Geheimnis der stillen Hexe

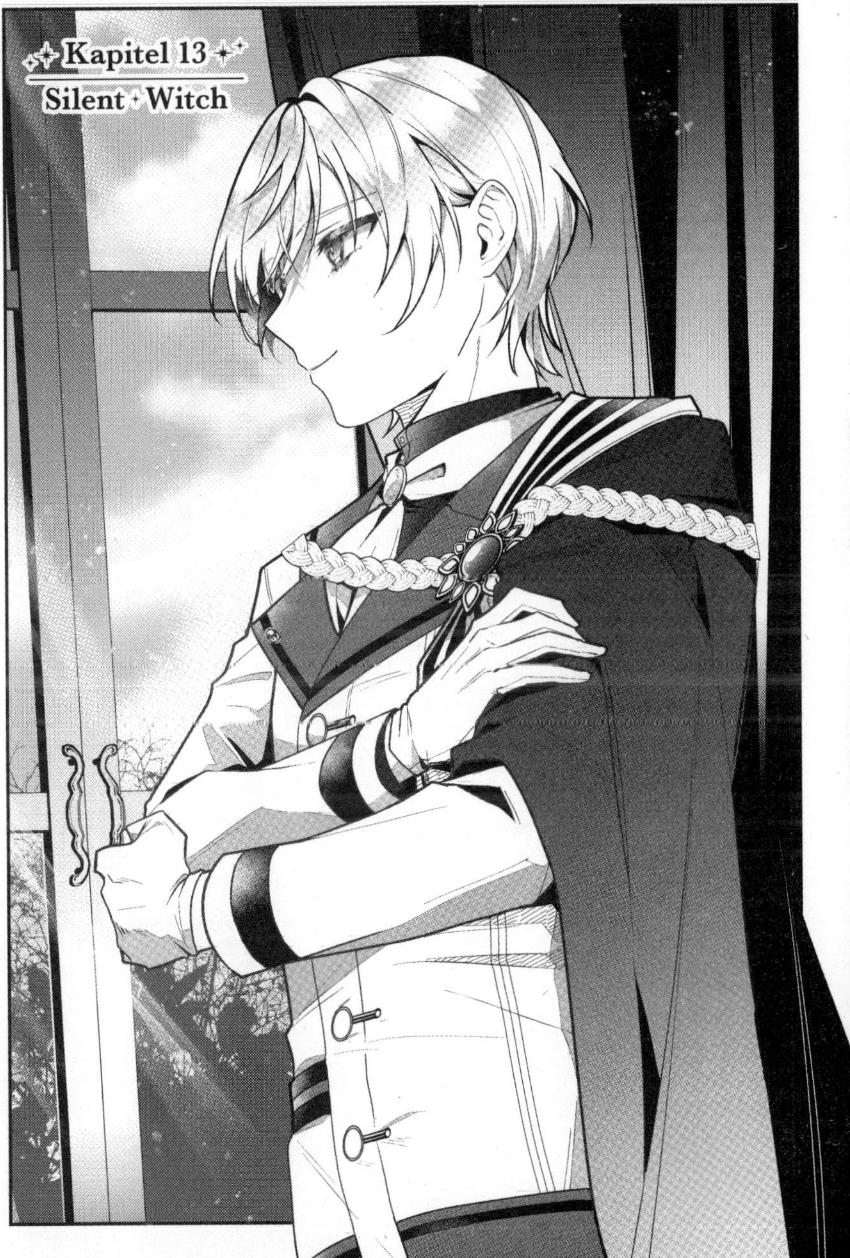
Kapitel 13
Silent Witch

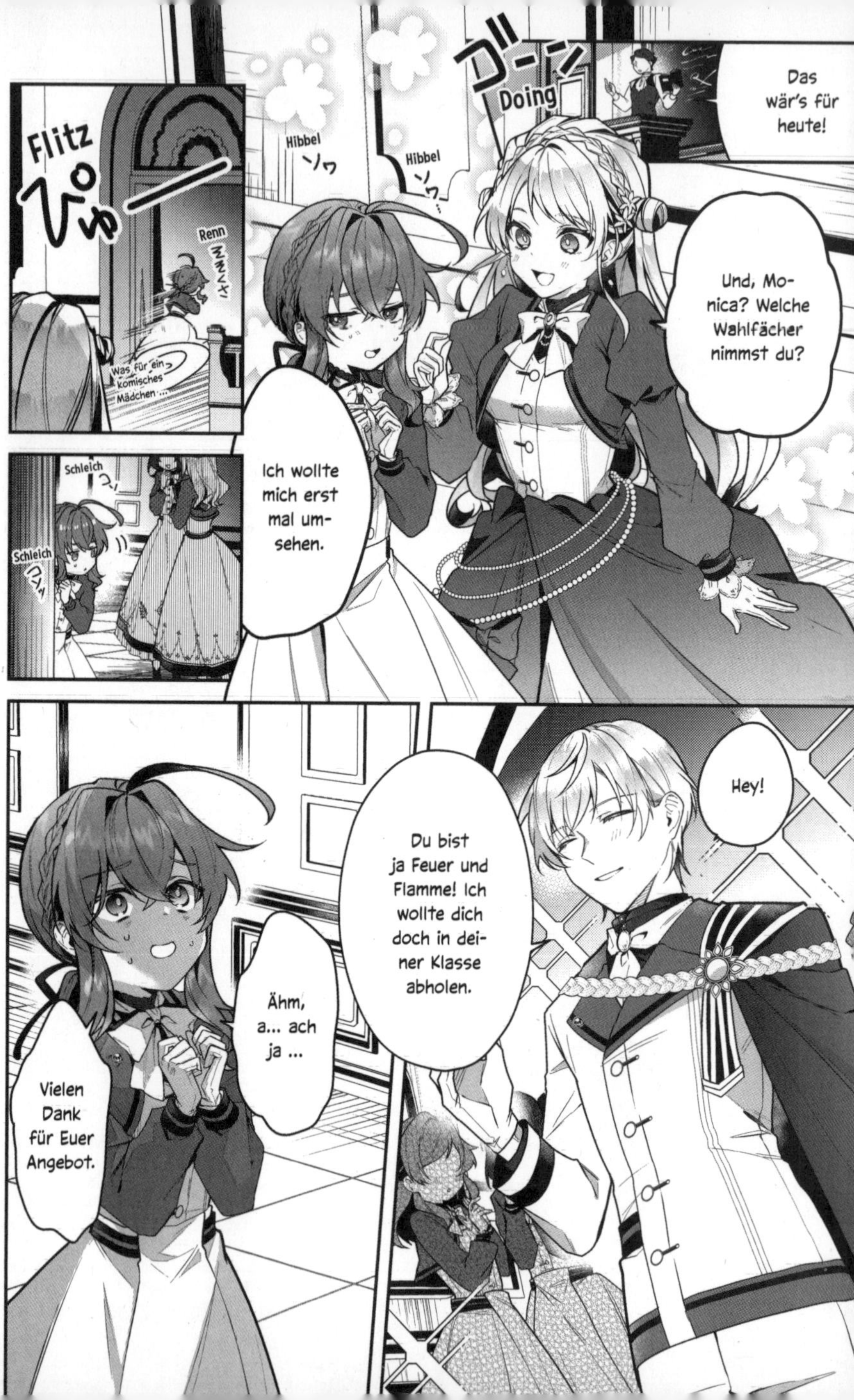
Das wär's für heute!
Doing
Hibbel
Hibbel
Und, Monica? Welche Wahlfächer nimmst du?
Ich wollte mich erst mal umsehen.
Flitz
Renn
Was für ein komisches Mädchen ...
Schleich
Schleich
Hey!
Du bist ja Feuer und Flamme! Ich wollte dich doch in deiner Klasse abholen.
Ähm, a... ach ja ...
Vielen Dank für Euer Angebot.

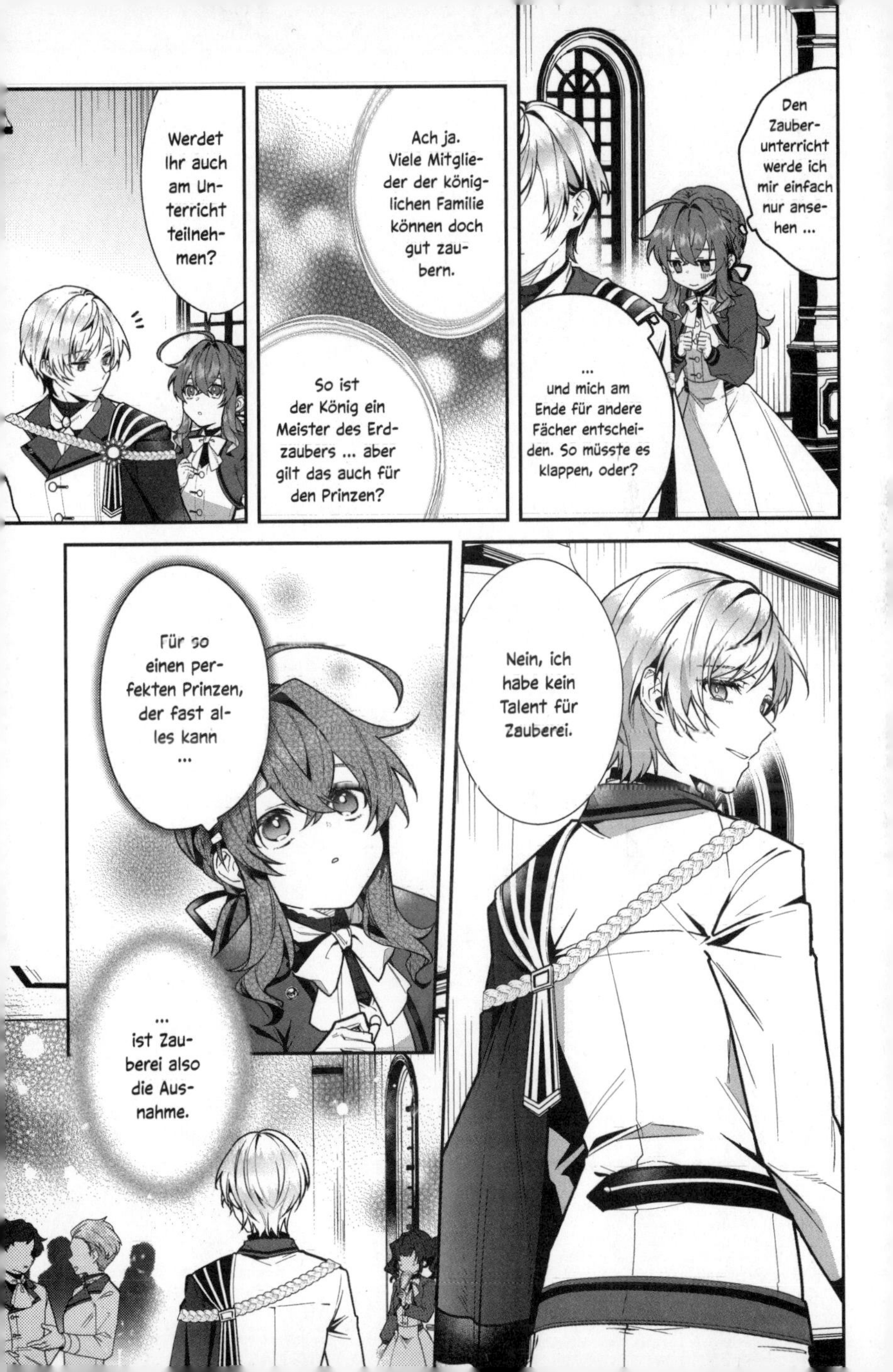
Den Zauberunterricht werde ich mir einfach nur ansehen ...
... und mich am Ende für andere Fächer entscheiden. So müsste es klappen, oder?
Ach ja. Viele Mitglieder der königlichen Familie können doch gut zaubern.
So ist der König ein Meister des Erdzaubers ... aber gilt das auch für den Prinzen?
Werdet Ihr auch am Unterricht teilnehmen?
Nein, ich habe kein Talent für Zauberei.
Für so einen perfekten Prinzen, der fast alles kann ...
... ist Zauberei also die Ausnahme.

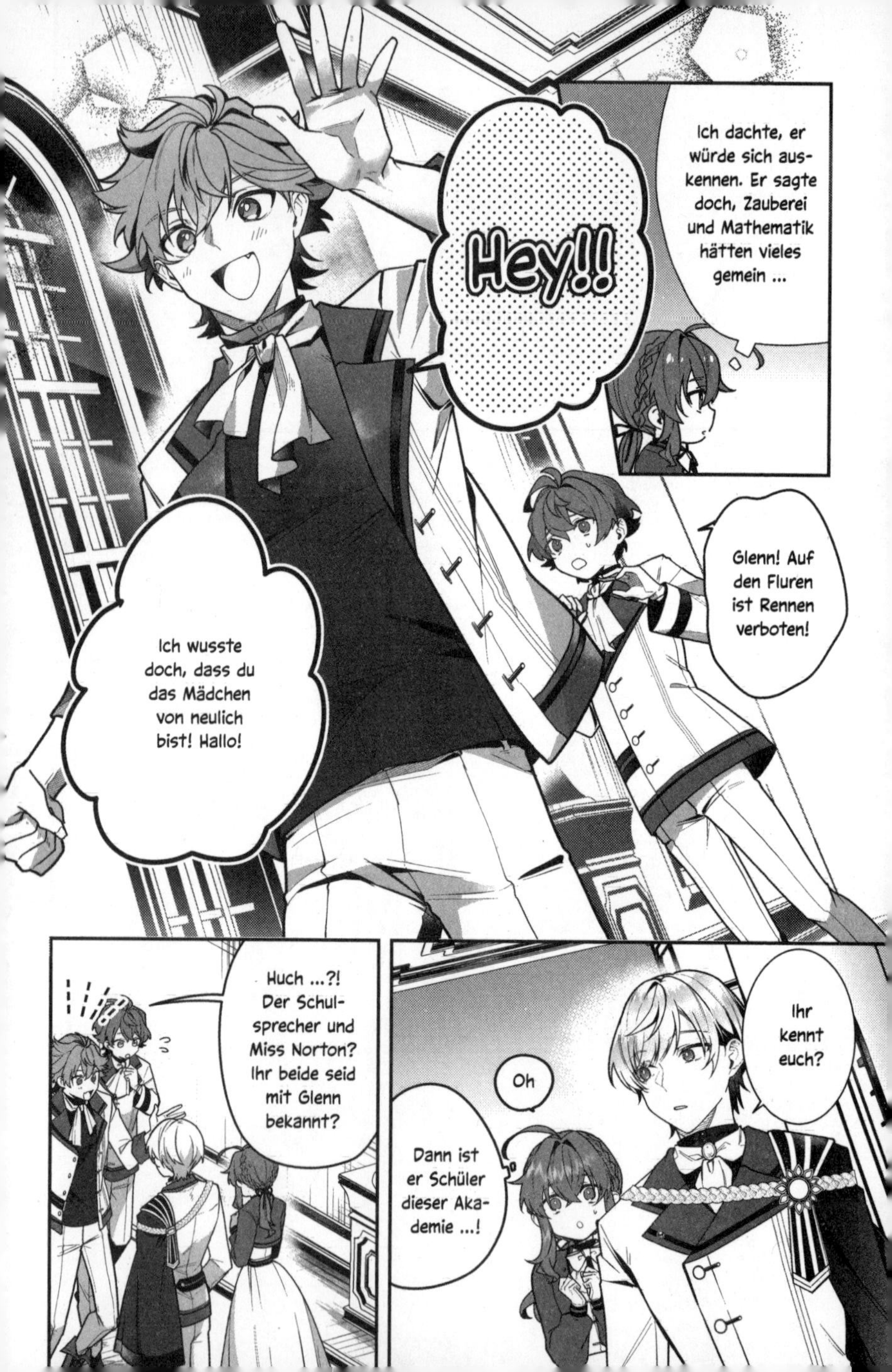
Ich dachte, er würde sich auskennen. Er sagte doch, Zauberei und Mathematik hätten vieles gemein ...
Hey!!
Glenn! Auf den Fluren ist Rennen verboten!
Ich wusste doch, dass du das Mädchen von neulich bist! Hallo!
Ihr kennt euch?
Oh
Dann ist er Schüler dieser Akademie ...!
Huch ...?! Der Schulsprecher und Miss Norton? Ihr beide seid mit Glenn bekannt?

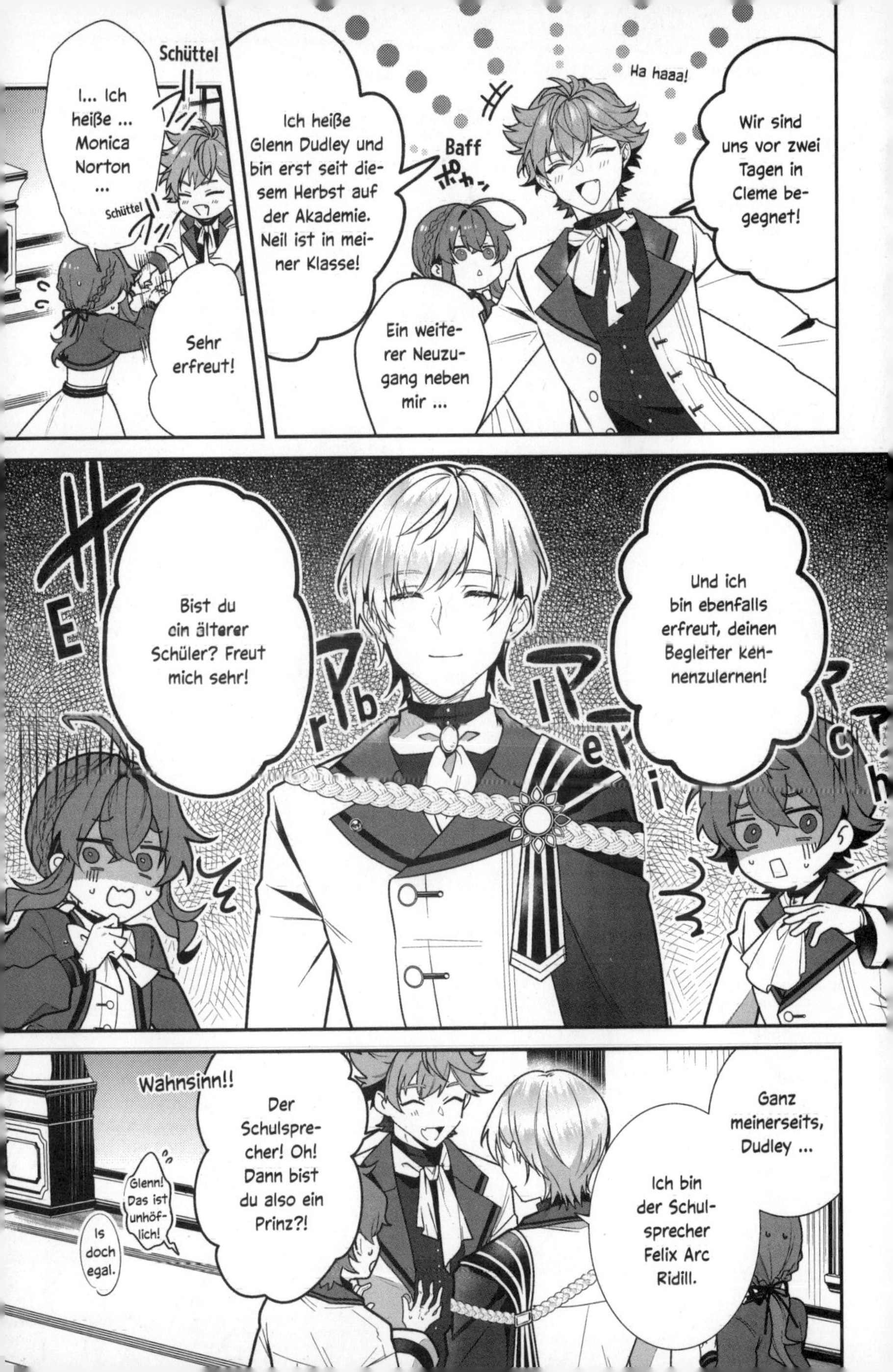
Wir sind uns vor zwei Tagen in Cleme begegnet!
Ha haaa!
Baff
Ich heiße Glenn Dudley und bin erst seit diesem Herbst auf der Akademie. Neil ist in meiner Klasse!
Ein weiterer Neuzugang neben mir ...
Schüttel
I... Ich heiße ... Monica Norton ...
Schüttel
Sehr erfreut!
Und ich bin ebenfalls erfreut, deinen Begleiter kennenzulernen!
Bist du ein älterer Schüler? Freut mich sehr!
Ganz meinerseits, Dudley ...
Ich bin der Schulsprecher Felix Arc Ridill.
Der Schulsprecher! Oh! Dann bist du also ein Prinz?!
Wahnsinn!!
Glenn! Das ist unhöflich!
Is doch egal.

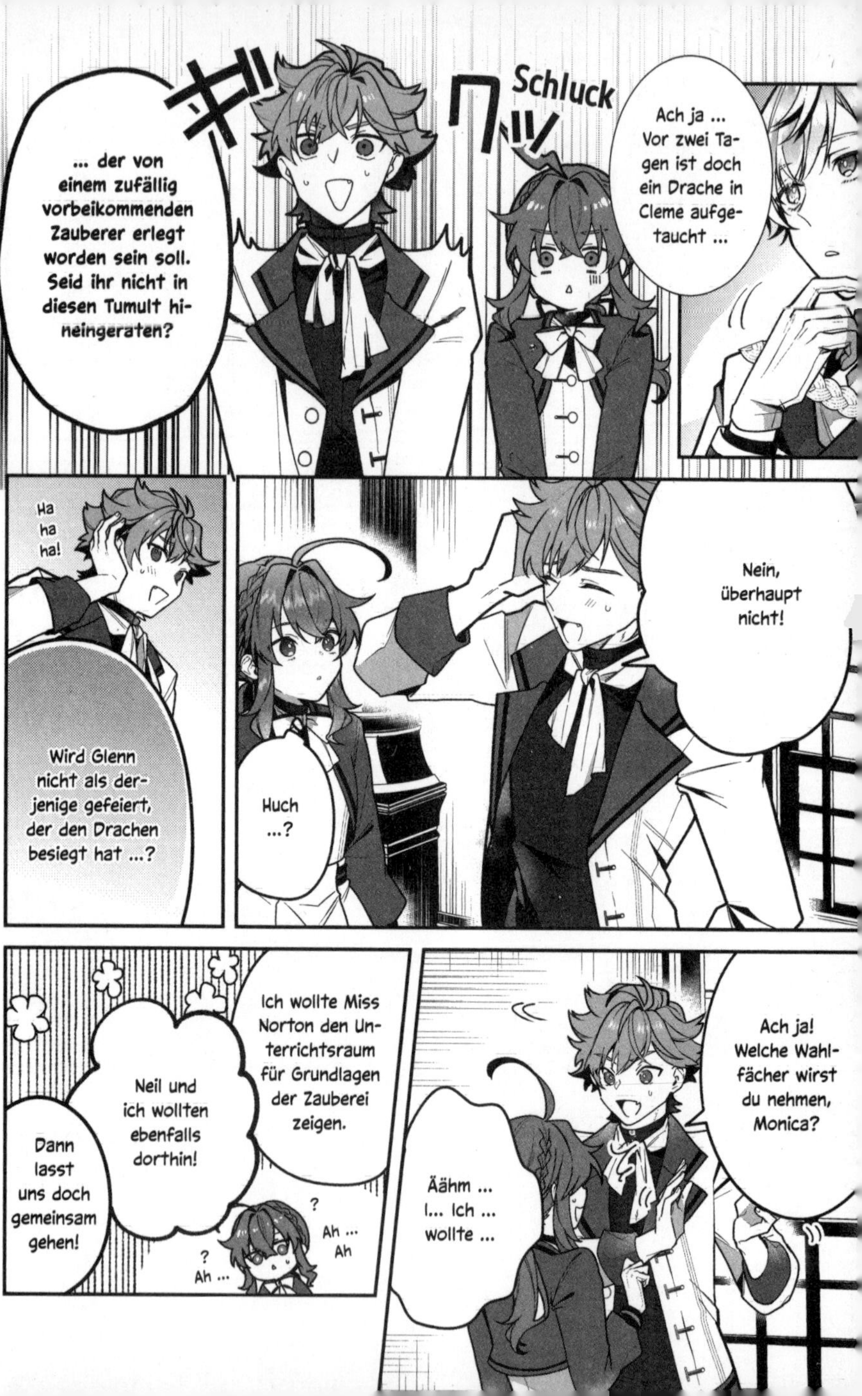
Schluck
Ach ja ... Vor zwei Tagen ist doch ein Drache in Cleme aufgetaucht ...
... der von einem zufällig vorbeikommenden Zauberer erlegt worden sein soll. Seid ihr nicht in diesen Tumult hineingeraten?
Nein, überhaupt nicht!
Huch ...?
Ha ha ha!
Wird Glenn nicht als derjenige gefeiert, der den Drachen besiegt hat ...?
Ach ja! Welche Wahlfächer wirst du nehmen, Monica?
Äähm ... I... Ich ... wollte ...
Ich wollte Miss Norton den Unterrichtsraum für Grundlagen der Zauberei zeigen.
Neil und ich wollten ebenfalls dorthin!
Dann lasst uns doch gemeinsam gehen!
? Ah ... Ah
? Ah ...

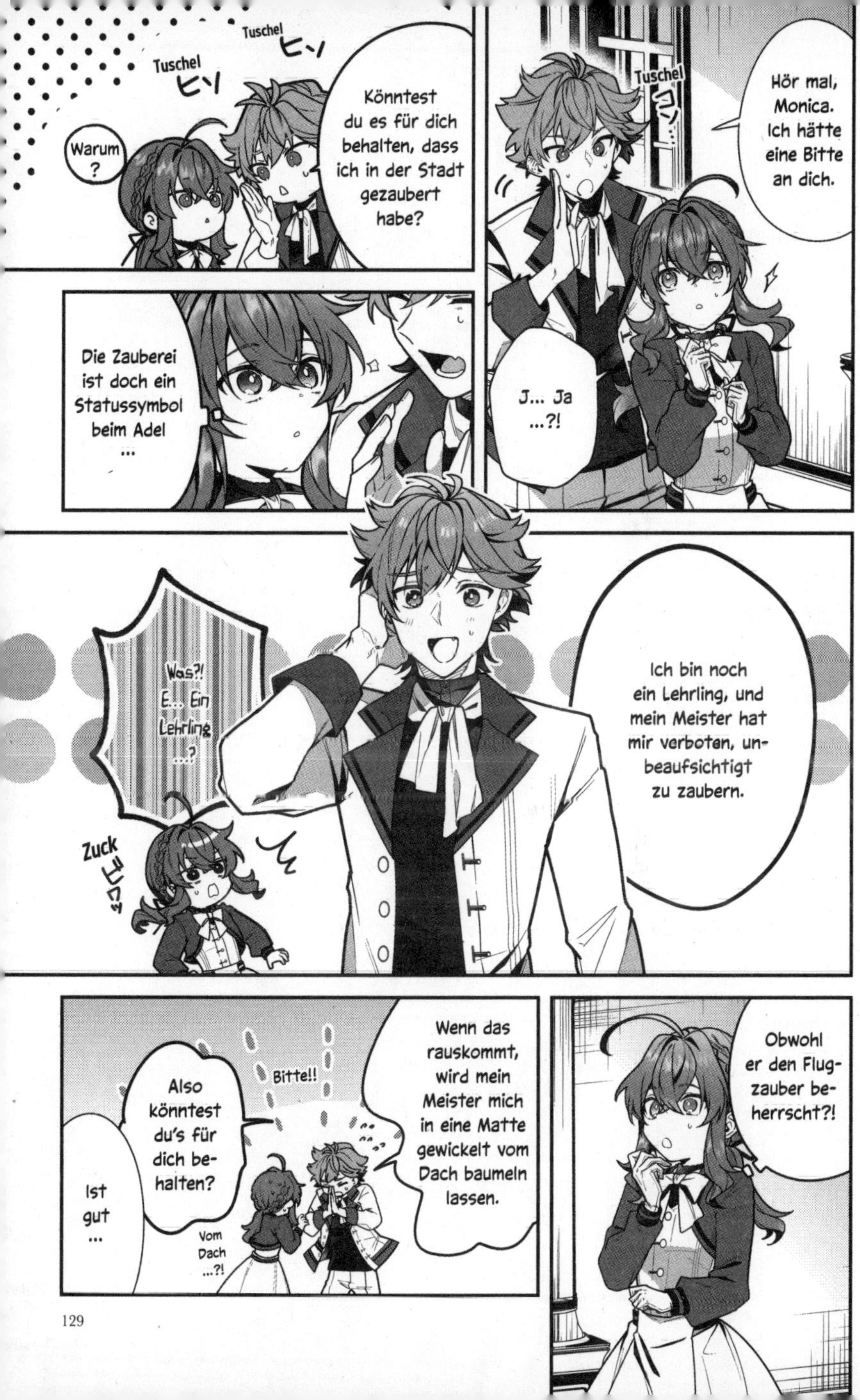
Hör mal, Monica. Ich hätte eine Bitte an dich.
Tuschel
J... Ja ...?!
Könntest du es für dich behalten, dass ich in der Stadt gezaubert habe?
Tuschel
Tuschel
Warum?
Die Zauberei ist doch ein Statussymbol beim Adel ...
Ich bin noch ein Lehrling, und mein Meister hat mir verboten, unbeaufsichtigt zu zaubern.
Was?! E... Ein Lehrling ...?
Zuck
Obwohl er den Flugzauber beherrscht?!
Wenn das rauskommt, wird mein Meister mich in eine Matte gewickelt vom Dach baumeln lassen.
Bitte!!
Also könntest du's für dich behalten?
Vom Dach ...?!
Ist gut ...

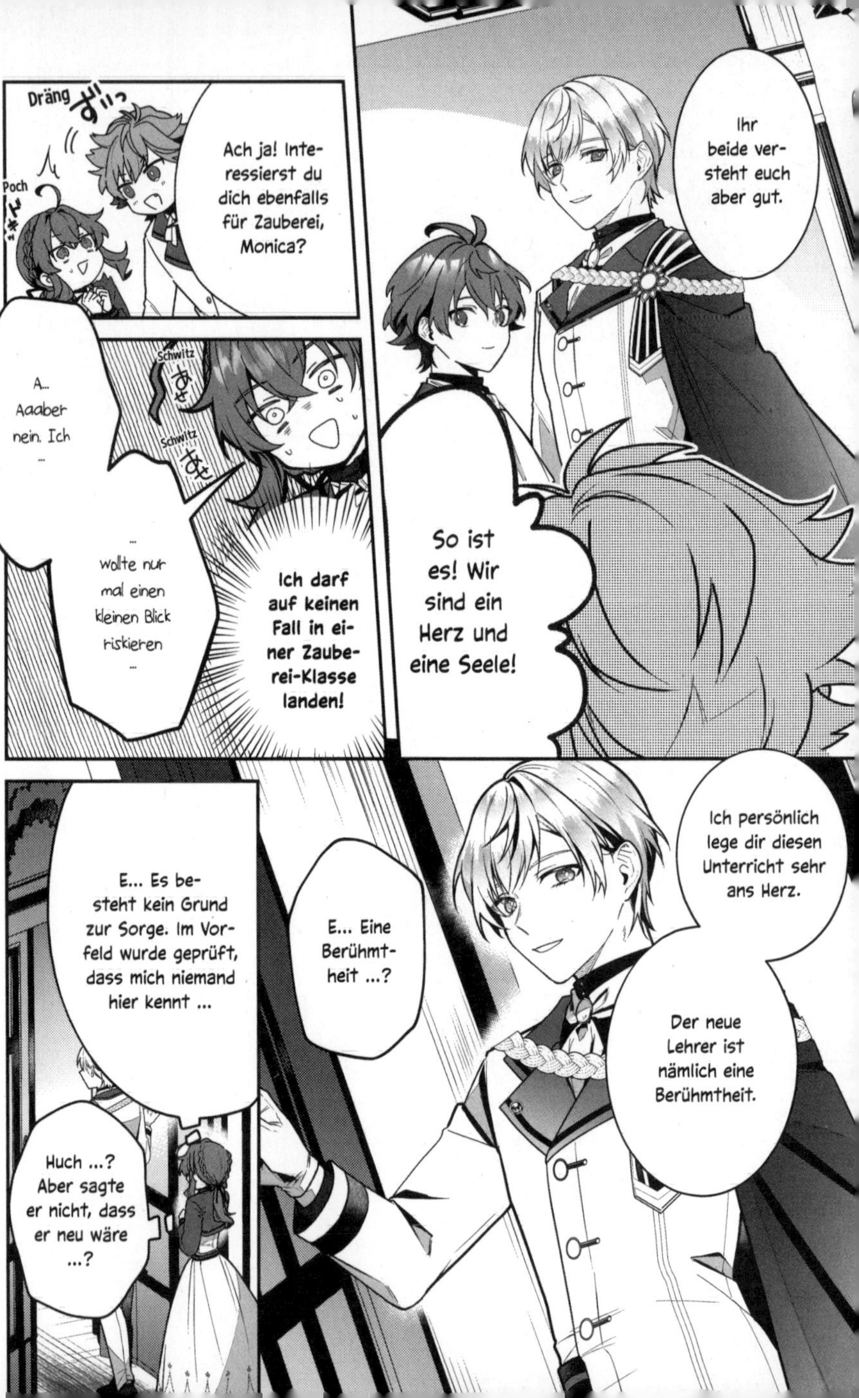
Ihr beide versteht euch aber gut.
So ist es! Wir sind ein Herz und eine Seele!
Dräng
Poch
Ach ja! Interessierst du dich ebenfalls für Zauberei, Monica?
A... Aaaber nein. Ich ...
... wollte nur mal einen kleinen Blick riskieren ...
Schwitz
Schwitz
Ich darf auf keinen Fall in einer Zauberei-Klasse landen!
Ich persönlich lege dir diesen Unterricht sehr ans Herz.
Der neue Lehrer ist nämlich eine Berühmtheit.
E... Eine Berühmtheit ...?
E... Es besteht kein Grund zur Sorge. Im Vorfeld wurde geprüft, dass mich niemand hier kennt ...
Huch ...? Aber sagte er nicht, dass er neu wäre ...?

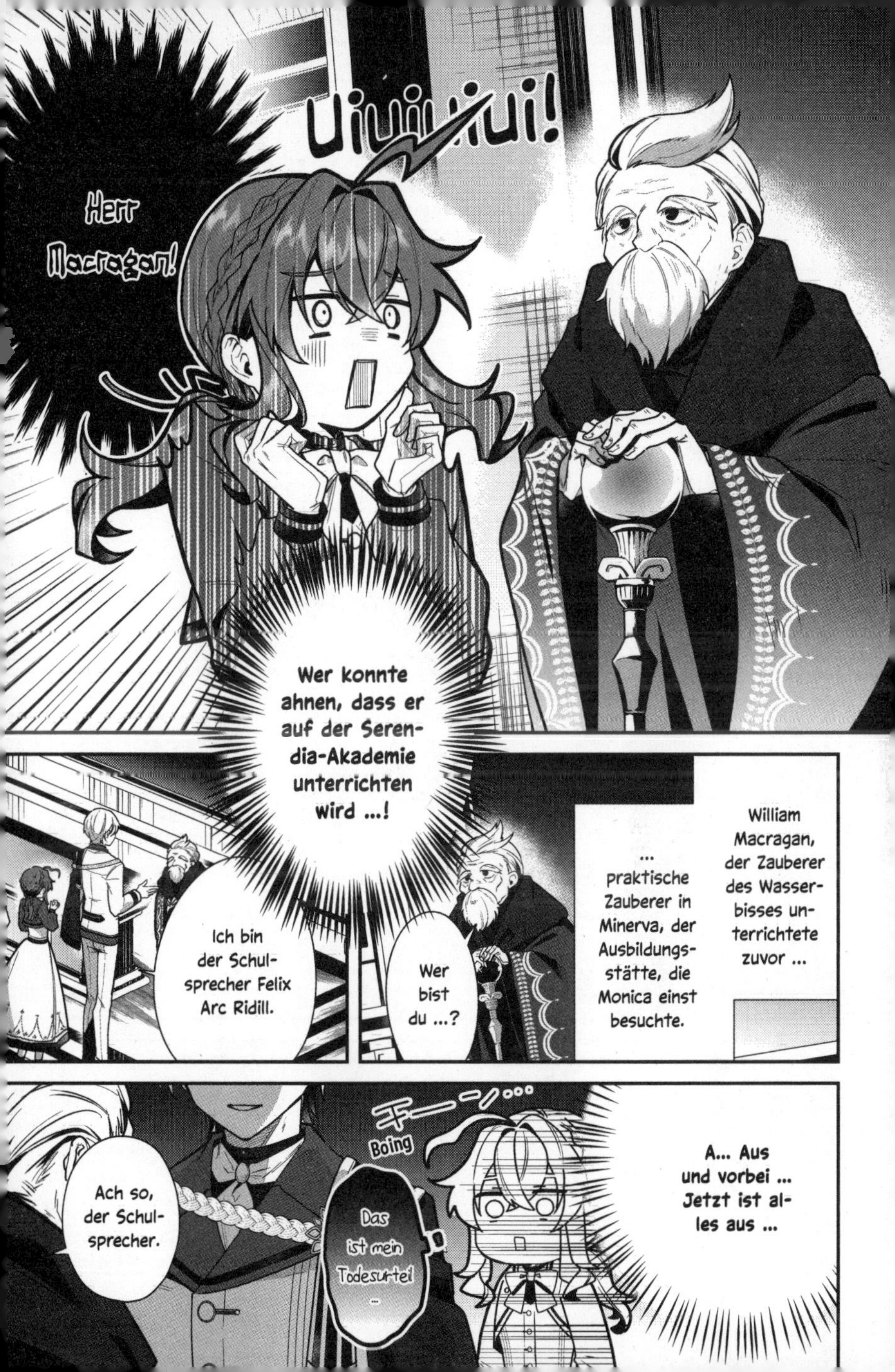
Uiuiuiui!
Herr Macragan!
Wer konnte ahnen, dass er auf der Serendia-Akademie unterrichten wird …!
William Macragan, der Zauberer des Wasserbisses unterrichtete zuvor …
… praktische Zauberer in Minerva, der Ausbildungsstätte, die Monica einst besuchte.
Wer bist du …?
Ich bin der Schulsprecher Felix Arc Ridill.
A… Aus und vorbei … Jetzt ist alles aus …
Boing
Das ist mein Todesurteil …
Ach so, der Schulsprecher.

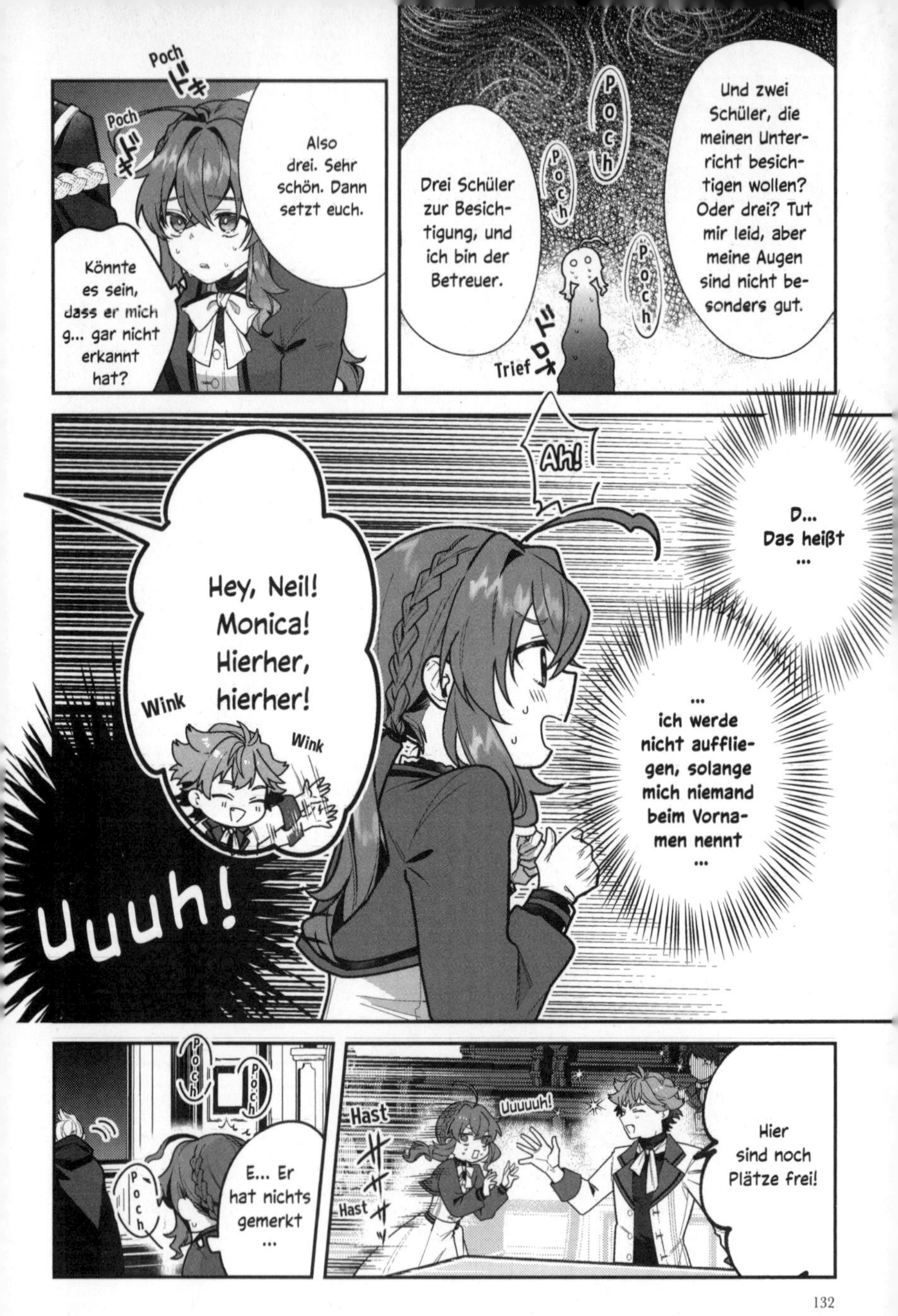
Und zwei Schüler, die meinen Unterricht besichtigen wollen? Oder drei? Tut mir leid, aber meine Augen sind nicht besonders gut.
Poch
Poch
Poch
Drei Schüler zur Besichtigung, und ich bin der Betreuer.
Trief
Poch
Poch
Also drei. Sehr schön. Dann setzt euch.
Könnte es sein, dass er mich g... gar nicht erkannt hat?
Ah!
D... Das heißt ...
... ich werde nicht auffliegen, solange mich niemand beim Vornamen nennt ...
Hey, Neil! Monica! Hierher, hierher!
Wink
Wink
Uuuh!
Hier sind noch Plätze frei!
Uuuuuh!
Hast
Hast
Poch
Poch
E... Er hat nichts gemerkt ...
Poch

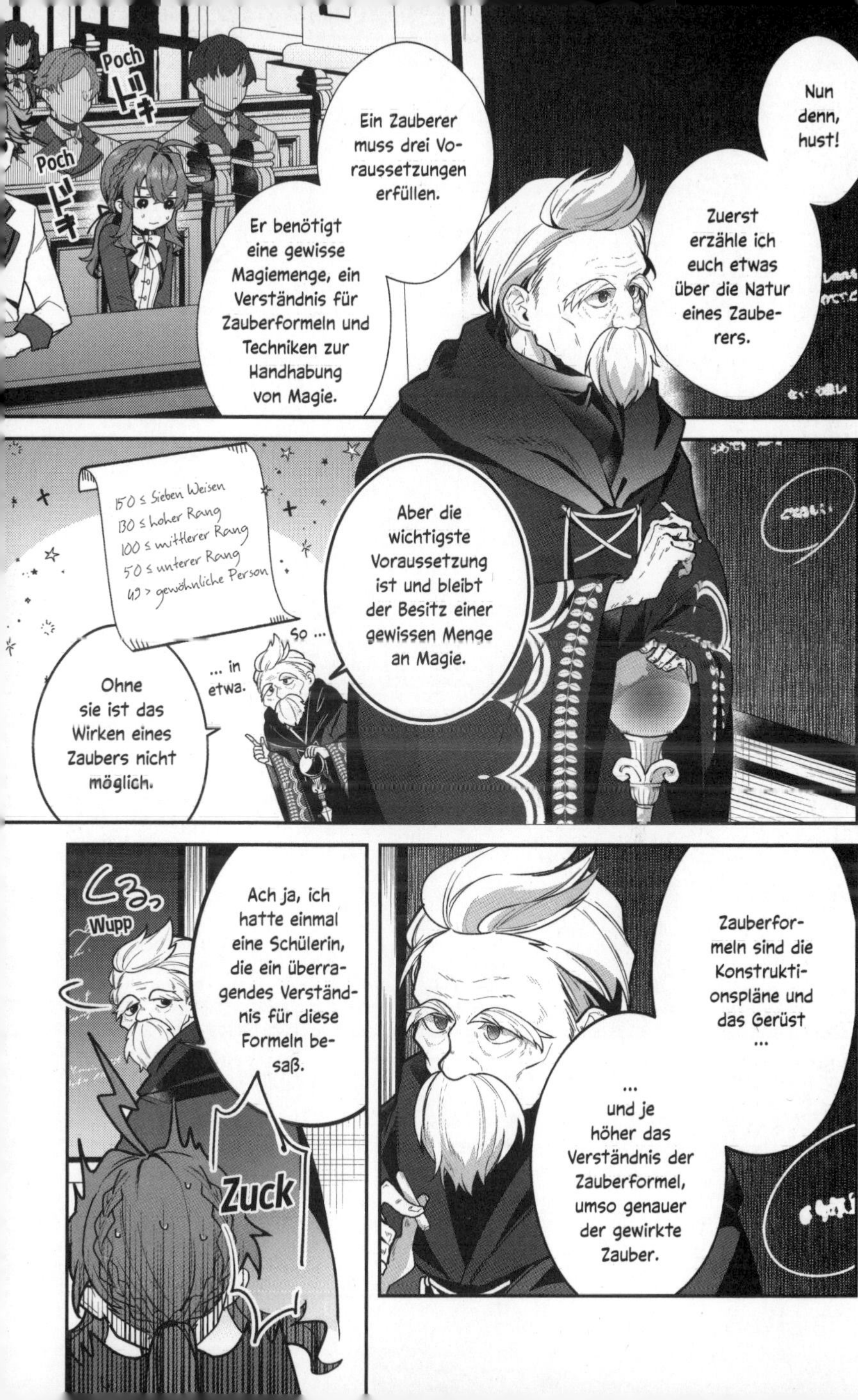
Nun denn, hust!
Zuerst erzähle ich euch etwas über die Natur eines Zauberers.
Ein Zauberer muss drei Voraussetzungen erfüllen.
Er benötigt eine gewisse Magiemenge, ein Verständnis für Zauberformeln und Techniken zur Handhabung von Magie.
Poch
Poch
Aber die wichtigste Voraussetzung ist und bleibt der Besitz einer gewissen Menge an Magie.
So ...
... in etwa.
150 ≤ Sieben Weisen
130 ≤ hoher Rang
100 ≤ mittlerer Rang
50 ≤ unterer Rang
49 > gewöhnliche Person
Ohne sie ist das Wirken eines Zaubers nicht möglich.
Zauberformeln sind die Konstruktionspläne und das Gerüst ...
... und je höher das Verständnis der Zauberformel, umso genauer der gewirkte Zauber.
Ach ja, ich hatte einmal eine Schülerin, die ein überragendes Verständnis für diese Formeln besaß.
Wupp
Zuck

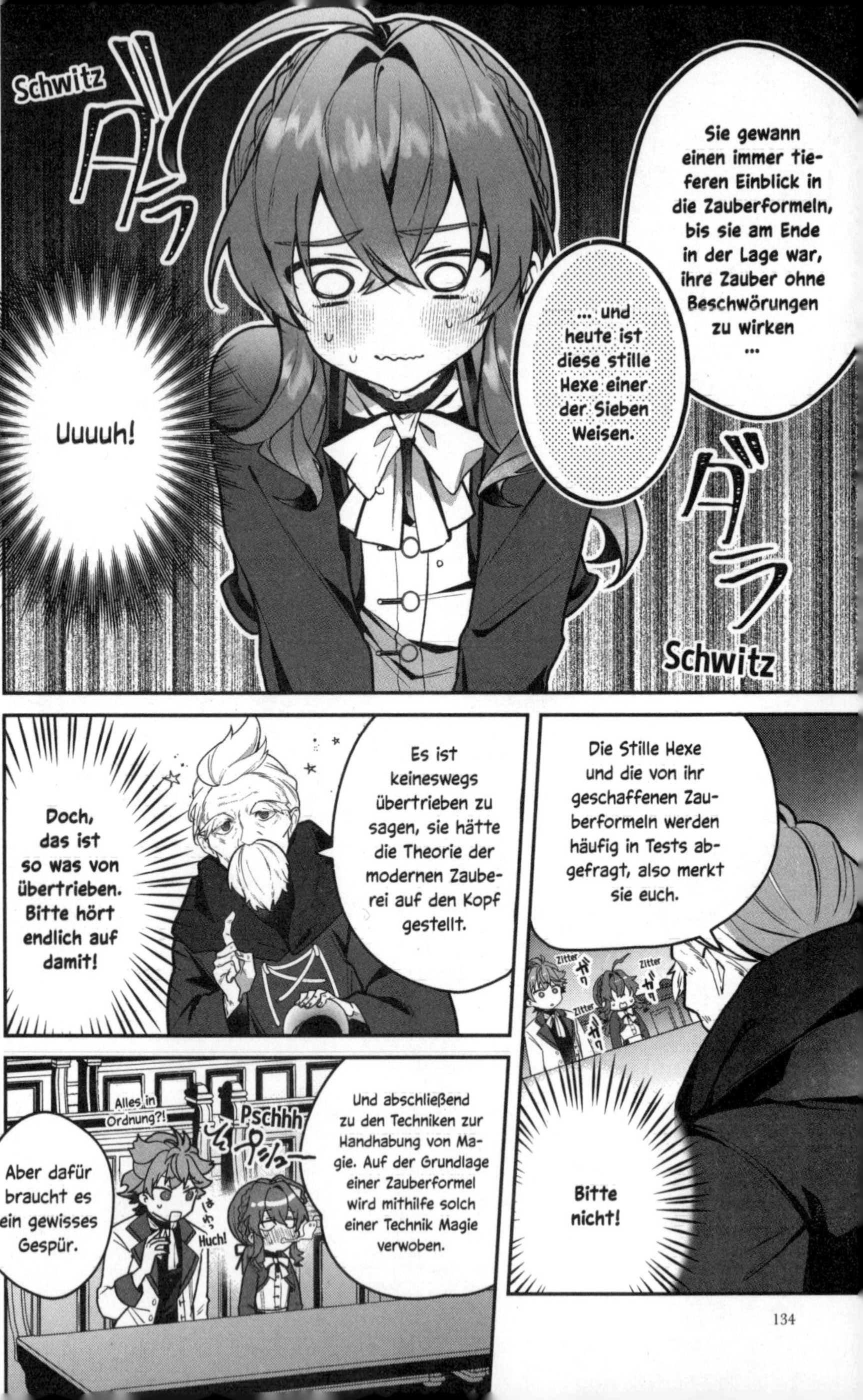
Sie gewann einen immer tieferen Einblick in die Zauberformeln, bis sie am Ende in der Lage war, ihre Zauber ohne Beschwörungen zu wirken ...
... und heute ist diese stille Hexe einer der Sieben Weisen.
Schwitz
Schwitz
Uuuuh!
Die Stille Hexe und die von ihr geschaffenen Zauberformeln werden häufig in Tests abgefragt, also merkt sie euch.
Bitte nicht!
Zitter
Zitter
Zitter
Es ist keineswegs übertrieben zu sagen, sie hätte die Theorie der modernen Zauberei auf den Kopf gestellt.
Doch, das ist so was von übertrieben. Bitte hört endlich auf damit!
Und abschließend zu den Techniken zur Handhabung von Magie. Auf der Grundlage einer Zauberformel wird mithilfe solch einer Technik Magie verwoben.
Aber dafür braucht es ein gewisses Gespür.
Pschhh
Alles in Ordnung?!
Huch!

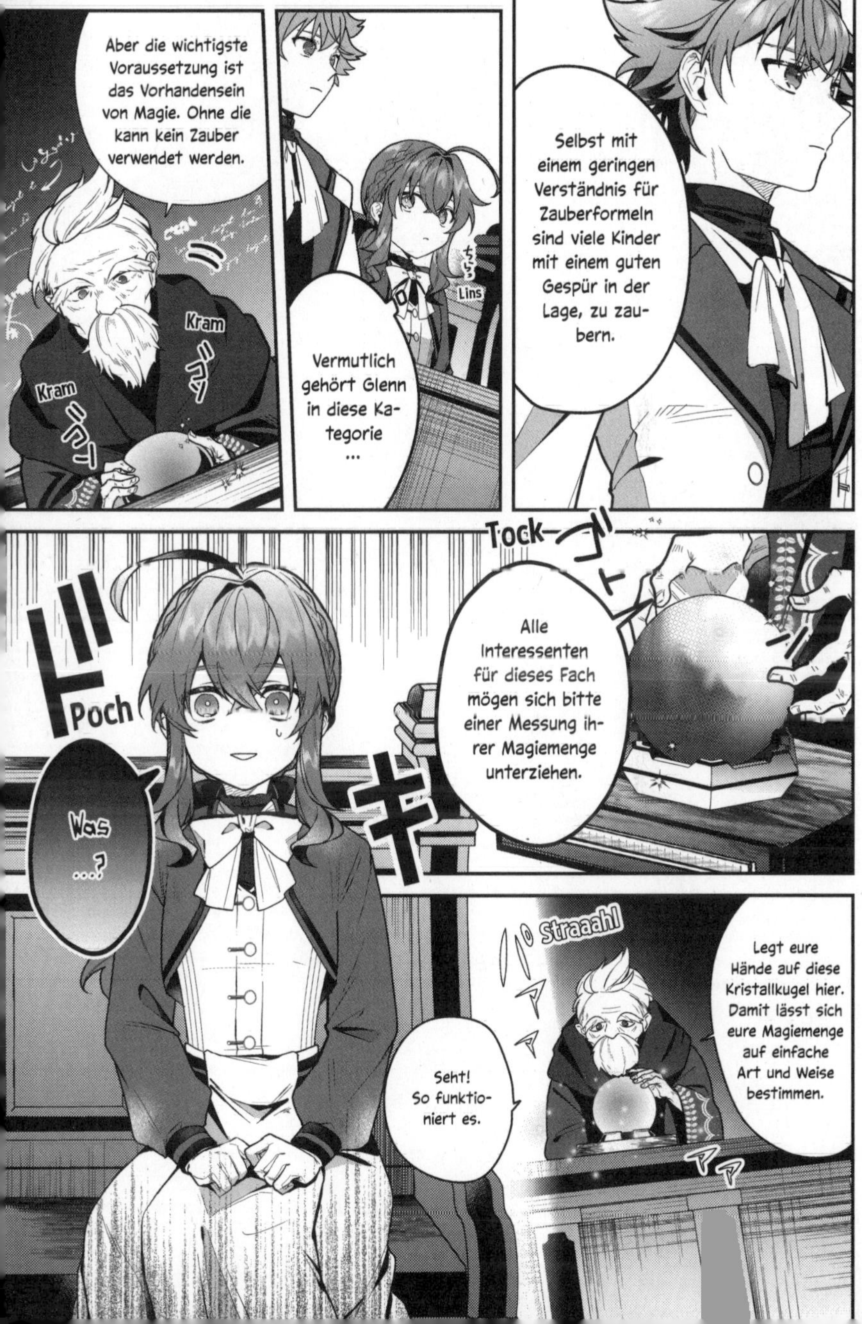
Selbst mit einem geringen Verständnis für Zauberformeln sind viele Kinder mit einem guten Gespür in der Lage, zu zaubern.
Lins
Vermutlich gehört Glenn in diese Kategorie ...
Aber die wichtigste Voraussetzung ist das Vorhandensein von Magie. Ohne die kann kein Zauber verwendet werden.
Kram
Kram
Tock
Alle Interessenten für dieses Fach mögen sich bitte einer Messung ihrer Magiemenge unterziehen.
Poch
Was ...?
Straaahl
Legt eure Hände auf diese Kristallkugel hier. Damit lässt sich eure Magiemenge auf einfache Art und Weise bestimmen.
Seht! So funktioniert es.

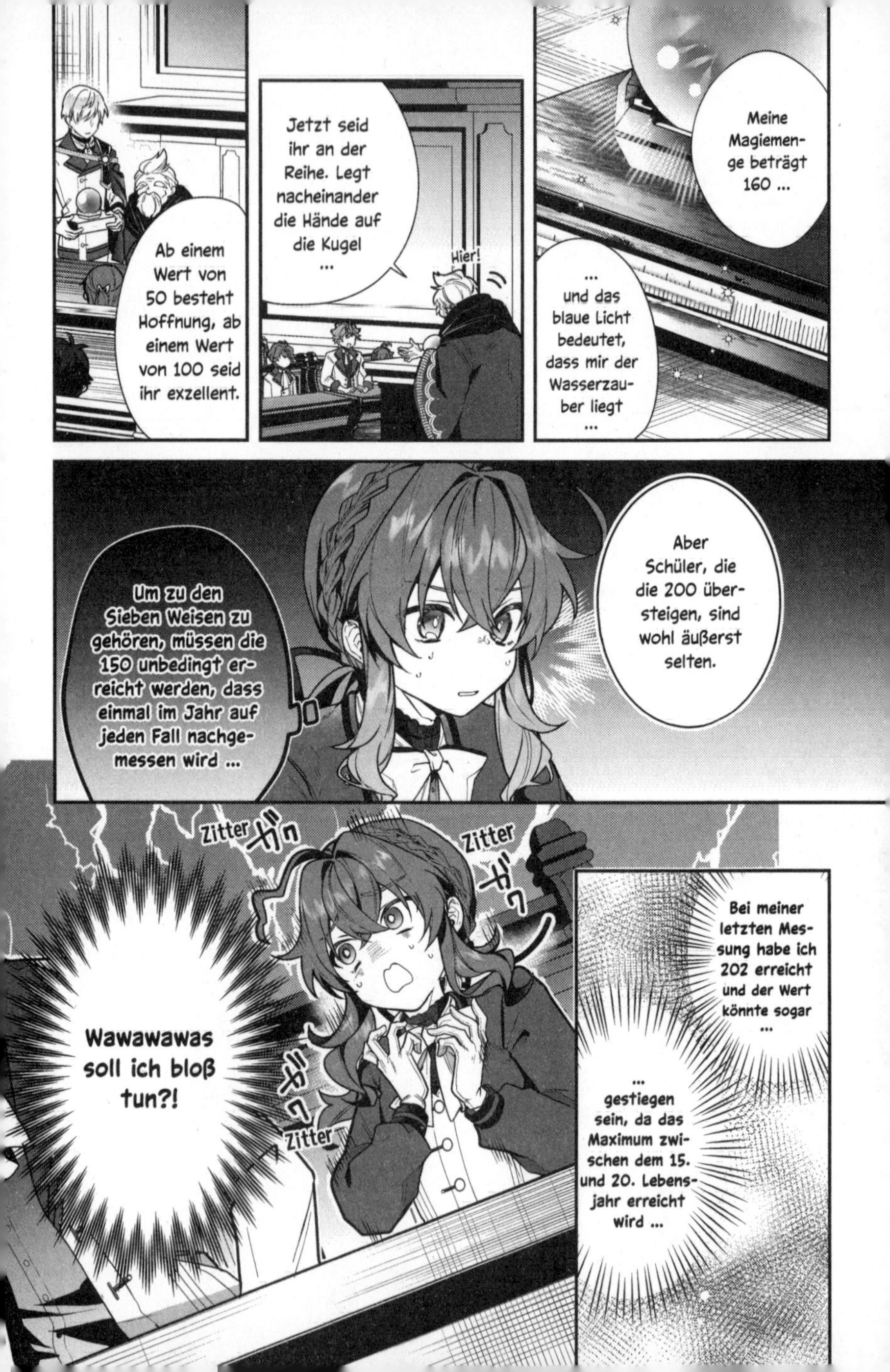

Ab einem Wert von 50 besteht Hoffnung, ab einem Wert von 100 seid ihr exzellent.
Jetzt seid ihr an der Reihe. Legt nacheinander die Hände auf die Kugel ...
Hier!
Meine Magiemenge beträgt 160 ...
... und das blaue Licht bedeutet, dass mir der Wasserzauber liegt ...
Aber Schüler, die die 200 übersteigen, sind wohl äußerst selten.
Um zu den Sieben Weisen zu gehören, müssen die 150 unbedingt erreicht werden, dass einmal im Jahr auf jeden Fall nachgemessen wird ...
Zitter
Zitter
Zitter
Wawawawas soll ich bloß tun?!
Bei meiner letzten Messung habe ich 202 erreicht und der Wert könnte sogar ...
... gestiegen sein, da das Maximum zwischen dem 15. und 20. Lebensjahr erreicht wird ...

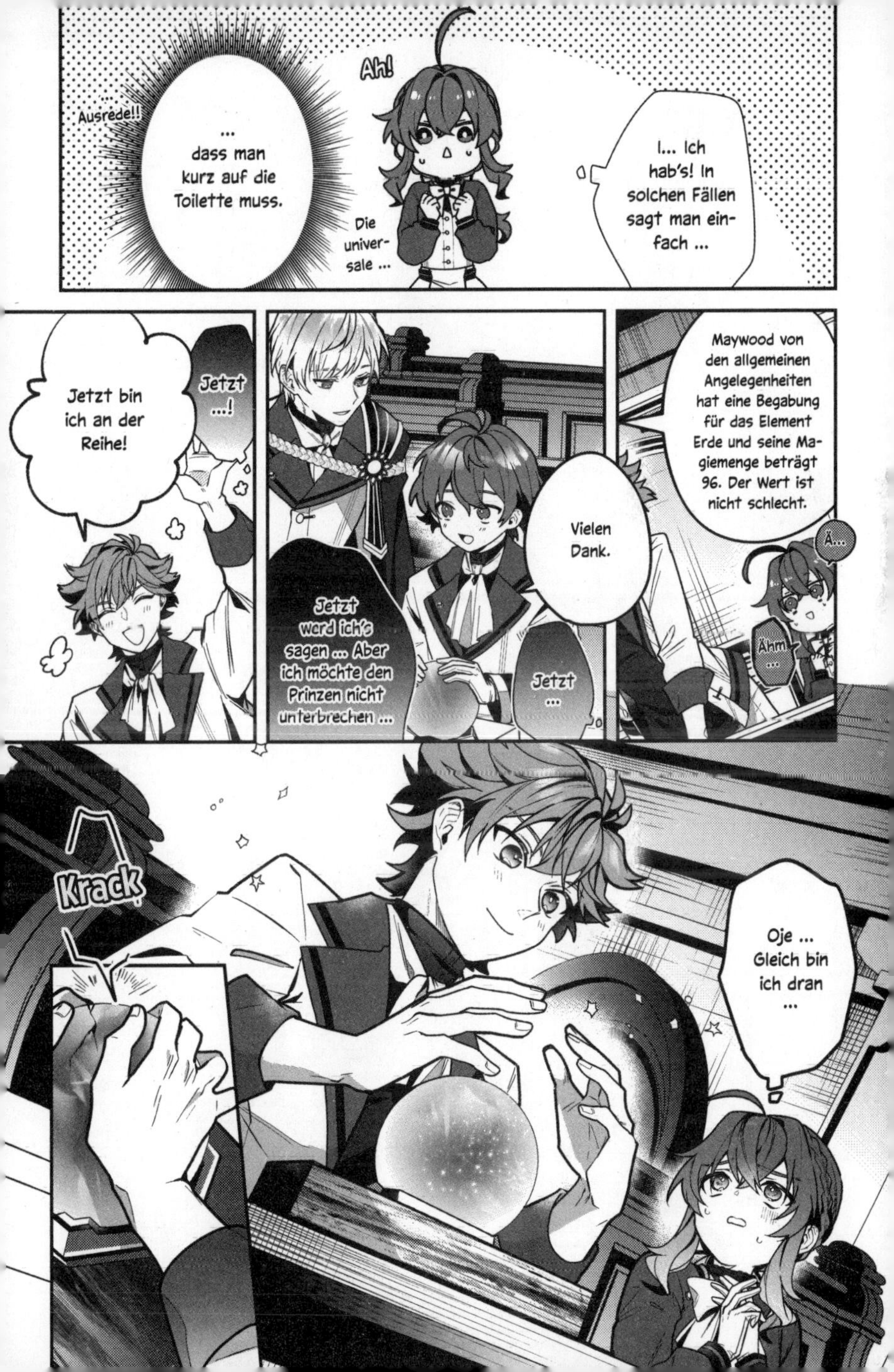
I... Ich hab's! In solchen Fällen sagt man ein-fach ...
Ah!
Die univer-sale ...
... dass man kurz auf die Toilette muss.
Ausrede!!
Maywood von den allgemeinen Angelegenheiten hat eine Begabung für das Element Erde und seine Ma-giemenge beträgt 96. Der Wert ist nicht schlecht.
Ä...
Ähm ...
Vielen Dank.
Jetzt ...
Jetzt werd ich's sagen ... Aber ich möchte den Prinzen nicht unterbrechen ...
Jetzt ...!
Jetzt bin ich an der Reihe!
Oje ... Gleich bin ich dran ...
Krack

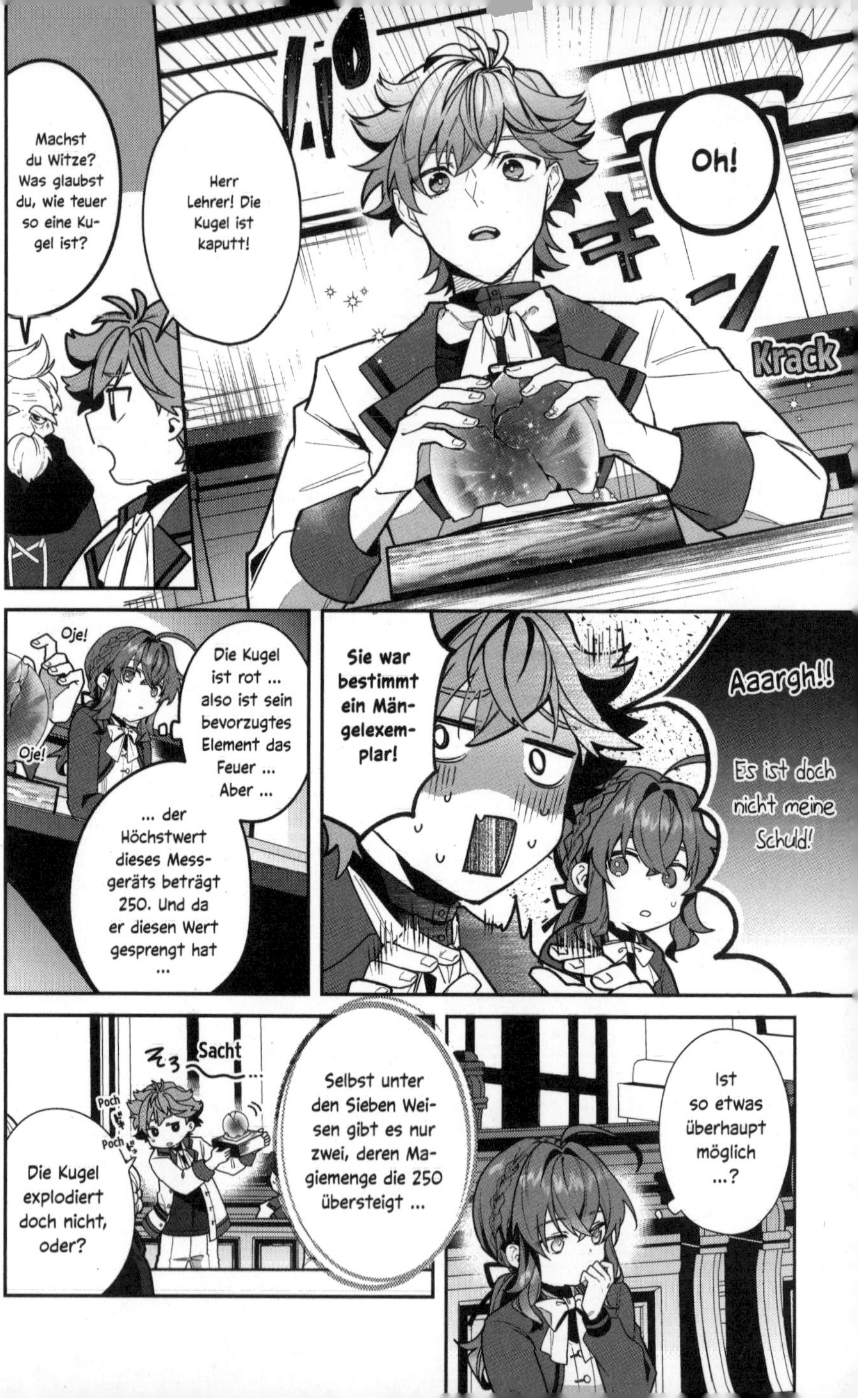
Oh!
Krack
Herr Lehrer! Die Kugel ist kaputt!
Machst du Witze? Was glaubst du, wie teuer so eine Kugel ist?
Aaargh!!
Es ist doch nicht meine Schuld!
Sie war bestimmt ein Mängelexemplar!
Die Kugel ist rot ... also ist sein bevorzugtes Element das Feuer ... Aber ...
Oje!
Oje!
... der Höchstwert dieses Messgeräts beträgt 250. Und da er diesen Wert gesprengt hat ...
Ist so etwas überhaupt möglich ...?
Selbst unter den Sieben Weisen gibt es nur zwei, deren Magiemenge die 250 übersteigt ...
Sacht
Poch
Poch
Die Kugel explodiert doch nicht, oder?

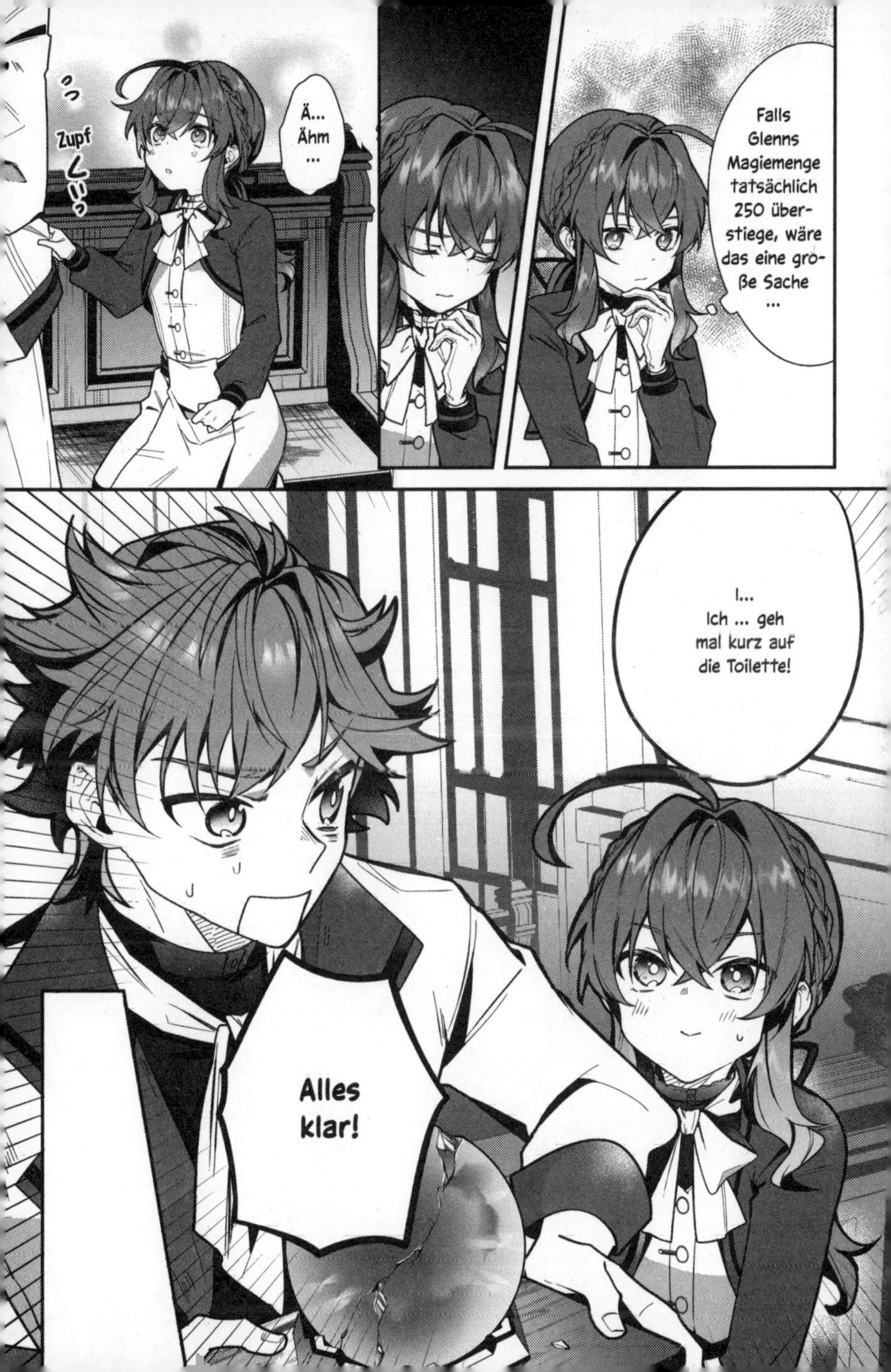
Falls Glenns Magiemenge tatsächlich 250 überstiege, wäre das eine große Sache ...
Ä... Ähm ...
Zupf
I... Ich ... geh mal kurz auf die Toilette!
Alles klar!

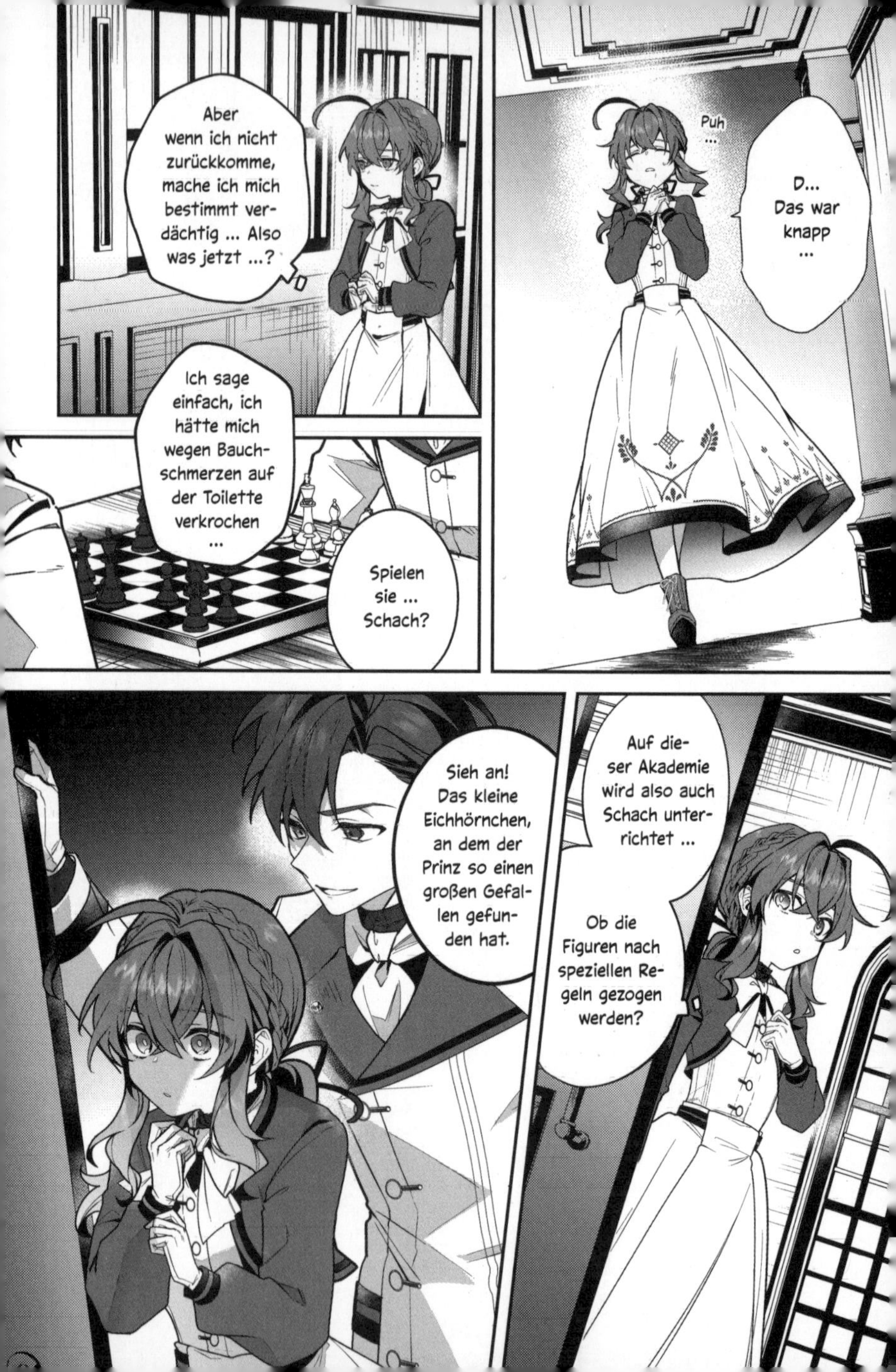
Puh ...
D... Das war knapp ...
Aber wenn ich nicht zurückkomme, mache ich mich bestimmt verdächtig ... Also was jetzt ...?
Ich sage einfach, ich hätte mich wegen Bauchschmerzen auf der Toilette verkrochen ...
Spielen sie ... Schach?
Auf dieser Akademie wird also auch Schach unterrichtet ...
Ob die Figuren nach speziellen Regeln gezogen werden?
Sieh an! Das kleine Eichhörnchen, an dem der Prinz so einen großen Gefallen gefunden hat.

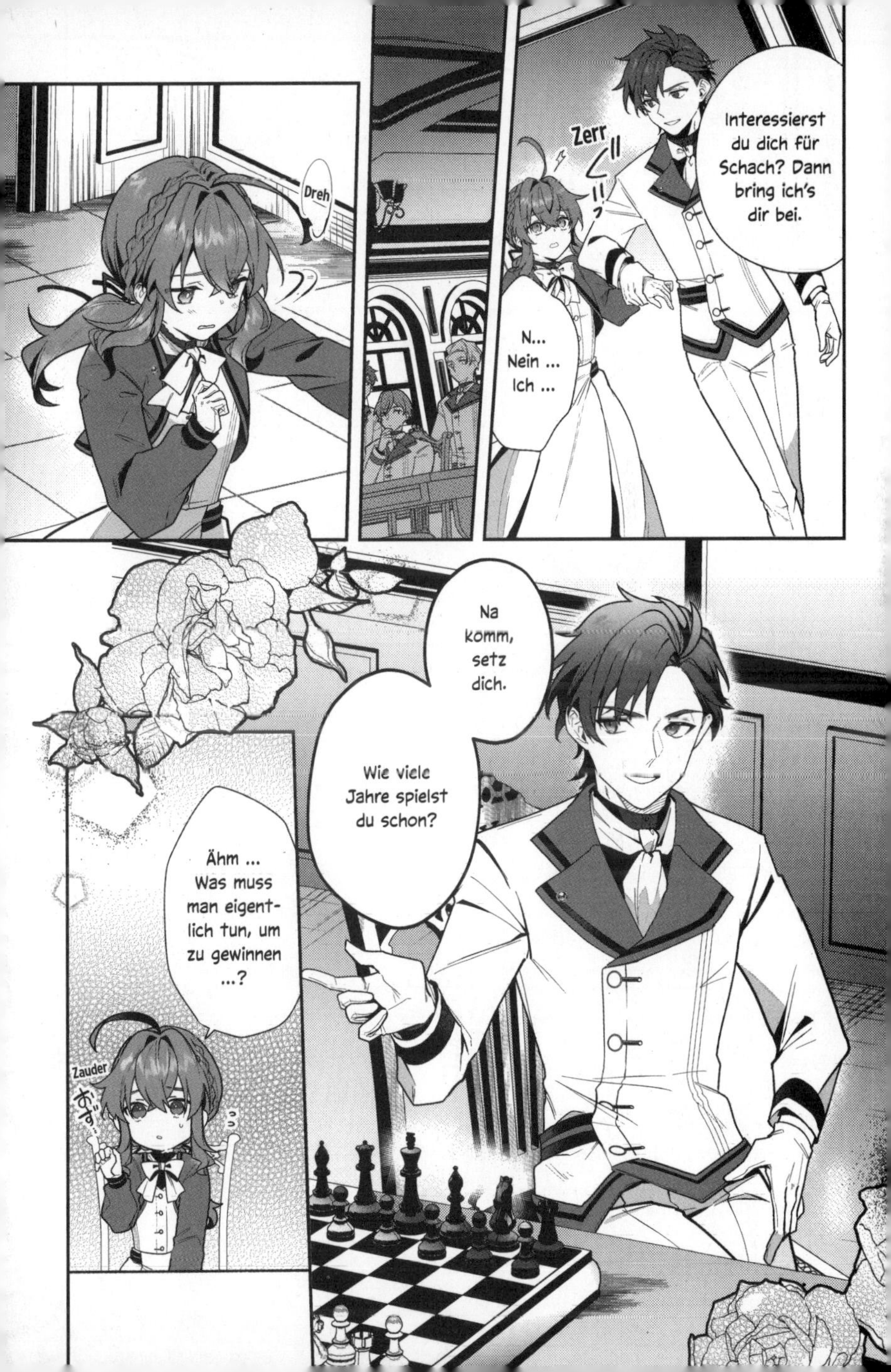

Interessierst du dich für Schach? Dann bring ich's dir bei.
Zerr
N... Nein ... Ich ...
Dreh
Na komm, setz dich.
Wie viele Jahre spielst du schon?
Ähm ... Was muss man eigentlich tun, um zu gewinnen ...?
Zauder
おず…

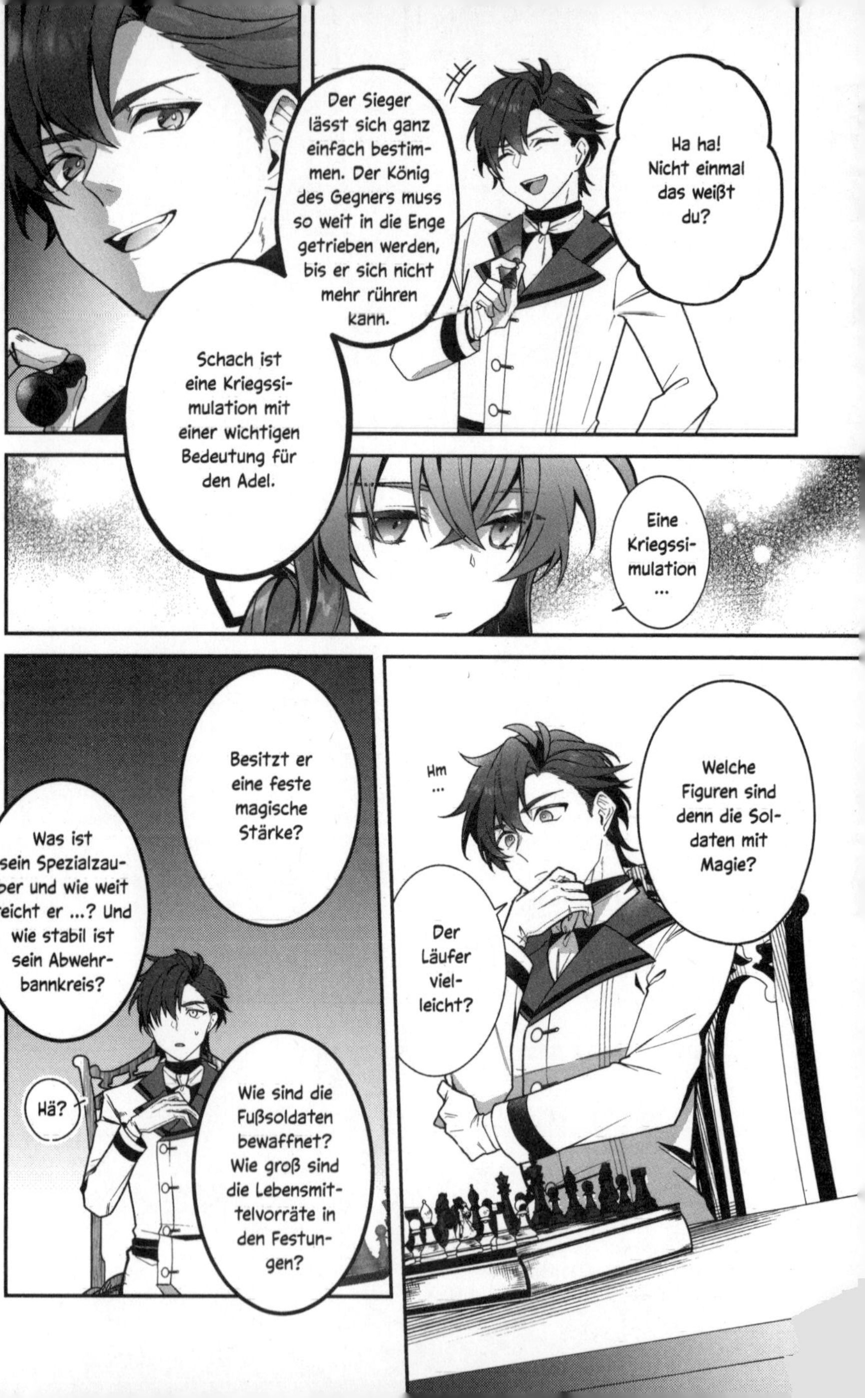
Ha ha! Nicht einmal das weißt du?
Der Sieger lässt sich ganz einfach bestimmen. Der König des Gegners muss so weit in die Enge getrieben werden, bis er sich nicht mehr rühren kann.
Schach ist eine Kriegssimulation mit einer wichtigen Bedeutung für den Adel.
Eine Kriegssimulation ...
Welche Figuren sind denn die Soldaten mit Magie?
Hm ...
Der Läufer vielleicht?
Besitzt er eine feste magische Stärke?
Was ist sein Spezialzauber und wie weit reicht er ...? Und wie stabil ist sein Abwehrbannkreis?
Wie sind die Fußsoldaten bewaffnet? Wie groß sind die Lebensmittelvorräte in den Festungen?
Hä?

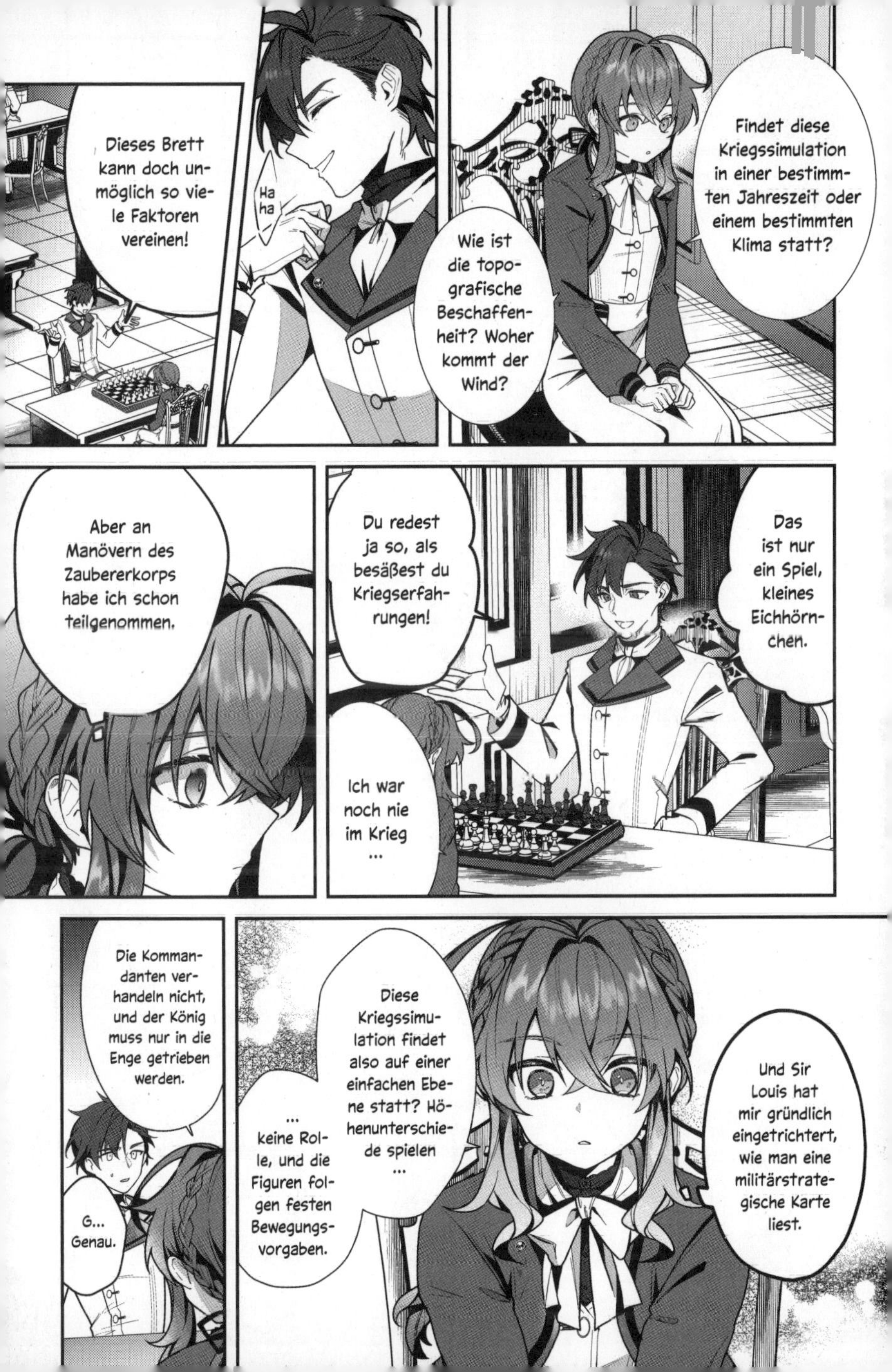
Findet diese Kriegssimulation in einer bestimmten Jahreszeit oder einem bestimmten Klima statt?
Wie ist die topografische Beschaffenheit? Woher kommt der Wind?
Ha ha
Dieses Brett kann doch unmöglich so viele Faktoren vereinen!
Das ist nur ein Spiel, kleines Eichhörnchen.
Du redest ja so, als besäßest du Kriegserfahrungen!
Ich war noch nie im Krieg …
Aber an Manövern des Zaubererkorps habe ich schon teilgenommen.
Und Sir Louis hat mir gründlich eingetrichtert, wie man eine militärstrategische Karte liest.
Diese Kriegssimulation findet also auf einer einfachen Ebene statt? Höhenunterschiede spielen …
… keine Rolle, und die Figuren folgen festen Bewegungsvorgaben.
Die Kommandanten verhandeln nicht, und der König muss nur in die Enge getrieben werden.
G… Genau.

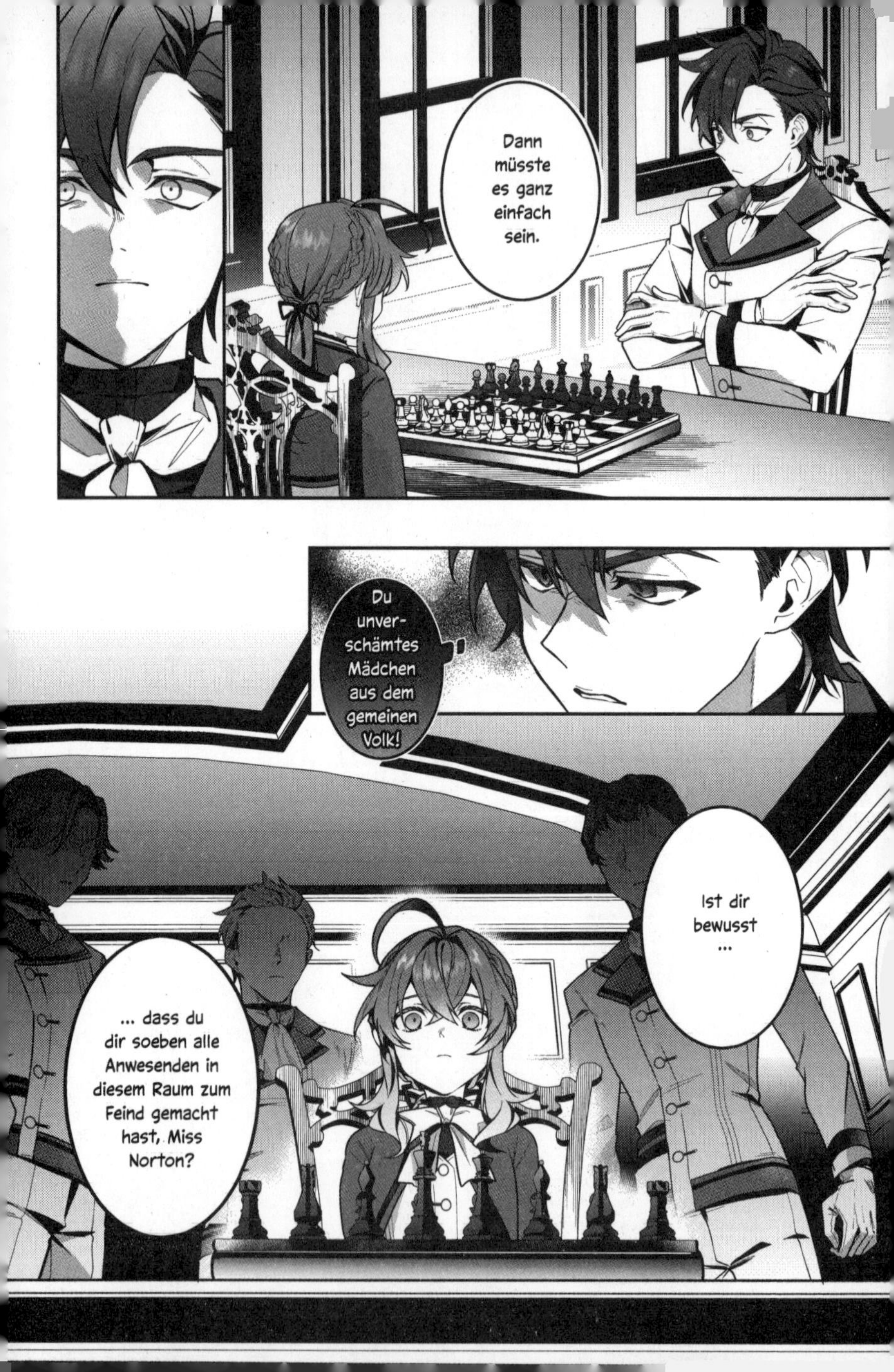
Dann müsste es ganz einfach sein.
Du unverschämtes Mädchen aus dem gemeinen Volk!
Ist dir bewusst ...
... dass du dir soeben alle Anwesenden in diesem Raum zum Feind gemacht hast, Miss Norton?

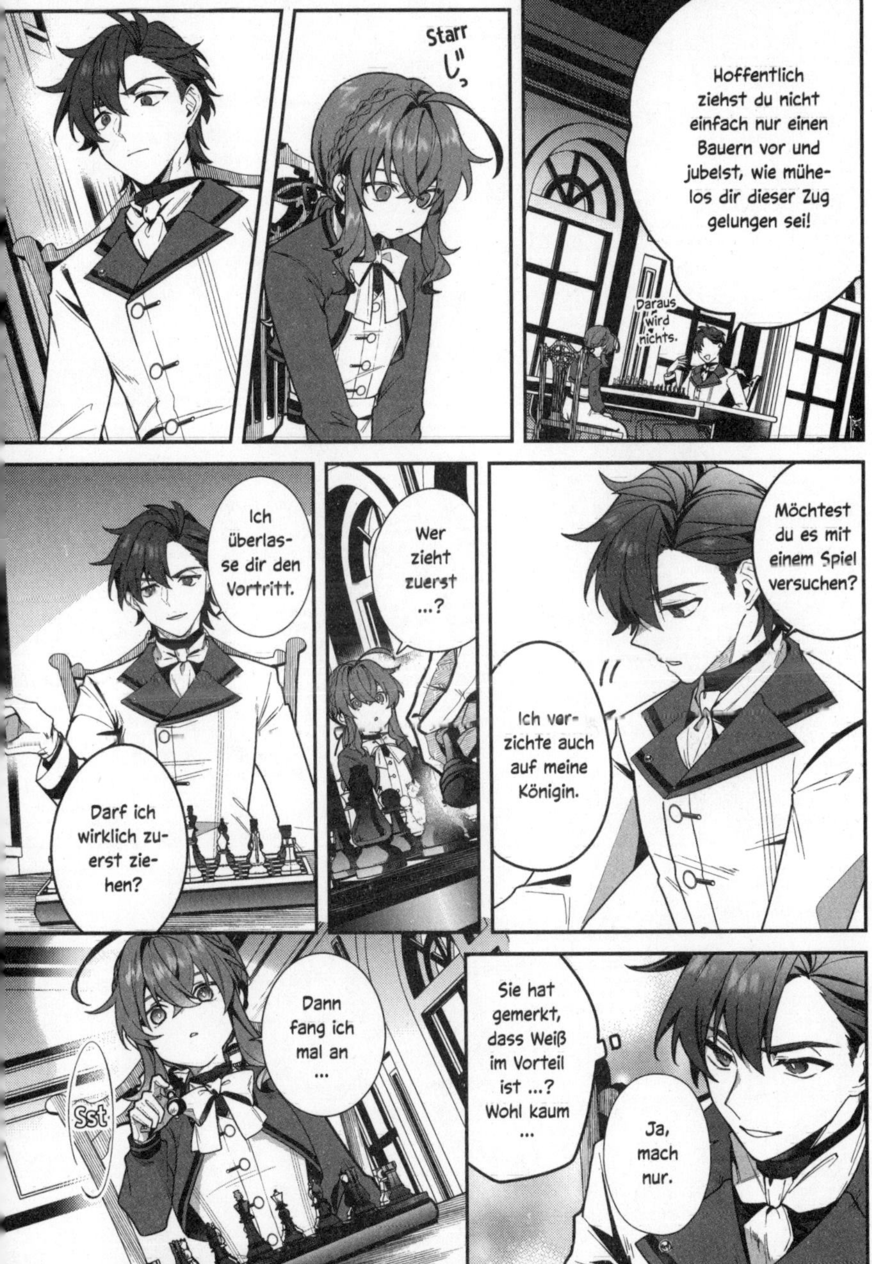
Hoffentlich ziehst du nicht einfach nur einen Bauern vor und jubelst, wie mühelos dir dieser Zug gelungen sei!
Daraus wird nichts.
Starr
じっ
Möchtest du es mit einem Spiel versuchen?
Ich verzichte auch auf meine Königin.
Wer zieht zuerst …?
Ich überlasse dir den Vortritt.
Darf ich wirklich zuerst ziehen?
Sie hat gemerkt, dass Weiß im Vorteil ist …? Wohl kaum …
Ja, mach nur.
Dann fang ich mal an …
Sst

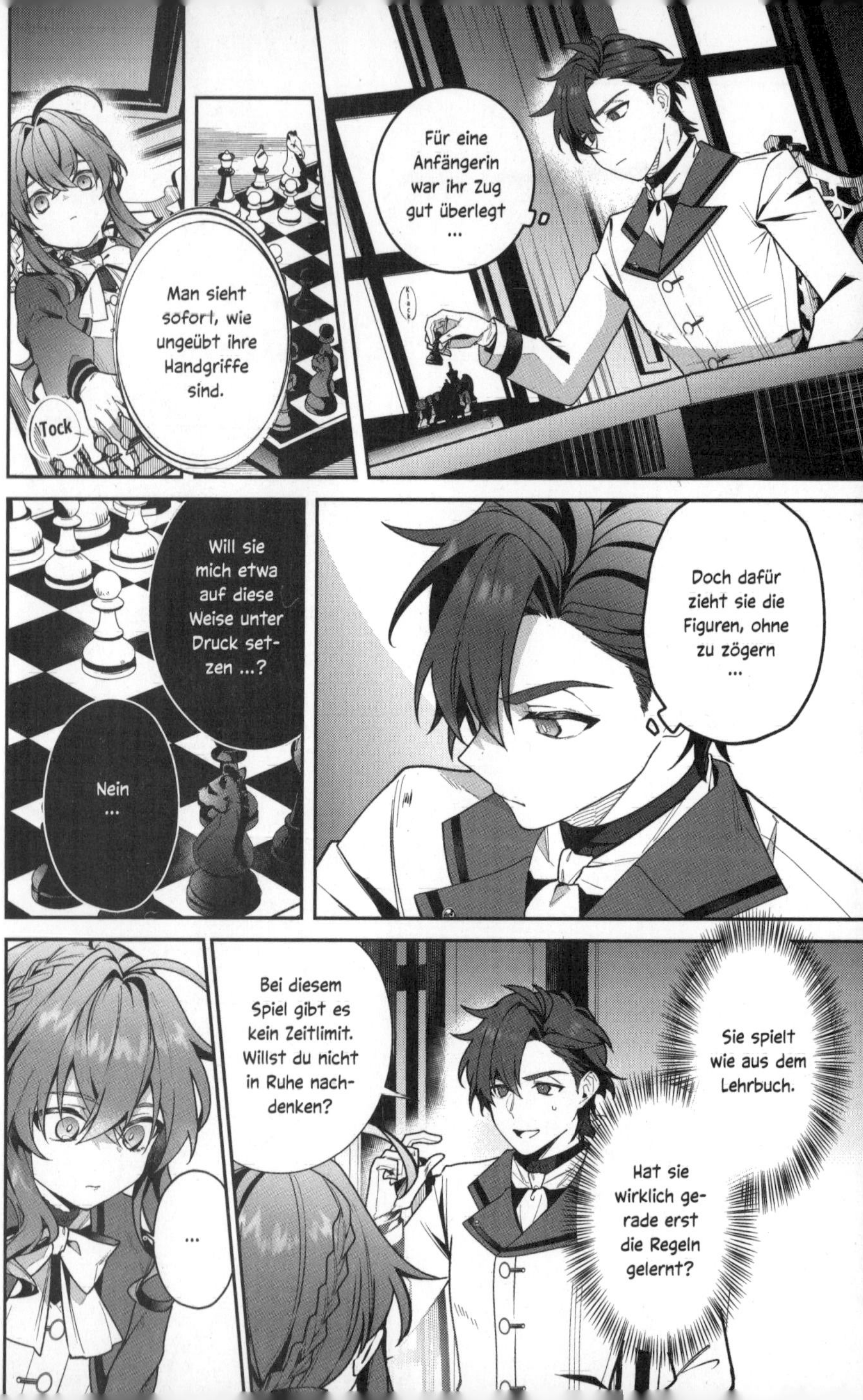
Für eine Anfängerin war ihr Zug gut überlegt ...
Man sieht sofort, wie ungeübt ihre Handgriffe sind.
Tock
Doch dafür zieht sie die Figuren, ohne zu zögern ...
Will sie mich etwa auf diese Weise unter Druck setzen ...?
Nein ...
Sie spielt wie aus dem Lehrbuch.
Hat sie wirklich gerade erst die Regeln gelernt?
Bei diesem Spiel gibt es kein Zeitlimit. Willst du nicht in Ruhe nachdenken?
...

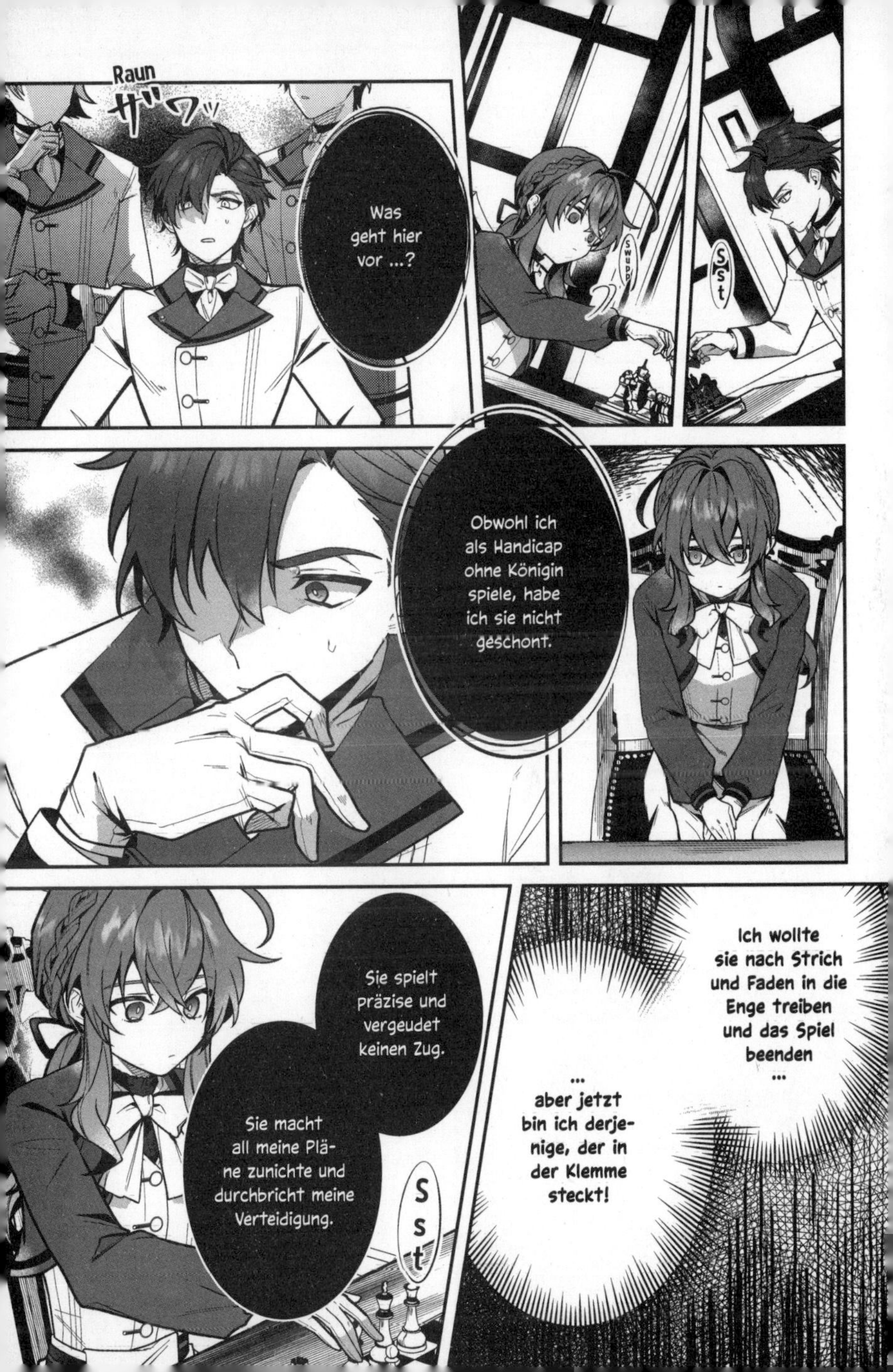
Sst
Swupp
Raun
ザワッ
Was geht hier vor ...?
Obwohl ich als Handicap ohne Königin spiele, habe ich sie nicht geschont.
Ich wollte sie nach Strich und Faden in die Enge treiben und das Spiel beenden ...
... aber jetzt bin ich derje-nige, der in der Klemme steckt!
Sie spielt präzise und vergeudet keinen Zug.
Sie macht all meine Plä-ne zunichte und durchbricht meine Verteidigung.
Sst

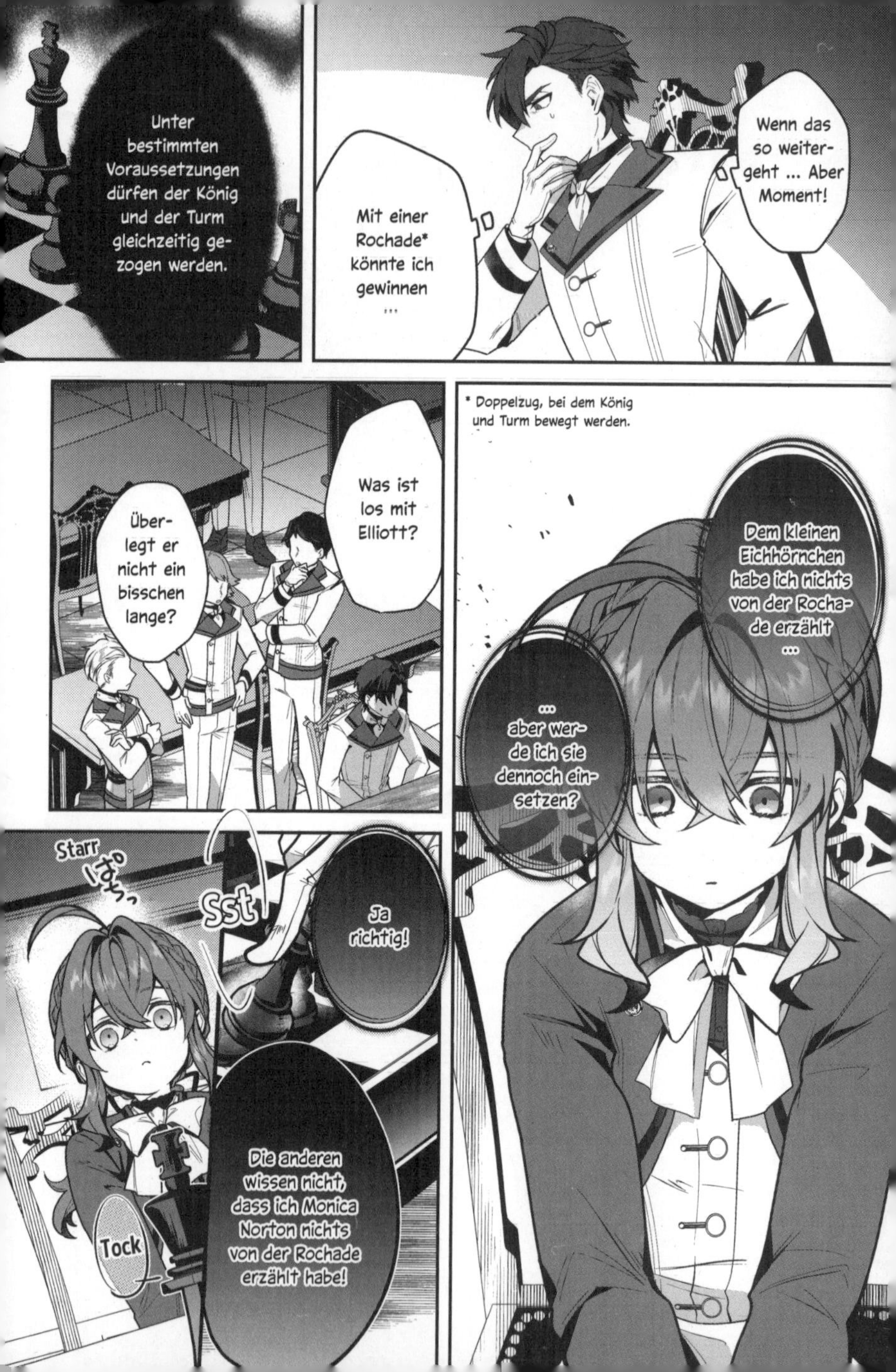

Wenn das so weitergeht ... Aber Moment!
Mit einer Rochade* könnte ich gewinnen ...
Unter bestimmten Voraussetzungen dürfen der König und der Turm gleichzeitig gezogen werden.
* Doppelzug, bei dem König und Turm bewegt werden.
Dem kleinen Eichhörnchen habe ich nichts von der Rochade erzählt ...
... aber werde ich sie dennoch einsetzen?
Was ist los mit Elliott?
Überlegt er nicht ein bisschen lange?
Ja richtig!
Sst
Starr
Die anderen wissen nicht, dass ich Monica Norton nichts von der Rochade erzählt habe!
Tock

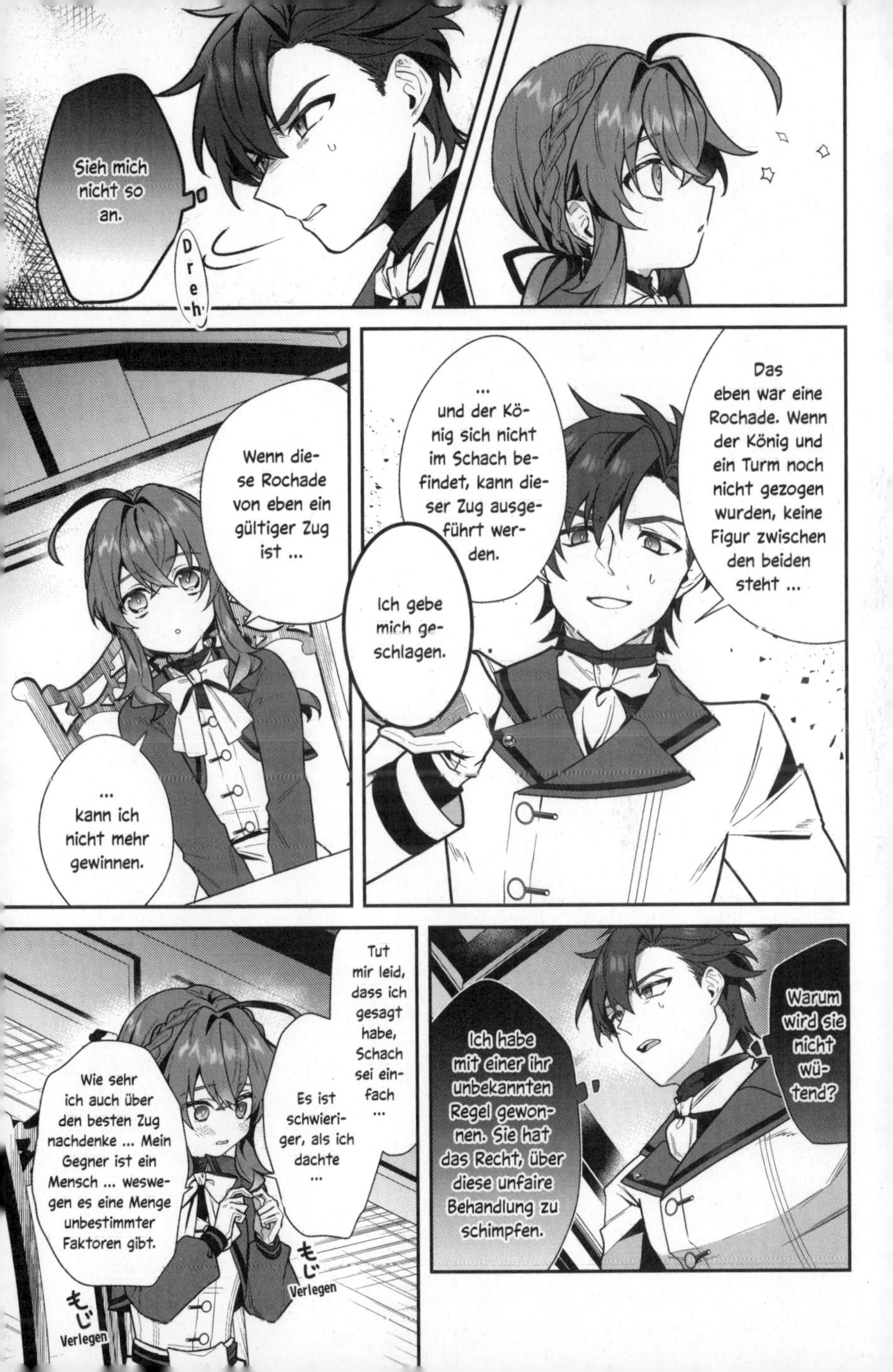
Sieh mich nicht so an.
Dreh-
Das eben war eine Rochade. Wenn der König und ein Turm noch nicht gezogen wurden, keine Figur zwischen den beiden steht ...
... und der König sich nicht im Schach befindet, kann dieser Zug ausgeführt werden.
Ich gebe mich geschlagen.
Wenn diese Rochade von eben ein gültiger Zug ist ...
... kann ich nicht mehr gewinnen.
Warum wird sie nicht wütend?
Ich habe mit einer ihr unbekannten Regel gewonnen. Sie hat das Recht, über diese unfaire Behandlung zu schimpfen.
Tut mir leid, dass ich gesagt habe, Schach sei einfach ...
Es ist schwieriger, als ich dachte ...
Wie sehr ich auch über den besten Zug nachdenke ... Mein Gegner ist ein Mensch ... weswegen es eine Menge unbestimmter Faktoren gibt.
もじ
Verlegen
もじ
Verlegen

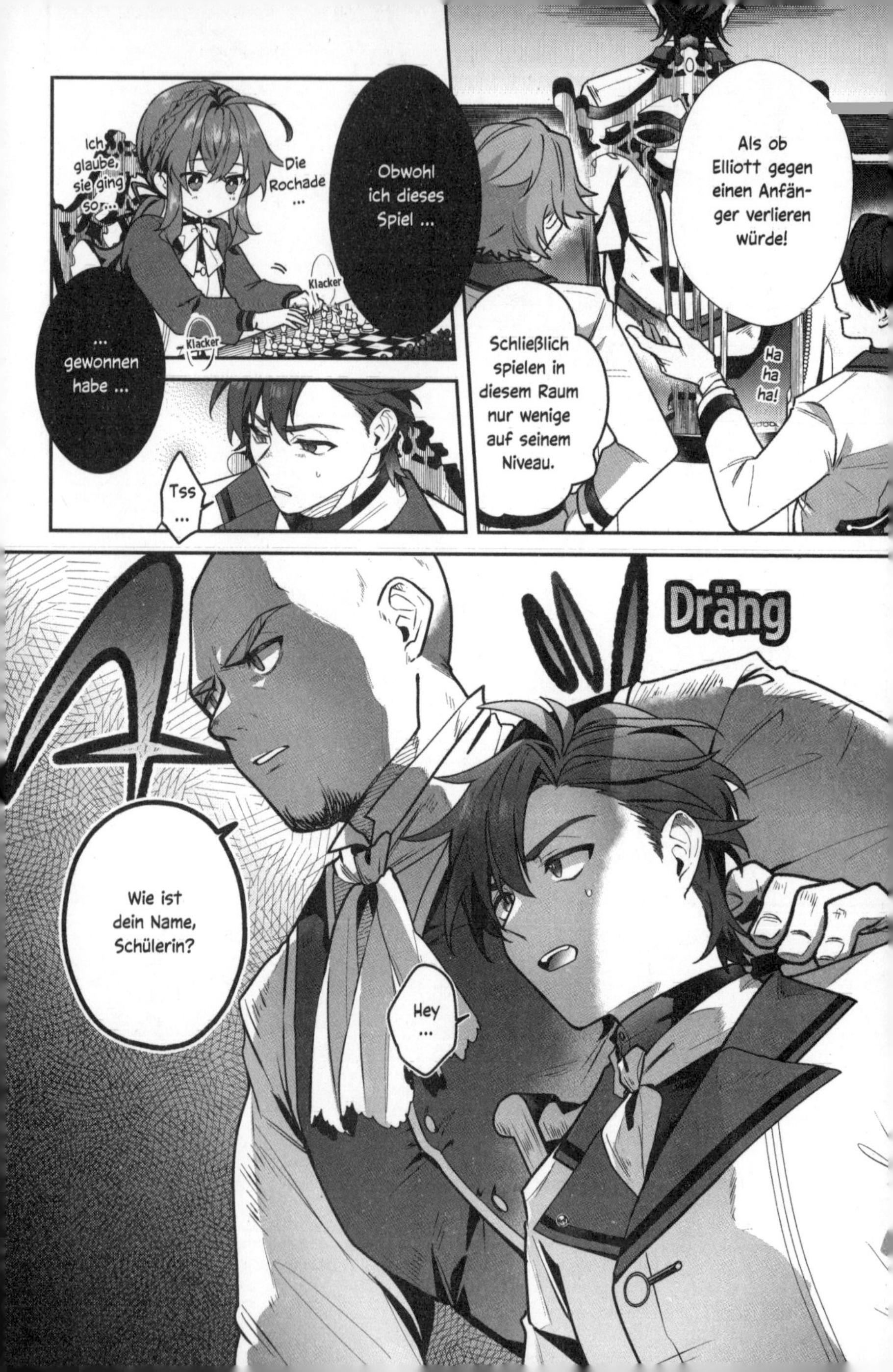

Als ob Elliott gegen einen Anfänger verlieren würde!
Ha ha ha!
Schließlich spielen in diesem Raum nur wenige auf seinem Niveau.
Die Rochade ...
Ich glaube, sie ging so ...
Klacker
Klacker
Obwohl ich dieses Spiel ...
... gewonnen habe ...
Tss ...
Dräng
Hey ...
Wie ist dein Name, Schülerin?

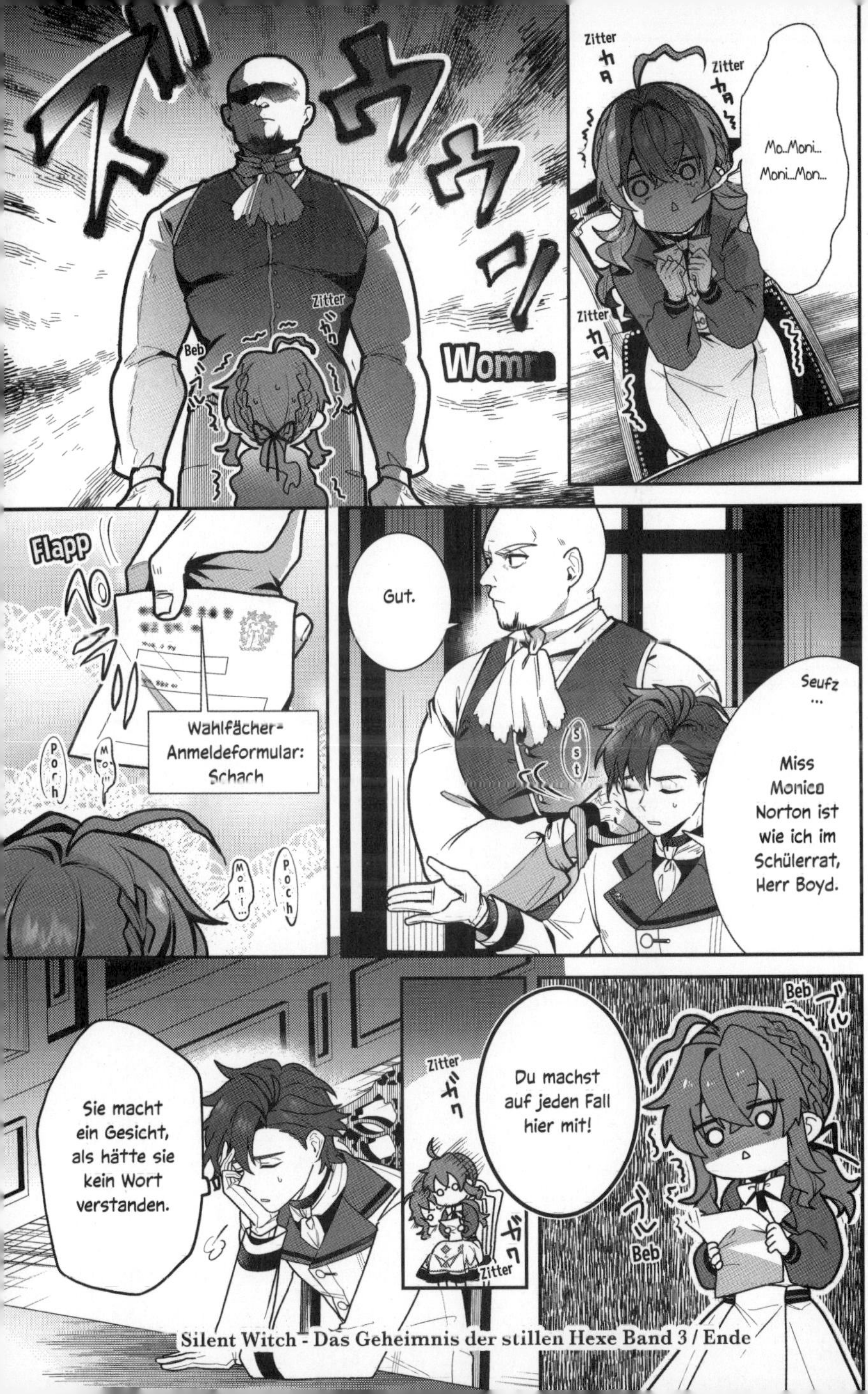

Silent Witch - Das Geheimnis der stillen Hexe Band 3 / Ende

Silent Witch

Das Geheimnis der stillen Hexe

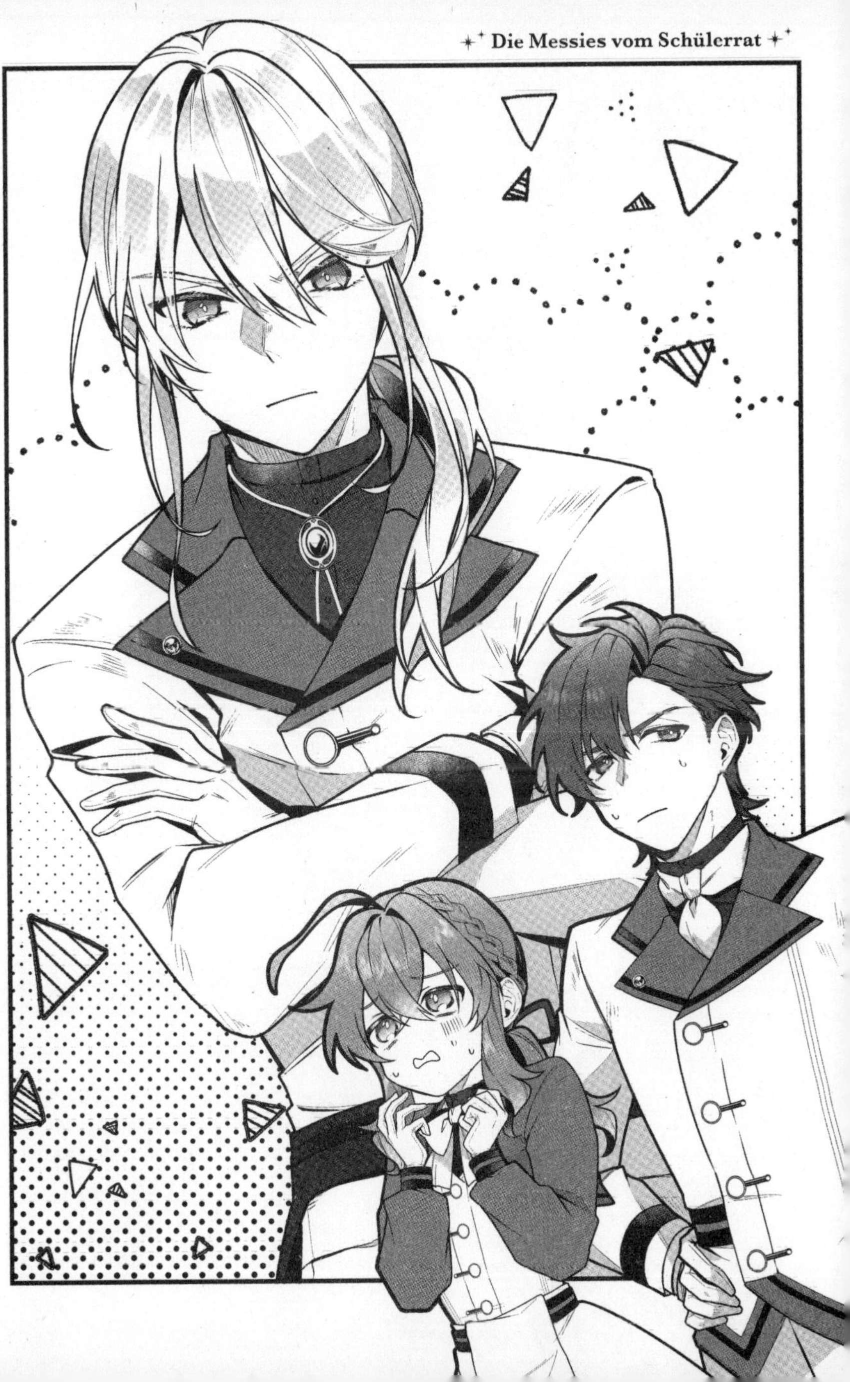

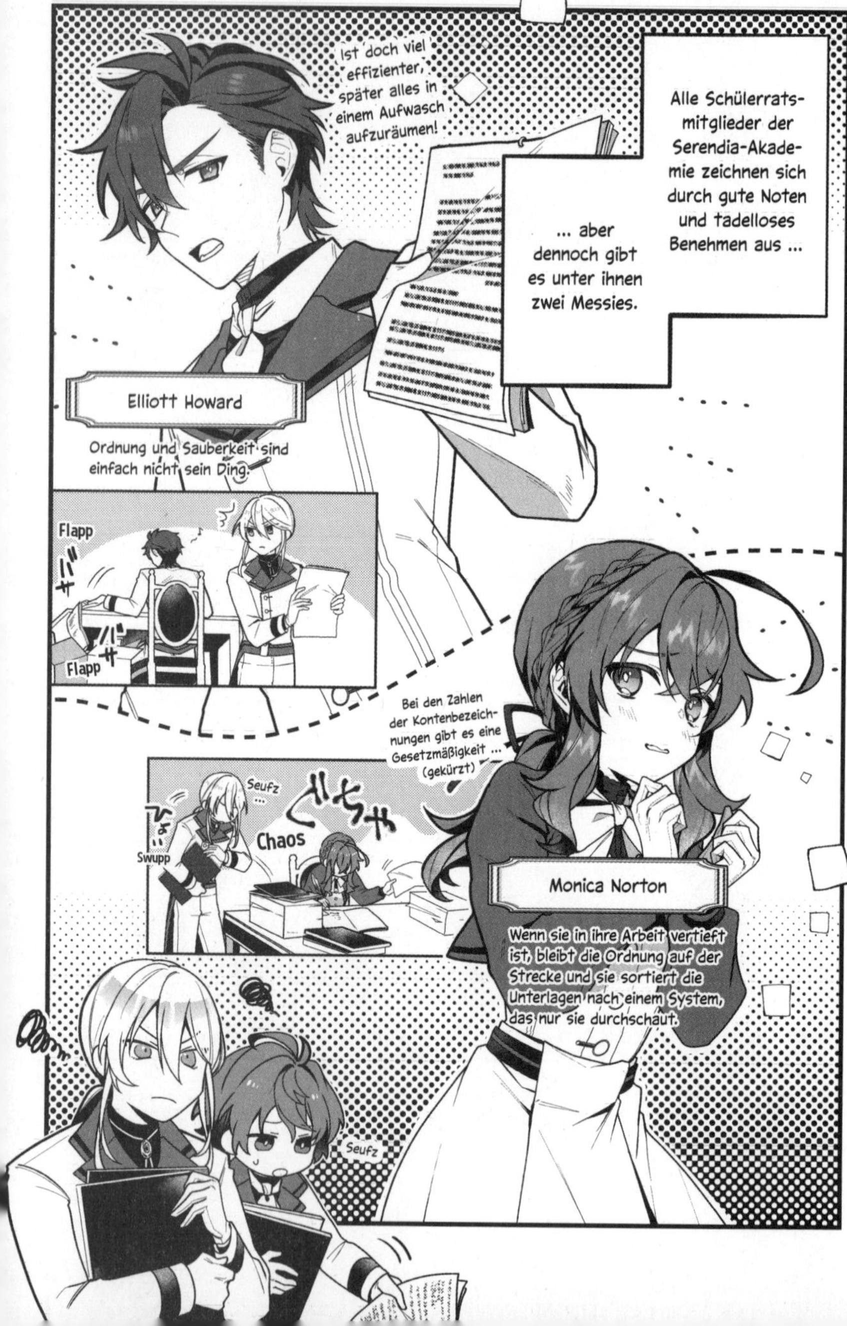

Alle Schülerrats-mitglieder der Serendia-Akade-mie zeichnen sich durch gute Noten und tadelloses Benehmen aus ...
... aber dennoch gibt es unter ihnen zwei Messies.
Ist doch viel effizienter, später alles in einem Aufwasch aufzuräumen!
Elliott Howard
Ordnung und Sauberkeit sind einfach nicht sein Ding.
Flapp
Flapp
Bei den Zahlen der Kontenbezeichnungen gibt es eine Gesetzmäßigkeit ... (gekürzt)
Seufz ...
Chaos
Swupp
Monica Norton
Wenn sie in ihre Arbeit vertieft ist, bleibt die Ordnung auf der Strecke und sie sortiert die Unterlagen nach einem System, das nur sie durchschaut.
Seufz

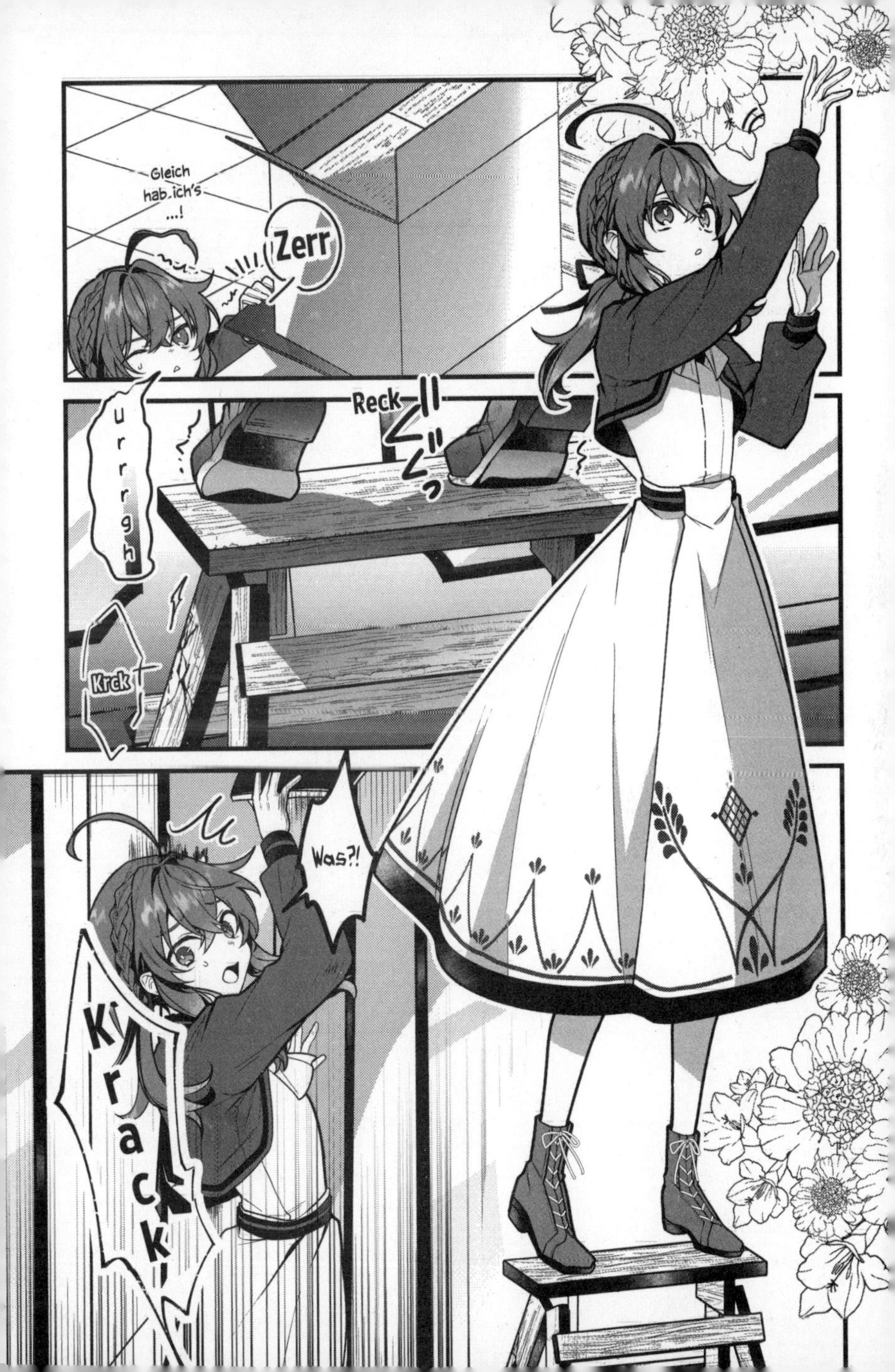
Gleich hab ich's ...!
Zerr
Urrrrgh
Reck
Krck
Was?!
Krack!

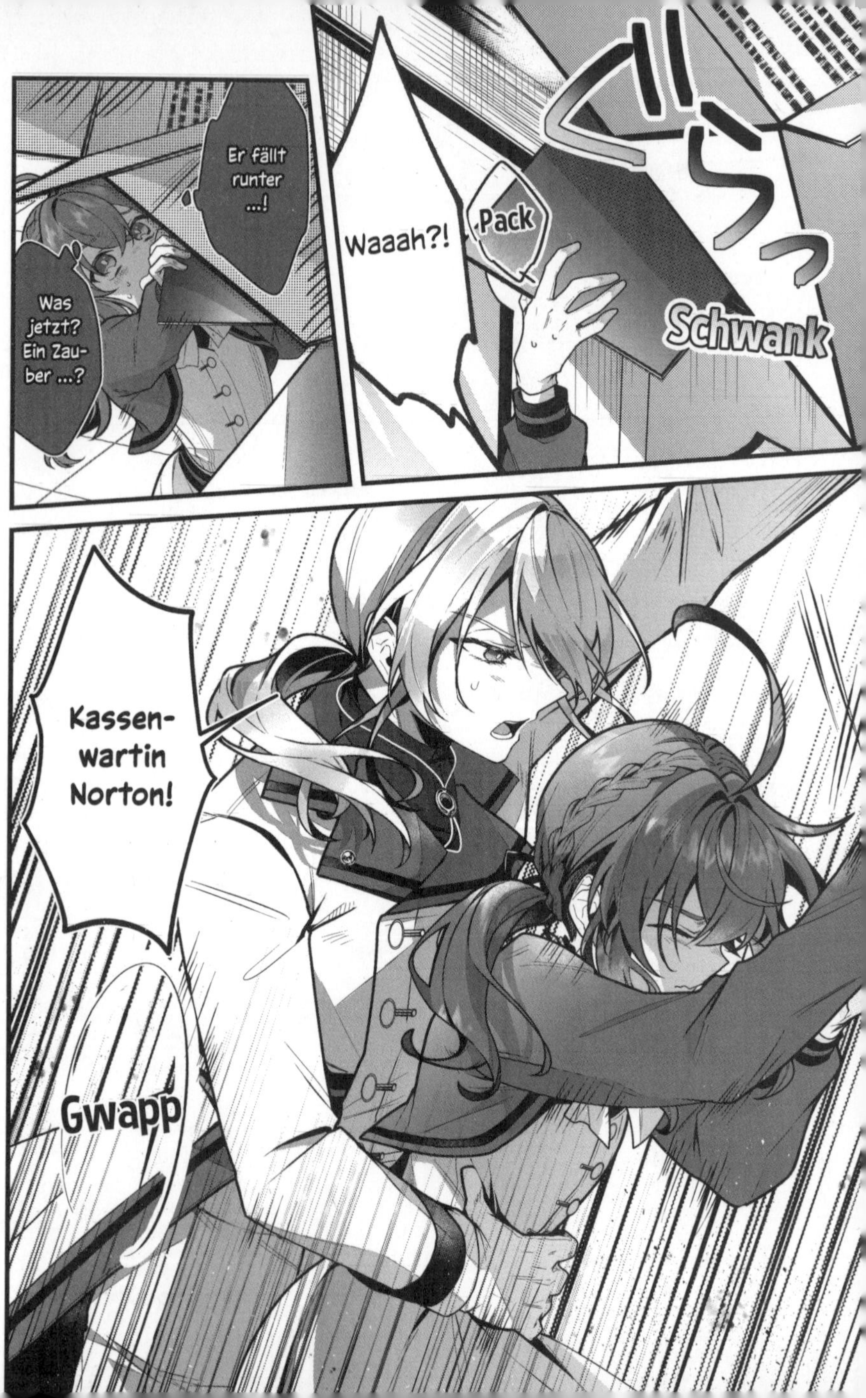
ぐらっ
Schwank
Pack
Waaah?!
Er fällt runter ...!
Was jetzt? Ein Zauber ...?
Kassen-wartin Norton!
Gwapp

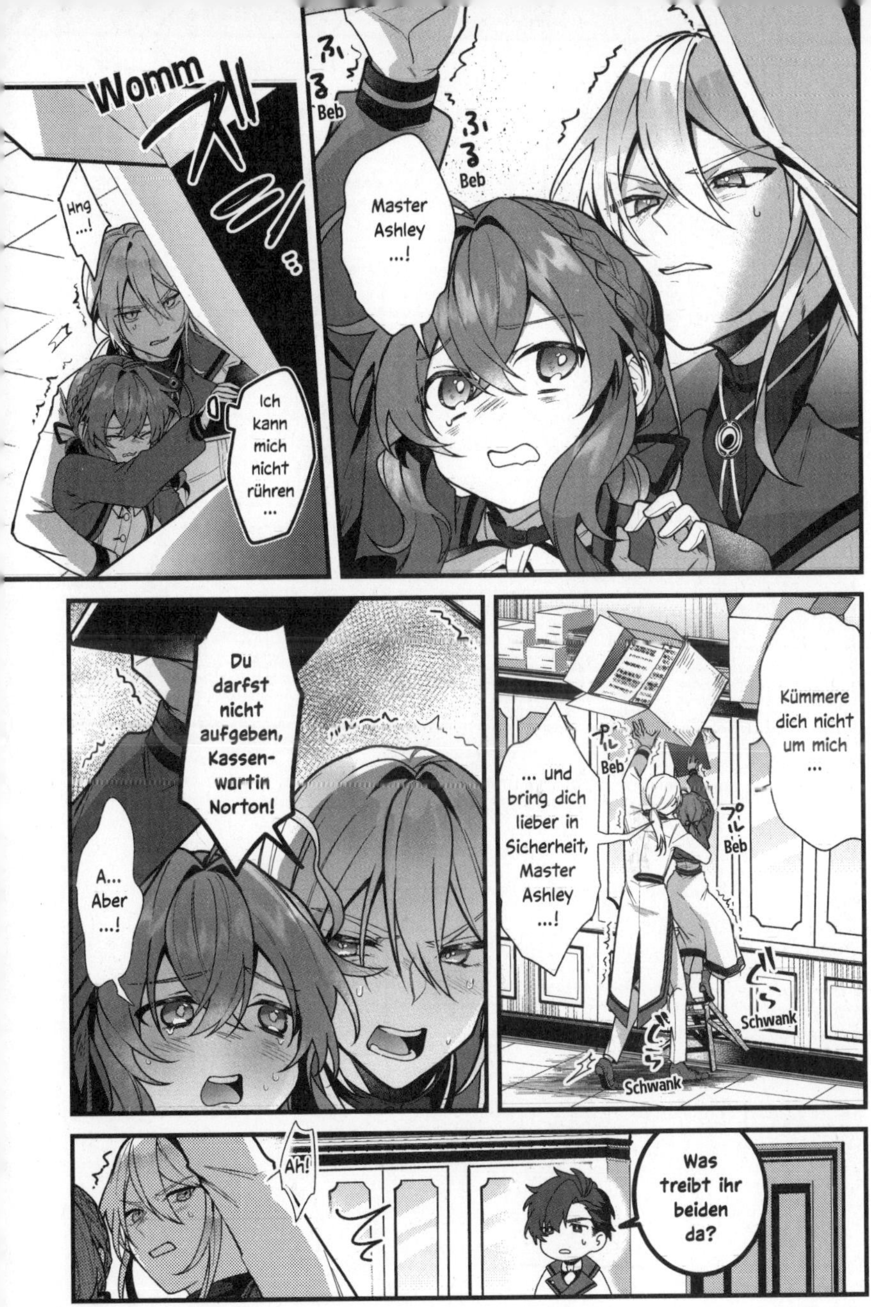
Beb
Beb
Master Ashley ...!
Womm
Hng ...!
Ich kann mich nicht rühren ...
Kümmere dich nicht um mich ...
... und bring dich lieber in Sicherheit, Master Ashley ...!
Beb
Beb
Schwank
Schwank
Du darfst nicht aufgeben, Kassen-wartin Norton!
A... Aber ...!
Was treibt ihr beiden da?
Ah!

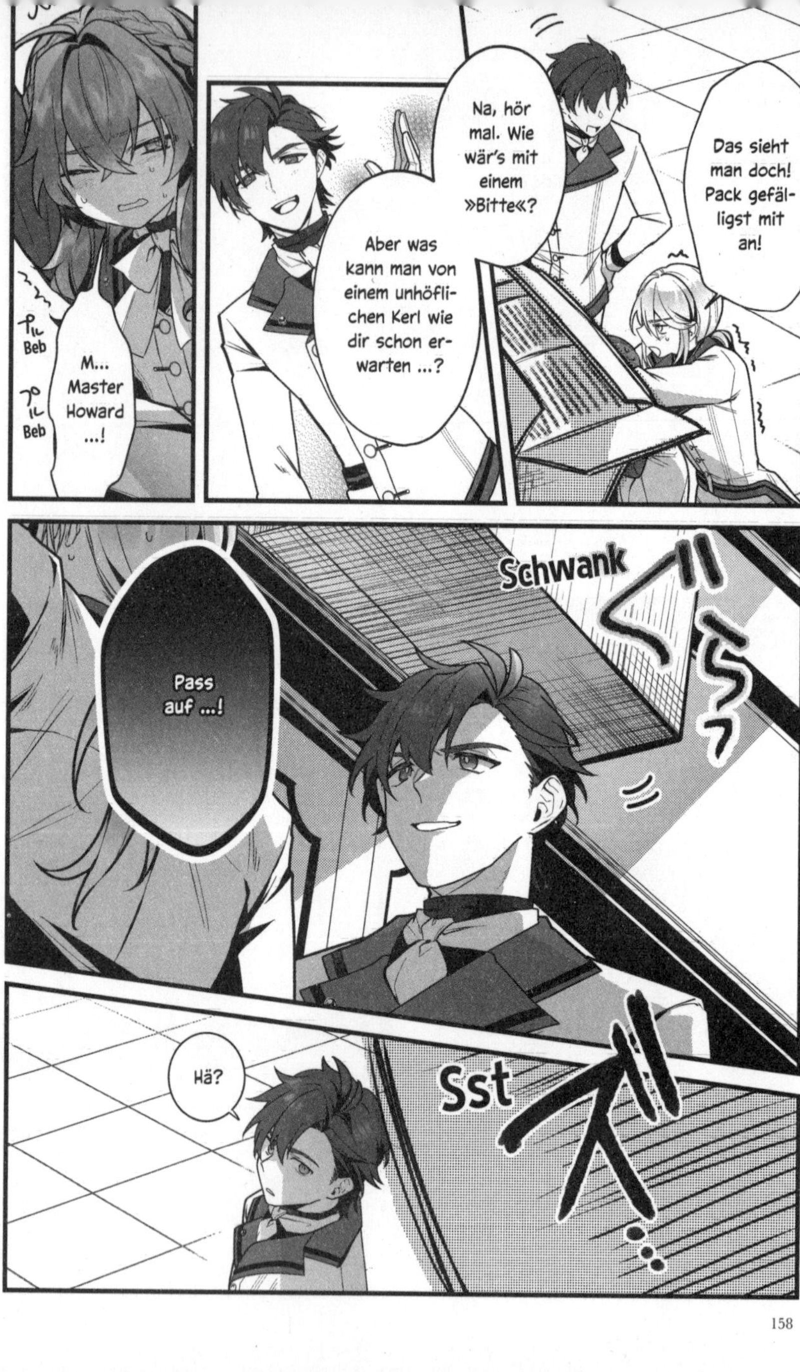

Das sieht man doch! Pack gefälligst mit an!
Na, hör mal. Wie wär's mit einem »Bitte«?
Aber was kann man von einem unhöflichen Kerl wie dir schon erwarten ...?
Beb
Beb
M... Master Howard ...!
Schwank
Pass auf ...!
Sst
Hä?

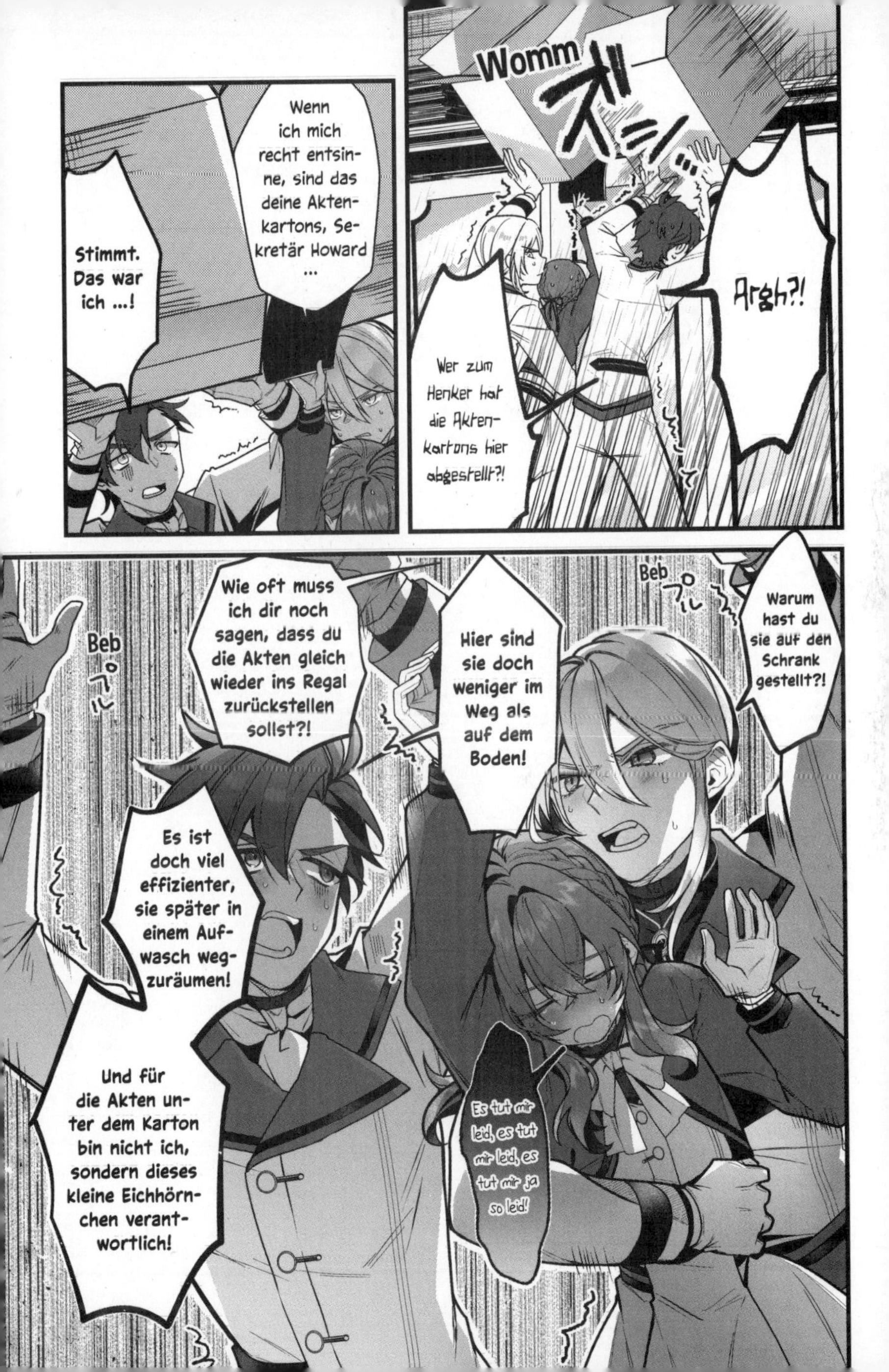
Womm
Argh?!
Wer zum Henker hat die Aktenkartons hier abgestellt?!
Wenn ich mich recht entsinne, sind das deine Aktenkartons, Sekretär Howard ...
Stimmt. Das war ich ...!
Warum hast du sie auf den Schrank gestellt?!
Beb
Hier sind sie doch weniger im Weg als auf dem Boden!
Wie oft muss ich dir noch sagen, dass du die Akten gleich wieder ins Regal zurückstellen sollst?!
Beb
Es ist doch viel effizienter, sie später in einem Aufwasch wegzuräumen!
Es tut mir leid, es tut mir leid, es tut mir ja so leid!
Und für die Akten unter dem Karton bin nicht ich, sondern dieses kleine Eichhörnchen verantwortlich!

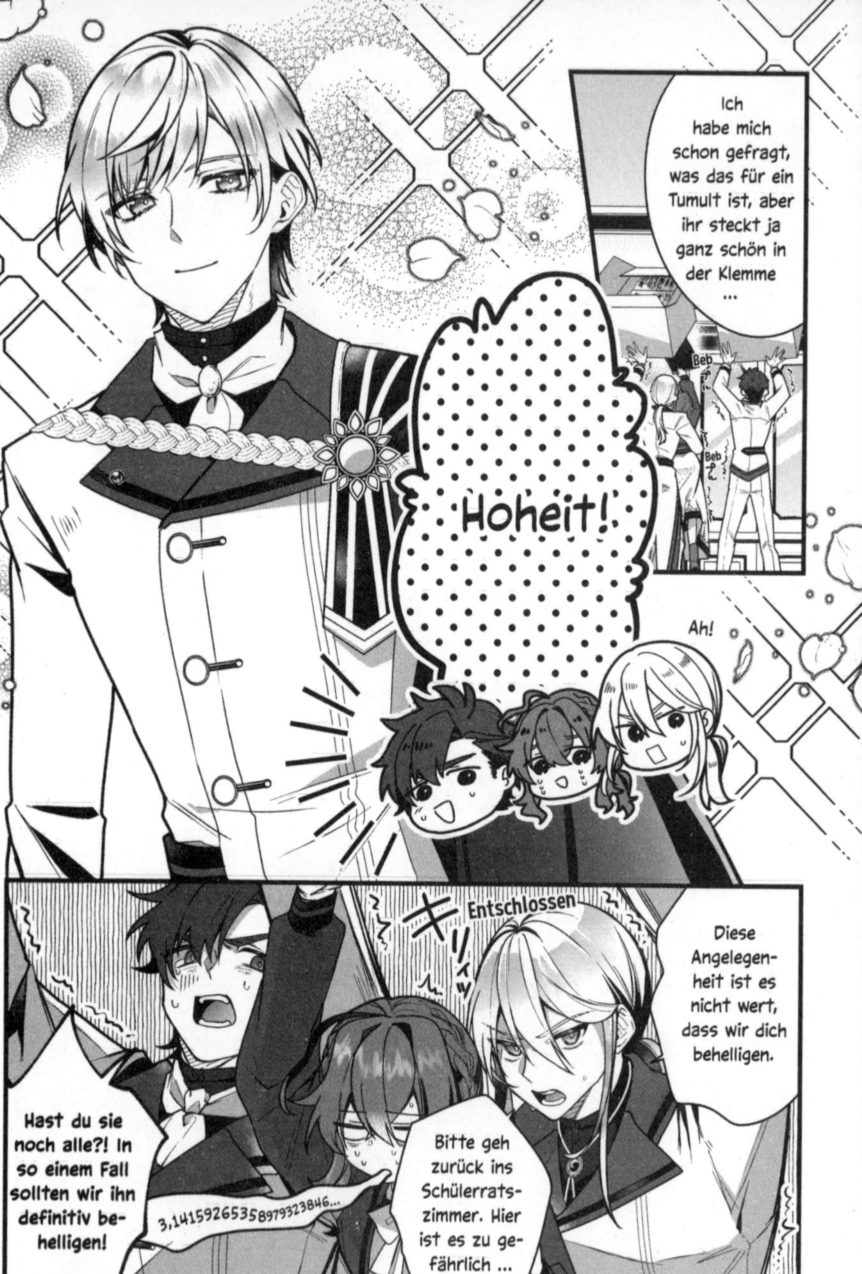
Ich habe mich schon gefragt, was das für ein Tumult ist, aber ihr steckt ja ganz schön in der Klemme ...
Beb
Beb
Hoheit!
Ah!
Entschlossen
Diese Angelegenheit ist es nicht wert, dass wir dich behelligen.
Bitte geh zurück ins Schülerratszimmer. Hier ist es zu gefährlich ...
3,14159265358979323846...
Hast du sie noch alle?! In so einem Fall sollten wir ihn definitiv behelligen!

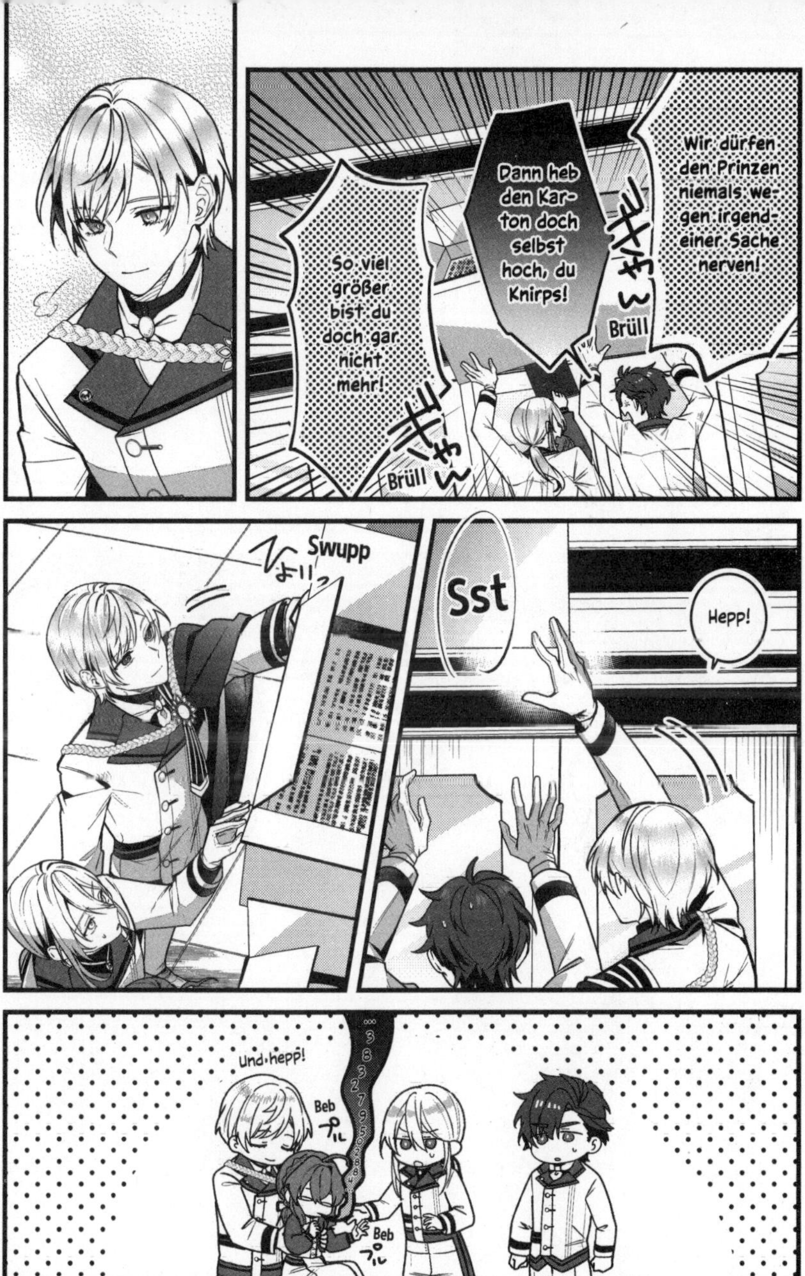

Wir dürfen den Prinzen niemals wegen irgendeiner Sache nerven!
Brüll
Dann heb den Karton doch selbst hoch, du Knirps!
So viel größer bist du doch gar nicht mehr!
Brüll
Hepp!
Sst
Swupp
Beb
Beb
Und hepp!

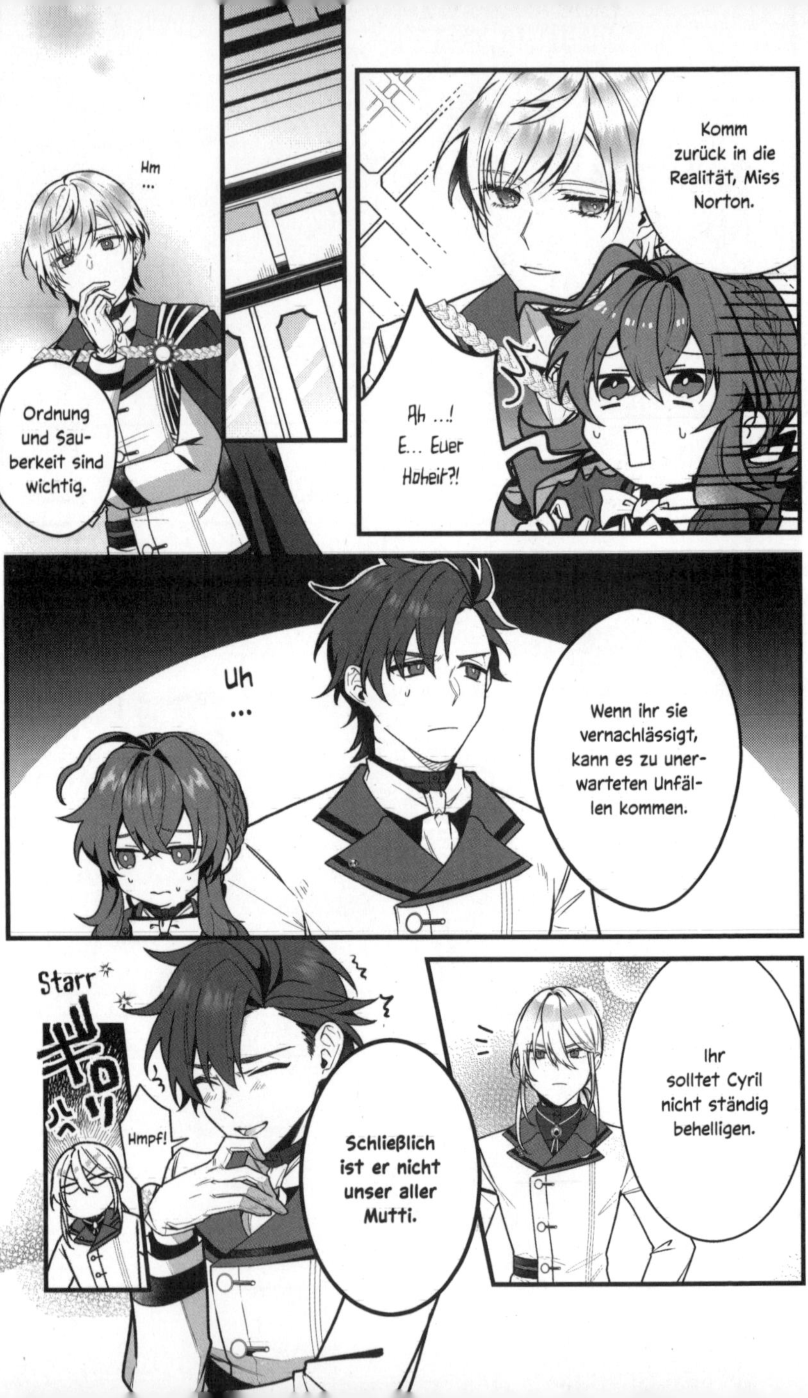
Komm zurück in die Realität, Miss Norton.
Ah ...! E... Euer Hoheit?!
Hm ...
Ordnung und Sauberkeit sind wichtig.
Wenn ihr sie vernachlässigt, kann es zu unerwarteten Unfällen kommen.
Uh ...
Ihr solltet Cyril nicht ständig behelligen.
Schließlich ist er nicht unser aller Mutti.
Hmpf!
Starr
ギロッ

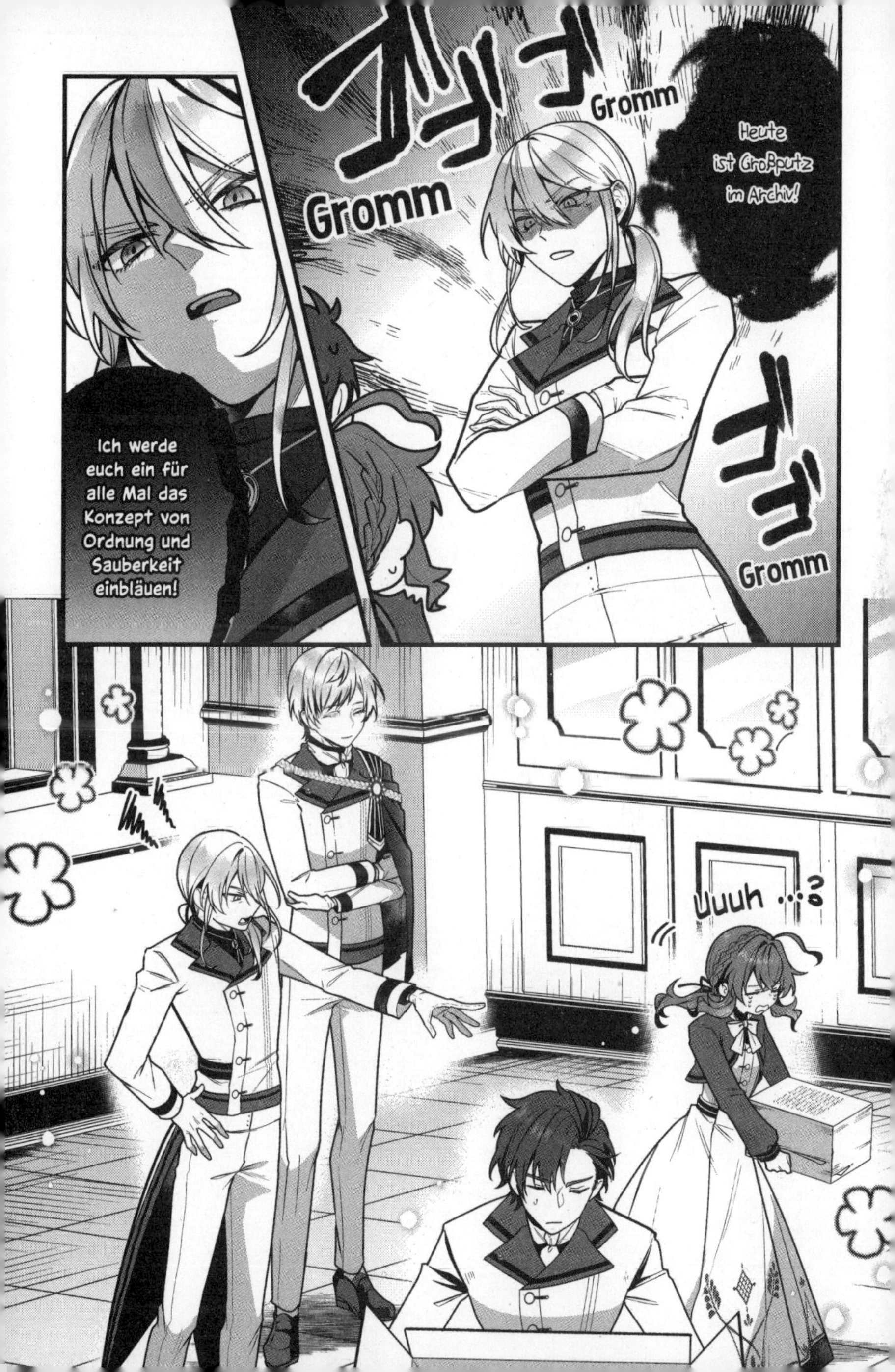
Gromm
Heute ist Großputz im Archiv!
Gromm
Gromm
Ich werde euch ein für alle Mal das Konzept von Ordnung und Sauberkeit einbläuen!
Uuuh …!?

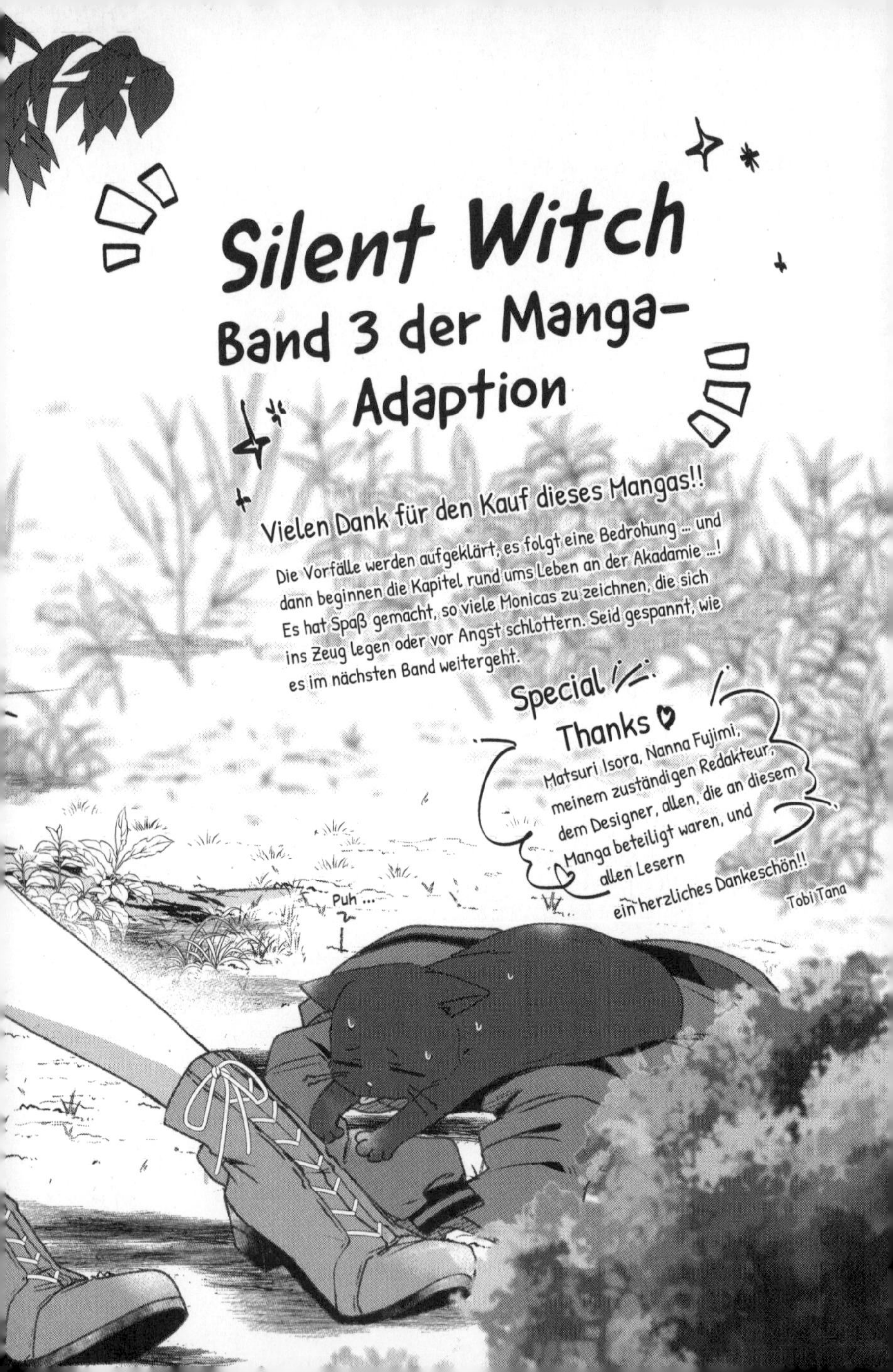

Silent Witch
Band 3 der Manga-Adaption

Vielen Dank für den Kauf dieses Mangas!!

Die Vorfälle werden aufgeklärt, es folgt eine Bedrohung ... und dann beginnen die Kapitel rund ums Leben an der Akadamie ...! Es hat Spaß gemacht, so viele Monicas zu zeichnen, die sich ins Zeug legen oder vor Angst schlottern. Seid gespannt, wie es im nächsten Band weitergeht.

Special Thanks ♡

Matsuri Isora, Nanna Fujimi, meinem zuständigen Redakteur, dem Designer, allen, die an diesem Manga beteiligt waren, und allen Lesern ein herzliches Dankeschön!!

Tobi Tana

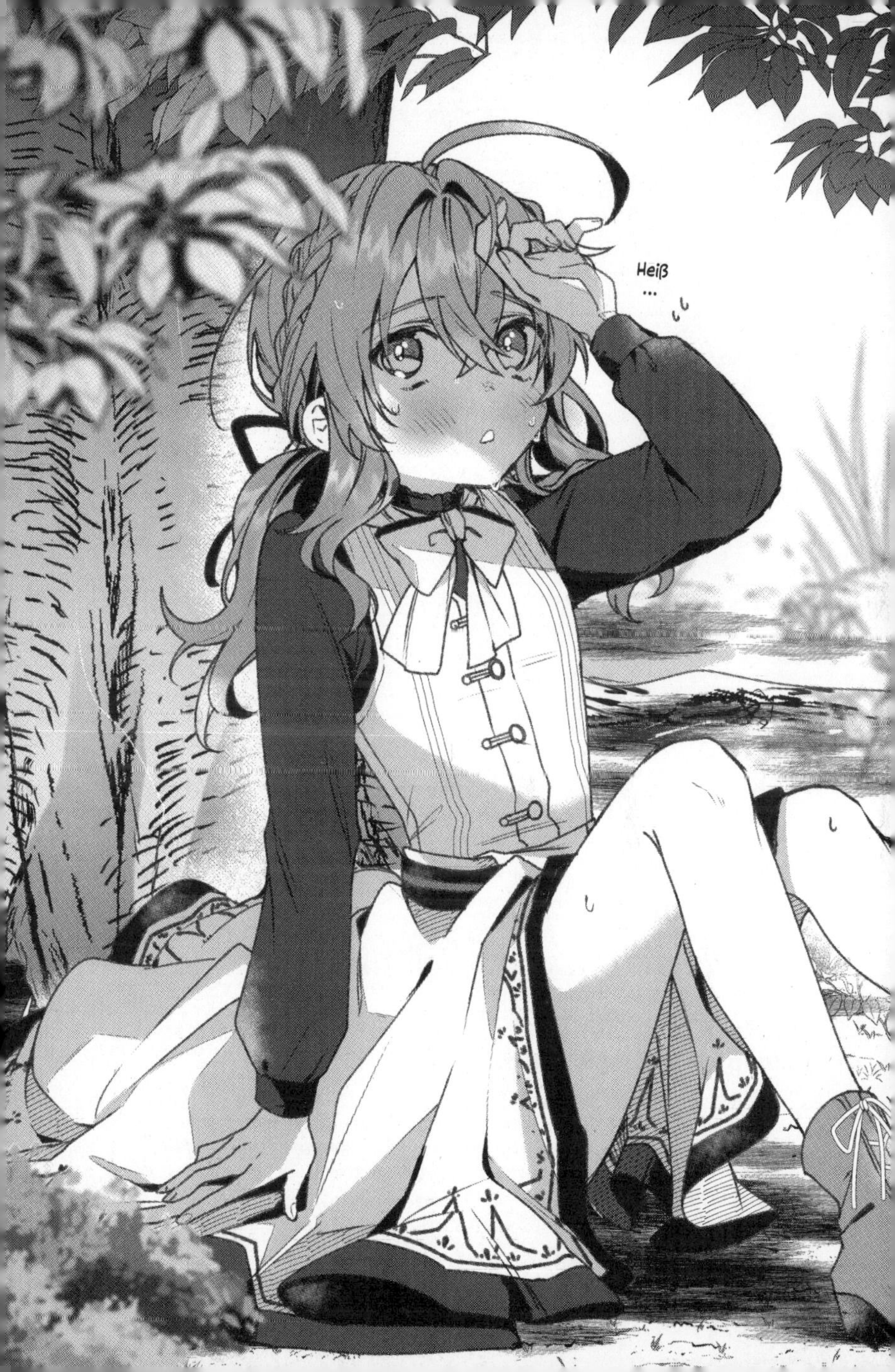
Heiß
...

Fantasy 13+

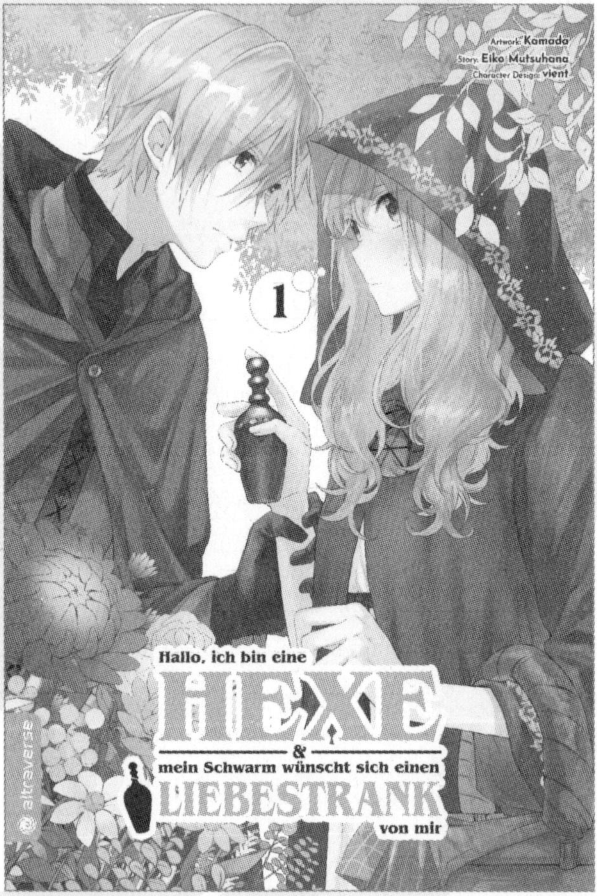

Hallo, ich bin eine Hexe & mein Schwarm wünscht sich einen Liebestrank von mir

Kamada | Eiko Mutsuhana | vient

Die gute Hexe Rose ist schon lange heimlich in einen königlichen Ritter verliebt. Doch ihre Träume platzen jäh, als ebendieser Ritter sie bittet, ihm einen Liebestrank zu brauen! In ihrer Verzweiflung zögert sie die Fertigstellung des Tranks hinaus, indem sie ihn nach und nach die verrücktesten Zutaten dafür einsammeln lässt. Wie wird ihr Schwarm reagieren?

Fantasy 13 +

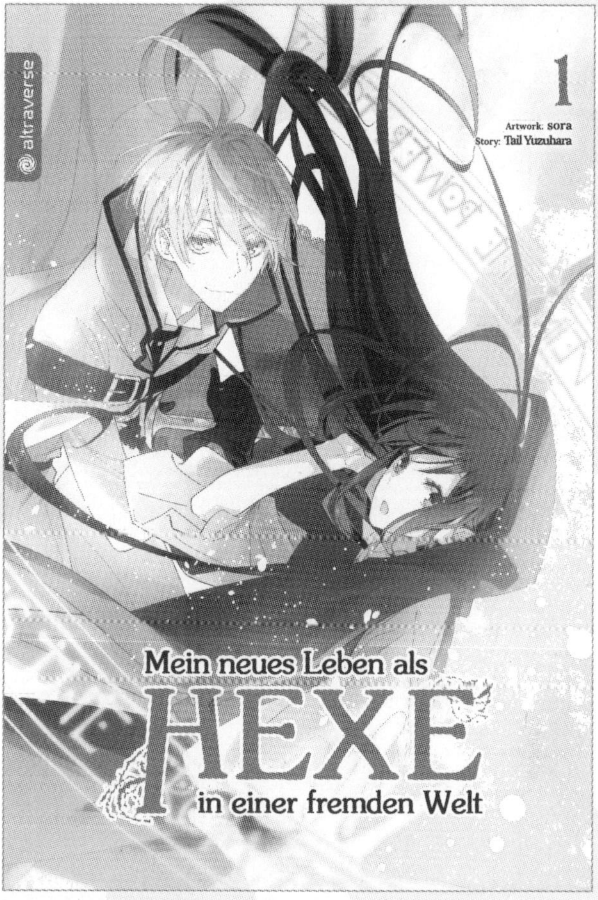

Mein neues Leben als Hexe in einer fremden Welt

sora | Tail Yuzuhara

Als die zurückgezogene Sena auf ihrem Schulweg stirbt, beginnt für sie ein neues Leben in einer anderen Welt. Ausgestattet mit magischen Kräften will sie endlich aufgeschlossener werden, doch sind diese zu gefährlich und sie meidet die Außenwelt. Bis eines Tages der Prinz Keith ihren Weg kreuzt.

Fantasy 13+

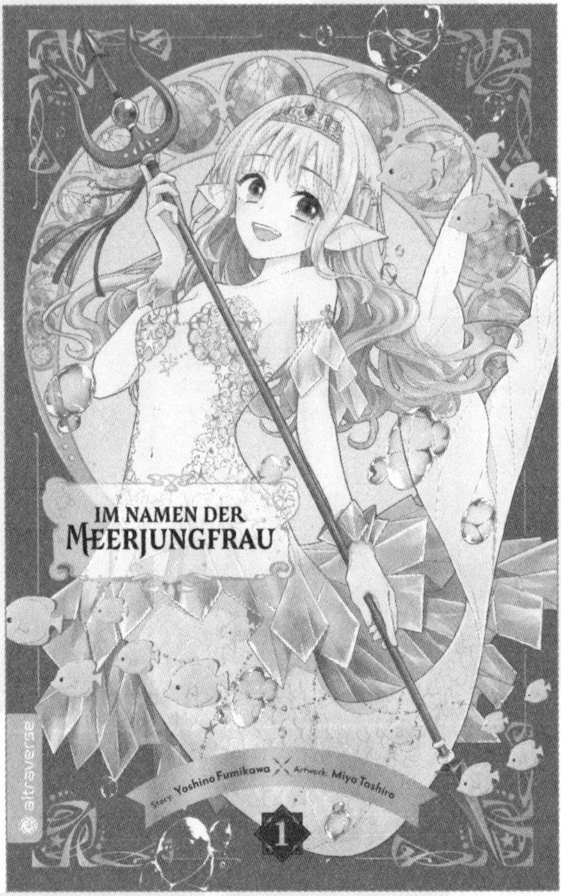

Im Namen der Meerjungfrau

Yoshino Fumikawa | Miya Tashiro

Mio wurde mit den Fähigkeiten einer Meerjungfrau geboren! Doch Menschen mit besonderen Kräften werden in ihrem Heimatland Broggnig verstoßen. Ihr Vater, der König des Landes, zwingt sie deshalb, Medikamente zu nehmen, die sie für einige Zeit wie einen normalen Menschen erscheinen lassen. Doch langsam wachsen Zweifel in Mio. Ist das der richtige Weg?

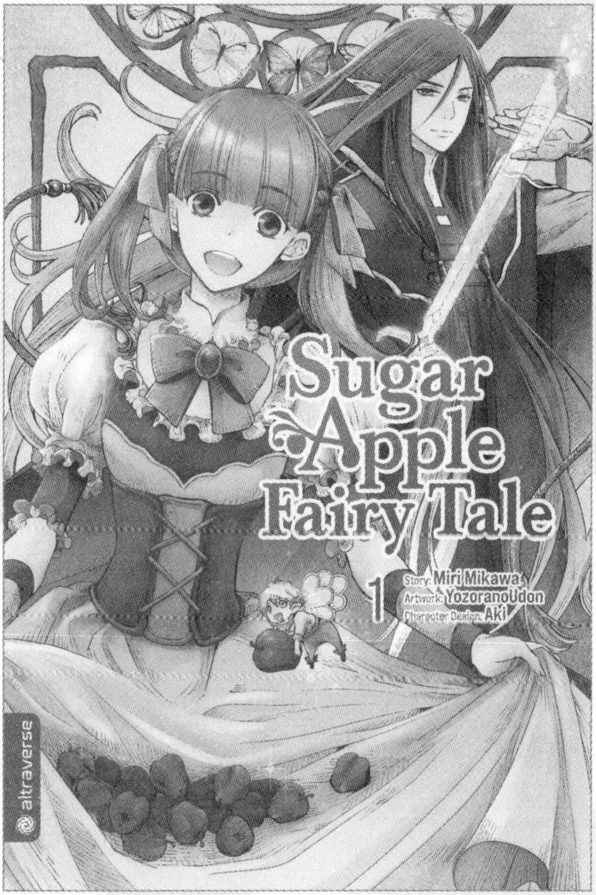

Fantasy 13 +

Sugar Apple Fairy Tale

Miri Mikawa I YozoranoUdon I Aki

Im Königreich Highland werden Feen als Sklaven unterjocht. Anne Halford möchte sich trotzdem mit ihrem Feen-Leibwächter Challe anfreunden, der sie sicher zur Königlichen Zuckerschau geleiten soll. Doch ein grummeliger Feen-Leibwächter ist nicht das Einzige, was ihre Reise zur Zuckerschau zu scheitern drohen lässt …

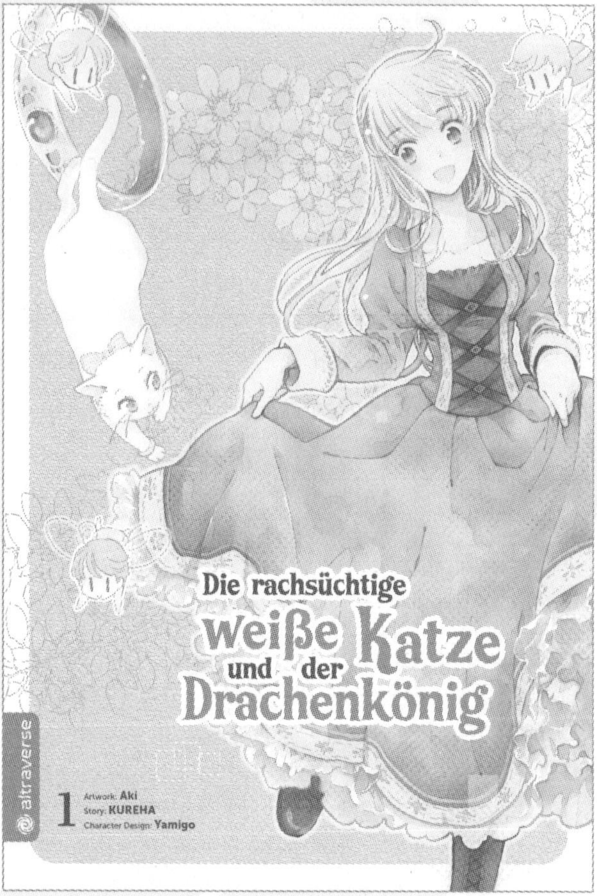

Die rachsüchtige weiße Katze und der Drachenkönig

Aki | KUREHA | Yamigo

Eigentlich wollte Ruri nur dem Studentenleben und ihrer Hassfreundin Asahi entkommen. Das Schicksal meint es jedoch nicht gut mit ihr und beschwört sie gemeinsam in eine andere Welt. Dort wird sie prompt von Asahi im Stich gelassen. Zum Glück fällt ihr ein Armreif in die Hände, mit dessen Hilfe sie sich in ein weißes Kätzchen verwandeln kann. Was läge da näher, als vom Schoß des Drachenkönigs aus die Rache an Asahi zu planen?

Fantasy 13 +

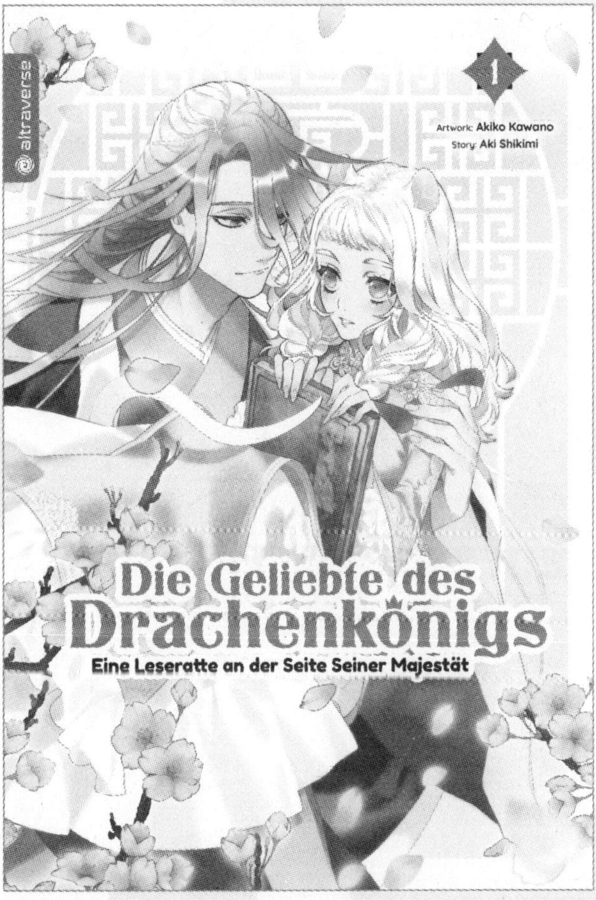

Die Geliebte des Drachenkönigs – Eine Leseratte an der Seite Seiner Majestät

Artwork: Akiko Kawano | Story: Aki Shikimi

In der Welt von Prinzessin Ruiying existieren dreizehn Tierclans. Eines Tages wird sie in den Palast des Drachenkönigs gerufen, der auf Brautschau ist. Sie ist nicht im Geringsten daran interessiert, seine Königin zu werden, aber umso mehr an der legendären Palastbibliothek. Sie macht sich heimlich auf die Suche ... und läuft direkt dem Drachenkönig in die Arme!

Fantasy 13+

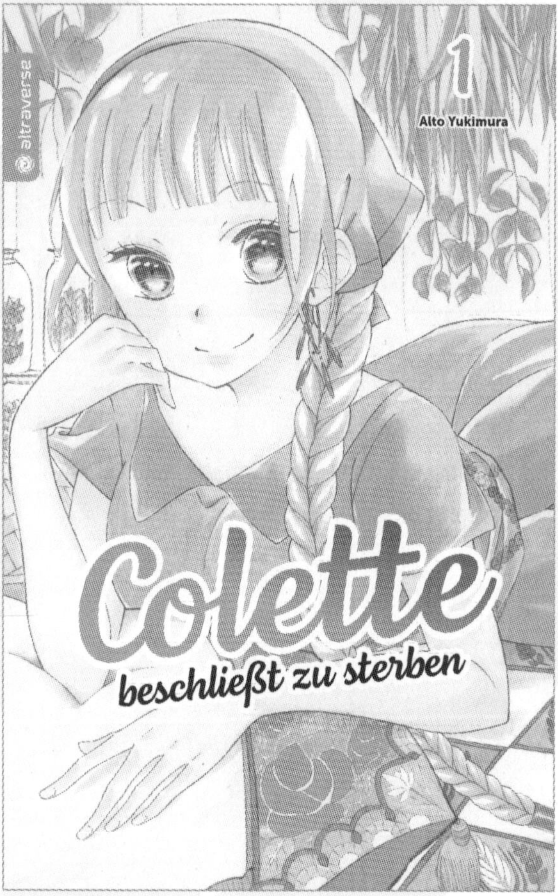

Colette beschließt zu sterben

Alto Yukimaru

Colette ist Ärztin, genauer gesagt die einzige Ärztin ihrer Stadt, und deshalb Tag und Nacht im Einsatz. Irgendwann ist sie so mit den Nerven am Ende, dass sie beschließt zu sterben! Aber so richtig will ihr das nicht gelingen. Stattdessen findet sie sich quicklebendig in der Unterwelt wieder, wo schon der nächste Patient auf sie wartet: der Herrscher über den Höllenkerker Hades!

Fantasy 13 +

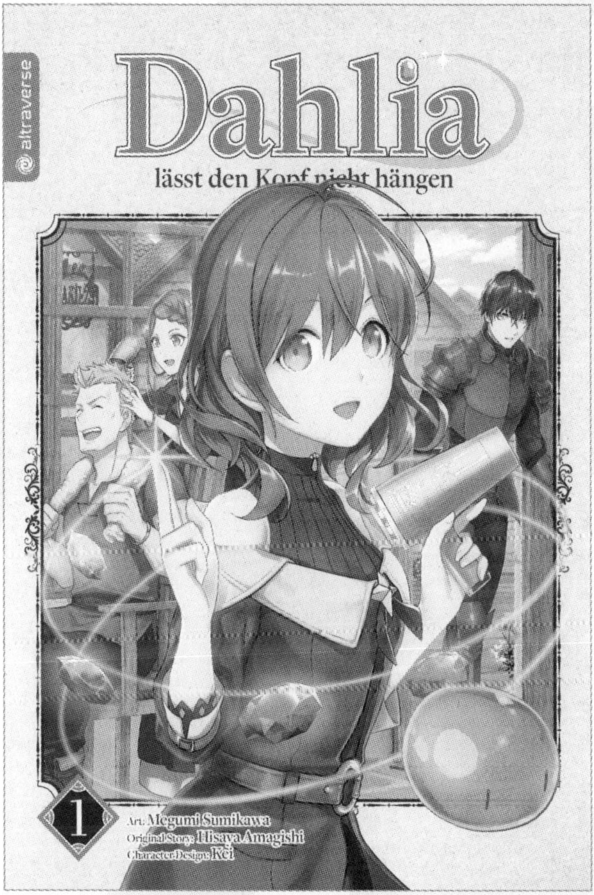

Dahlia lässt den Kopf nicht hängen

Art: Megumi Sumikawa | Original Story: Hisaya Amagishi | Character Design: Kei

Nachdem sie depressiv und überarbeitet früh das Zeitliche segnete, will Dahlia in ihrem neuen Leben in einer anderen Welt alles besser machen. Mit ihrem Vorwissen lernt sie, magische Artefakte zu erschaffen, um den Menschen das Leben zu erleichtern, und startet schon bald mit ihrem eigenen Geschäft voll durch. Wird sie diesmal ihr Glück finden?

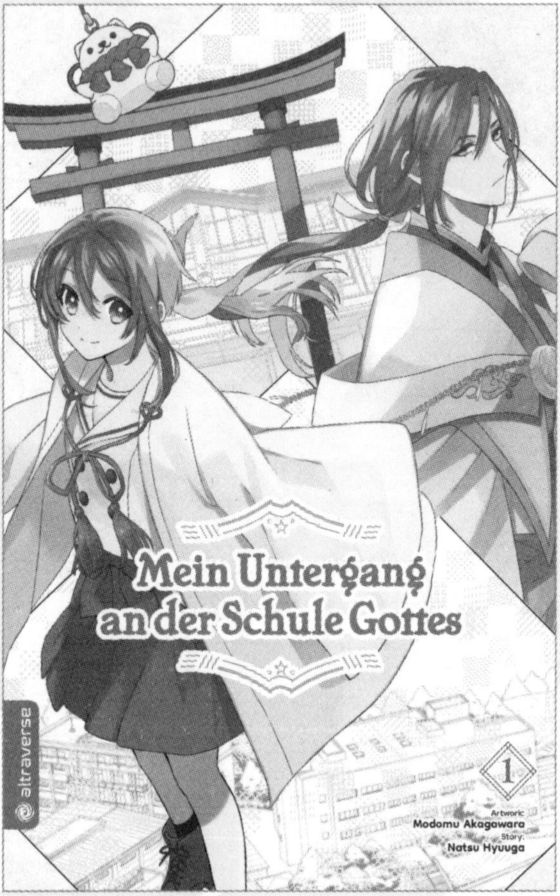

Mein Untergang an der Schule Gottes

Modomu Akagawara | Natsu Hyuuga

Nagi und ihr Zwillingsbruder Takeru, der sich in seinem Zimmer versteckt hält, leben in einem Japan, in dem es Menschen mit besonderen Fähigkeiten gibt, die sogar zu Göttern ernannt werden können. Im Gegensatz zu Takeru hat Nagi jedoch kein Talent für das Übernatürliche. Trotzdem erhält sie die Nachricht, dass sie an der Schule Gottes aufgenommen wird. Ob sie sich dort behaupten kann?

Fantasy 13 +

Fantasy 13+

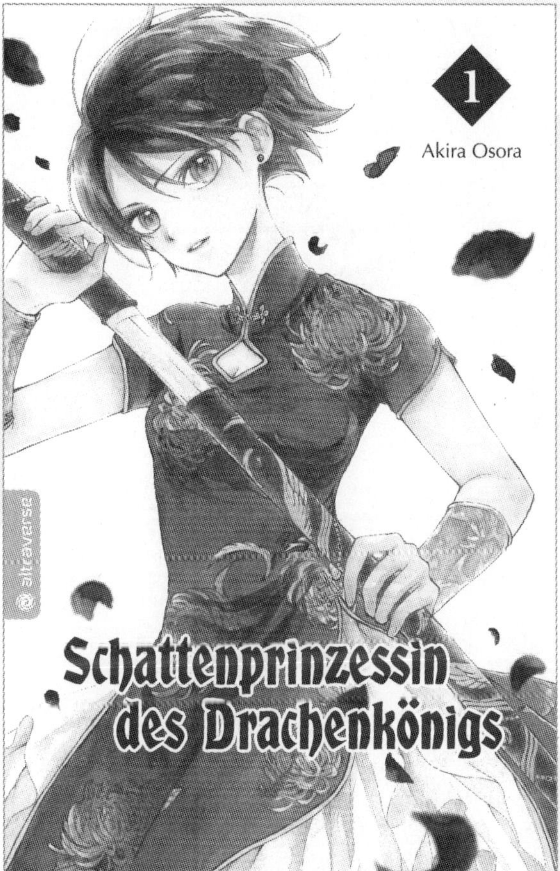

Schattenprinzessin des Drachenkönigs

Akira Osora

Vor einigen Jahren begrub der Wasserdrache, der eigentlich der Schutzgeist des Königreichs Ten'a ist, Kohakus Heimat unter wilden Fluten. Als letzte Überlebende schwört sie, Rache an Prinz Miaki zu nehmen, der als Einziger den Drachen kontrollieren kann. Entschlossen, ihn zu töten, schleicht sie sich am Königshof ein. Doch dann kommt alles ganz anders ...

altraverse

Deutsche Ausgabe / German Edition
Altraverse GmbH – Hamburg 2024
Aus dem Japanischen von Sakura Ilgert

Redaktion: Denise Cho
Herstellung: Cathrin Hamester
Lettering: Vibrant Publishing Studio

Druck: Nørhaven A/S, Viborg
Printed in Denmark

MIX
Papier | Fördert gute Waldnutzung
FSC® C104608
FSC www.fsc.org

ISBN 978-3-7539-2320-8
1. Auflage 2024

www.altraverse.de